창의적 체험활동 교육 프로그램의 운영과 실제

창의적 체험활동 교육 프로그램의 운영과 실제

2015년 9월 1일 초판 인쇄
2015년 9월 5일 초판 발행

지은이 | 김영순 외
펴낸이 | 이찬규
펴낸곳 | 북코리아
등록번호 | 제03-01240호
주소 | 462-807 경기도 성남시 중원구 사기막골로 45번길 14
우림2차 A동 1007호
전화 | 02-704-7840
팩스 | 02-704-7848
이메일 | sunhaksa@korea.com
홈페이지 | www.북코리아.kr
ISBN | 978-89-6324-440-2 (93370)

값 20,000원

*이 도서의 국립중앙도서관 출판예정도서목록(CIP)은 서지정보유통지원시스템 홈페이지(http://seoji.nl.go.kr)와
국가자료공동목록시스템(http://www.nl.go.kr/kolisnet)에서 이용하실 수 있습니다. (CIP제어번호 : CIP2015023431)

창의적 체험활동

교육
프로그램의
운영과 실제

김영순 외 지음

북코리아

서문

우리 교육의 진실을 아는가

2011년에 전 세계 42개국이 참여한 국제수학 · 과학성취도평가(TIMSS)에서 초등학교 4학년생은 수학 2위, 중학교 1학년생은 수학 1위였다. 또한 2013년에 OECD회원국 34개국과 비회원국 31개국이 참여하는 국제학업성취도평가(PISA)에서는 우리나라 학생들이 수학 1위를 차지하였다. 참 멋지고 자랑스런 일이다.

그러나 PISA에서 1위를 차지했음에도 불구하고 우리 학생들의 수학에 대한 효능감이나 자아 개념은 최하위였으며, TIMSS에서도 수학흥미도와 자신감 역시 밑바닥을 보였다. 이는 단적으로 무엇을 말해주는가! 높은 학업성취 수준에도 불구하고 학생들의 흥미, 즐거움, 만족도가 저조하다는 것은 아직도 우리 학교가 현장감이 결여된 이론, 교과, 성적 중심의 획일화된 교육을 벗어나지 못하고 있다는 점을 시사한다. 요즘 도래하고 있는 글로벌 지식사회에서는 '창의성'과 '인성'을 갖춘 인재상을 요구하고 있다. 인성이 뒷받침된 창의적 인재가 국가 경쟁력을 좌우하는 시대가 된 것이다. 이런 흐름에 발맞추어 우리나라 역시 지식기반사회에 부응하여 미래 인재의 핵심역량 및 자질을 새롭게 정의해야만 한다.

2010년 당시 교육과학기술부(현 교육부)는 한국과학창의재단과 함께 '창의 · 인성

교육 활성화 방안 연구' 프로젝트를 진행하였다. 이 연구보고서에서 창의성(creativity)은 독창적이면서도 유용한 산물을 산출할 수 있는 사람의 특성이라고 정의되며, 창의적인 사람이란 인지적 · 정의적 · 동기적 요소를 적절히 조화할 줄 하는 사람이라고 주장한다. 이어서 인성(character)이란 신뢰할 수 있는 협동적인 인간관계를 맺으면서 만족스럽고 행복한 삶을 사는 생활태도와 품성을 이르는 말로 개념화하였다. 따라서 올바른 인성은 사회와 조직 속에 신뢰와 협동의 사회적 자본을 증대시킨다고 보았다. 그뿐만 아니라 창의성과 인성은 구성요소나 함양방법 등에 있어 상호유사성과 보완성이 높은 자질(예: 개방성, 적극성, 협동력 등)로 구성된다. 따라서 창의성을 '새롭고 가치 있는 것을 만들어낼 수 있는 역량'이라고 정의한다면, 인성은 '창의성을 사회 속에서 의미 있게 발현시킬 수 있는 역량'이라 정의할 수 있다.

대부분의 교육 전문가들은 미래 인재들의 핵심역량으로 '창의성'과 '인성' 혹은 이들이 '융합된 역량'을 꼽고 있다. 이제 우리 한국 교육은 2009 개정교육과정(2011년 시행)을 기점으로 창의 · 인성 교육을 아젠더로 설정하였다. 창의 · 인성교육은 '집어넣는 교육에서 끄집어내는 교육'이라는 새로운 변화를 지향하고 있다. 이는 곧 학생을 바라보는 사고가 변화함을 의미한다. 이전 시대에는 학생이 백지 상태와 같기에 지식을 주입하는 것이 곧 교육의 핵심이라고 생각했으나, 이제는 학생들이 지닌 창의성과 인성을 이끌어내는 방향으로 교육이 변화해야 한다는 점을 강조한다. 이러한 창의 · 인성교육은 이미 미국, 영국, 독일, 뉴질랜드 등의 선진국에서 핵심역량중심 교육과정으로 채택되어 운영되고 있다. 우리의 경우 창의 · 인성 교육이 조금 늦게 도입된 감이 있지만, 그 도입 자체가 매우 의미 있는 변화라고 판단된다.

창의 · 인성교육은 미래형 인재를 키워야 한다는 절박감에서 시작된 미래 교육과정으로의 변화이다. 기업에서 필요로 하는 인재상 가운데 가장 절실히 요구되는 특성은 '창의성'이라고 알려지고 있다. 지식이 폭발적으로 증가함에 따라 지식의 모방과 암기를 통한 습득이 점점 어려워진다는 점 또한 창의적 인재의 필요성을 방증한다. 이러한 맥락에서 암기와 계산에 능한 모방형 인재의 양성에서 탈피하여 새롭고, 독특하며, 유용한 것을 만들어내는 창의형 인재를 양성하는 것으로 우리의 초점이 바꾸어야 한다. 이는 우리의 미래를 위한 당연한 변화라고 생각된다. 하지만 현대사회에서는 창의성만으로 미래형 인재라 말하기 어렵다. 다시 말해 글로벌 사회에서는 창의성과 인성이 겸비된 인재가 필요하다.

교육부는 '창의 · 인성교육 혁신방안'을 도입하면서 2011년부터 교과별 학습내용을 20% 이상 감축하고, 새롭게 개발된 창의 · 인성 수업 모델과 수업 지도안을 기본으로 교과 및 비교과 영역에서 창의 · 인성교육이 착근되도록 정책적 지원을 아끼지 않고 있다. 그간 권역별 창의 · 인성교육 연수기관을 선정하여 교육 현장의 교사들에 대한 연수는 물론 교육청별 창의적 체험활동을 할 수 있도록 '창의체험활동지도(CRM)'을 구성하였다. 그뿐만 아니라 창의 · 인성교육을 선도할 수 있도록 교육청별 창의인성교육 우수학교는 물론 창의인성교육 전문 컨설턴트를 양성하였다. 또한 기업 · 대학 등과 연계해 학교 밖 체험활동을 활성화하고 입학사정관제 도입 등을 통해 창의 · 인성교육 평가시스템을 강화하였다.

특히 초 · 중학교는 주당 3시간, 고교는 주당 4시간 실시되는 창의적 체험활동에 주목할 필요가 있다. 창의적 체험활동은 교과 이외의 활동으로서 교과와 상호보완적 관계에 있으며, 앎을 적극적으로 실천하고 나눔과 배려를 할 줄 아는 창의성과 인성을 겸비한 미래지향적 인재 양성을 목적으로 한다. 창의적 체험활동은 자율활동, 동아리 활동, 봉사활동, 진로활동으로 이루어진다. 창의적 체험활동은 지역과 학교의 독특한 문화 풍토를 고려하고 지역사회의 인적 · 물적 자원을 최대한 활용하여 특색 있는 다양한 체험활동을 하도록 강조한다. 이와 함께 학생의 자주적인 실천활동을 강조한다. 그럼에도 불구하고, 많은 학교 현장에서는 창의적 체험활동이 기존의 특별활동 및 재량활동과 차별성 있게 운영되지 않고 있다.

이런 맥락에서 한국과학창의재단에서는 창의적 체험활동의 본보기가 될 수 있는 프로그램 개발을 공모하였다. 이에 인하대학교 산학협력단(연구책임자 김영순 교수)이 공모에 선정되어 '창의적 체험활동 연구단'을 운영하게 되었다. 이 책은 바로 본 연구단의 연구 결과가 바탕이 된 것이다. 본 연구단에서는 학교급별 창의적 체험활동 편성, 인문 분야, 사회 분야, 캠프활동 영역 등에서 활용될 프로그램 개발을 수행하였다.

이 책의 내용은 이와 같이 연구단에서 개발된 여러 창의적 체험활동 프로그램에서 학교 현장에 바로 활용할 수 있는 프로그램을 선정하여 이를 수정 · 보완 및 재구성한 것이다.

이 책에서는 창의적 체험활동의 적용과 실제에 대한 기본 방향을 제시하고자 하였다. 1부에서는 창의적 체험활동을 어떻게 운영하고 편성할 것인지를 제시하였으며, 2부에서는 학교 내 창의적 체험활동 프로그램의 예를 인문 분야와 사회 분야로 나누어 제시하였다. 3부에서는 기관 연계 창의적 체험활동 프로그램의 예를 제시하였고, 4부에서는 창의적 체험활동 캠프 프로그램 사례를 제시하였다.

따라서 이 책은 획일화된 암기 위주의 교실 수업 문화를 바꾸고, 학생들과 선생님들이 체험교육을 통해 함께 행복한 학교를 만드는 데 분명히 일조할 것이라고 본다. 나아가 교육현장에서 창의적 체험활동을 교육 프로그램으로 운영하고자 하는 현장 선생님들에게 길라잡이가 될 것으로 기대한다.

우리 저자들의 바람이 한국 교육의 믿음으로 확산되길 기대하며 서문을 맺는다.

2015년 여름의 문턱에서

대표 저자 김영순

CONTENTS

CONTENTS

CONTENTS

CONTENTS

1부

창의적 체험활동 운영과 편성

김영순(인하대학교), 정기섭(인하대학교)

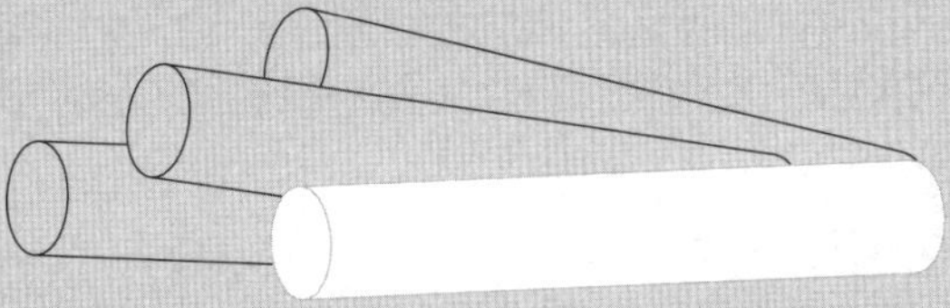

1
창의적 체험활동의 운영 및 편성 원칙

2009 개정 교육과정 이전에 행해졌던 창의적 재량활동 및 특별활동 교육과정과 창의적 체험활동은 '교과 외 활동을 통한 전인교육의 실현'이라는 측면에서 보면 취지는 동일하다. 그러나 창의적 체험활동은 4개의 영역에 따라 학교 특색을 살려 창의적으로 운영할 수 있다는 점에서 2007 개정 교육과정에서 운영된 창의적 재량활동 및 특별활동 교육과정과 차별성을 지닌다. 따라서 창의적 체험활동의 운영과 편성은 기존의 창의적 재량활동 및 특별활동과 달라야 할 것이다. 이 장에서는 창의적 체험활동 운영 원리를 탐색하고, 그 운영 전략에 대하여 살펴보도록 하겠다.

1. 창의적 체험활동 운영의 기본 원리

1) 학생 개개인의 요구 및 지역(학교)별 특성을 고려한 소그룹 활동

창의적 체험활동은 획일적 교육방식과 교육활동을 벗어나 학교(급)의 특성과 여건을 반영하여 교육과정을 구성하고, 학생들의 개별적 요구 및 관심을 고려하여 소그룹 활동으로 계획 · 운영될 수 있다는 장점을 가진다. 따라서 학생들에게 다양한 체험활동의 기회를 제공하기 위한 학교(급) 차원의 다양한 체험활동을 마련하고 학생들에게 선택 및 참여의 기회를 제공함으로써 학생의 개별적 특성과 자율성을 향상시킬 수 있다. 이를 위해 학교/학년/학급별 소그룹 활동이 다양하게 편성 · 운영되어야 한다. 소그룹 활동으로 이루어지는 창의적 체험활동은 지역별/학교별 특성을 고려하여 계획함으로써, 학생들에게 다양한 활동을 선택할 수 있는 가능성을 제공하여야 한다.

학생들이 다양한 활동선택을 가능하게 하기 위하여 학교나 지역사회에 기반한 다수의 소규모 활동들을 발굴하여 제공하는 것이 필요하다. 이를 위해 학교(급) 단위의 자율성과 융통성을 보장하여 특성화 프로그램들을 다양하게 편성하여 운영할 수 있도록 지원한다. 창의적 체험활동 운영의 효율성 측면에서 학교 및 학급차원의 대규모 활동 등에 전체 학생들을 참여시키는 경우가 많으나 궁극적으로 획일적인 교육을 탈피하고자 하는 창의적 체험활동의 목표를 고려하였을 때 이는 적절하지 않다.

2) 자기주도적 학습을 통한 학생의 진로, 적성, 소질 개발 활동

학습자 중심의 교육과정 지향은 창의적 체험활동의 주요한 교육적 의의라고 할 수 있다. 상급학교 진학을 위한 교과교육에 편중된 기존의 교육과정과 강의식 교수–

학습 방법을 지양하고 학습자의 창의성 및 문제해결 능력, 대인관계 및 사회성 기술 등이 강조되는 학습 환경은 참여 학생들의 자기주도적 활동을 지원해야 한다. 따라서 창의적 체험활동은 자기주도적 학습능력을 향상하기 위한 활동으로 구성될 수 있으며 다음과 같은 세부 활동이 계획될 수 있다.

- **자기관리**: 학습관리, 시간관리, 진로관리 등
- **목표 설정 및 실천 그리고 자기평가**: 봉사활동 및 다양한 체험활동 참여에 대한 학생 차원의 계획-실천-평가
- **독서활동**: 단순한 독서활동을 넘어서 지식과 경험의 폭을 넓힐 수 있는 자기주도적인 참여 촉진(예: 독서테마를 정하고 그 안에서 독서 레퍼토리를 늘려나감)

성공적인 창의적 체험활동의 계획 및 실행을 위하여 교사의 전문성 개발이 이루어져야 한다. 즉, 교사 양성 과정에서 창의적 체험활동과 관련한 체계적인 교육과정을 마련해야 한다. 또한 현직 교사의 지속적인 전문성 신장을 위하여 동아리 지도교사 양성, 상담기법 훈련, 학생 자치문화 가이던스, 토의/토론 전문가 과정 등과 같은 다양한 연수 프로그램이 도입되어야 할 것이다.

3) 공동체적 유대감을 함양할 수 있는 활동

창의적 체험활동은 학생의 개별적 요구에 부응하는 활동이며 동시에 집단 속에서의 협동적인 인간관계를 경험하고 공동체의식을 함양할 수 있는 활동이라는 특성을 가진다. 창의적 체험활동을 통하여 학생 개인의 소질과 잠재력을 개발하고 그룹 구성원으로서의 자질을 함양함으로써 민주시민으로서의 역량을 강화한다. 토론, 의사소통, 갈등해결, 협상, 상생 등을 기반으로 하는 건강한 '참여'에 대한 경험을 비롯하여 현대사회에서 요구되는 시민으로서의 자질을 함양한다. 공동체 의식을 함양하

기 위한 활동들은 글로벌 세계시민으로서 갖추어야 할 다양하고 수준 높은 자질을 지향하는 것으로 인권, 평화, 리더십, 생태, 녹색성장 등 현대사회의 구성원으로서 인식하고 있어야 할 다양한 주제를 통해서 제시될 수 있다.

4) 전인교육 지향 활동

인지적 · 정서적 · 신체적 · 도덕적 · 사회적 발달이 조화롭게 이루어지는 상태의 교육을 의미하는 전인교육은 창의적 체험활동이 가지는 중요한 교육적 의의이자 목표라 할 수 있다. 이러한 목표를 위해 창의적 체험활동은 자율활동, 동아리 활동, 봉사활동, 진로활동 등의 다양한 활동들을 통해 조화로운 인간발달을 추구하는 교육으로 특성화되어야 한다.

5) 학교 내외의 가능한 모든 자원(인적 · 물적 · 문화적) 활용 활동

앞서 제시된 창의적 체험활동이 지향해야 할 기본 원리를 따르며 활동들을 계획하고 구성하기 위해서는 학교 내외의 가능한 모든 인적 · 물적 · 문화적 자원들을 적극적으로 활용하여야 한다. 창의적 체험활동을 위해 활용 가능한 자원은 다음과 같이 제시할 수 있다.

- **인적 자원**: 학부모 네트워크, 지역사회 내 학교(초/중/고/대)에서 진행되는 기존 프로그램에 참여하는 학생들 (예: 대학의 '사회봉사' 과목을 수강하는 학생) 등
- **물적 자원**: 지역사회 내 학교 시설 및 공공기관, 지역사회 기업 등
- **문화적 자원**: 종교 및 지역사회 조직, 해당 지역의 문화유산, 전통문화 등

2. 창의적 체험활동 영역별 활동 운영 전략

창의적 체험활동의 영역은 (1) 자율활동, (2) 동아리 활동, (3) 봉사활동, (4) 진로활동의 네 가지 영역별 활동으로 구성된다. 각 활동은 활동의 형식과 내용을 기준으로 네 가지 영역으로 구분되어 있으나, 내용상으로는 통합적으로 운영하는 것이 바람직하다. 즉, 창의적 체험활동은 자율적 활동의 성격을 띠며 동아리 활동의 형태로 이루어지는 한편, 활동의 종류와 내용이 봉사 및 진로활동 영역과 긴밀하게 연결될 수 있다. 따라서 네 가지 활동을 프로그램 수준에서 병렬적으로 배치하는 것은 창의적 체험활동의 개발 · 운영의 측면에서 볼 때, 활동이 영역 간 서로 중복될 수 있으며 또한 그 활동을 평가하는 데 혼란을 초래할 수 있다는 문제가 있다. 그러므로 영역별 구분이 형식성에 좌우되지 않고 보다 구체적인 교육목표를 가진 프로그램으로서 다양한 활동으로 내실 있게 편성/운영되어야 한다.

창의적 체험활동은 교과의 성취목표 단위로 구성된 시간 운영을 넘어서 학생이 속한 학교, 지역사회에서 다양한 경험을 통해 학습할 수 있도록 하는 데 의의가 있다. 그러므로 궁극적으로 교과학습을 통해서 얻을 수 있는 지식을 더욱 풍부하게 하고 보다 실천적인 지식과 실제를 경험할 수 있도록 교과활동과 연계하여 계획/운영되어야 한다. 또한 교육활동 전반에 걸쳐 통합적으로 다루어질 수 있는 범교과 학습 주제통합 프로그램으로 운영하는 것이 창의적 체험학습의 본래 취지를 살릴 수 있는 중요한 방안이 될 수 있다. 세부 영역별 활동 운영 전략은 다음과 같다.

1) 자율활동 영역

자율활동은 개별 학생의 자발성에 기초하여 변화하는 환경에 적응하며 공동체 구성원으로서 역량을 갖추는 것이 그 목적이다. 따라서 개인의 능력과 활동을 개발하는 한편, 사회적 관계성이 발휘될 수 있도록 학급, 학교, 지역사회 등 다양한 규모의 공동체 구성원으로서 자발적 활동 역량을 신장하는데 중점을 둔다. 자율활동의 하위 영역 중 적응 · 자치 · 행사활동 시수는 고루 분배되도록 하되, 학년별 특성을 고려하여 적절히 가감해 운영할 수 있다. 예를 들어 중학교 1학년의 경우 새로운 중학생활에 원활하게 적응하도록 하기 위해 적응활동 시수를 2, 3학년에 비해 증가 편성할 수 있다. 또한 창의적 체험활동 편성 · 운영의 내실화를 위해 교육과정 운영상 불가피한 경우를 제외하고 가급적 행사활동 시수를 최소화함이 바람직하다.

학교 전통문화 수립활동을 통해 역사와 사회 변화를 고려한 새롭고 바람직한 학교 문화 창달에 기여할 수 있다. 학교 전통문화 계승활동을 함으로써 이전부터 내려오는 학교 고유의 바람직한 전통문화의 발전적인 변화를 도모하고 계승 · 발전시킬 수 있다.

자율활동의 하위 영역별 운영 전략은 다음과 같다.

(1) 적응활동

전반기(입학 · 진급 · 전학 등 새로운 사회구성원으로서 참여하는 시기)에는 새로운 질서 및 규칙, 기본 생활습관 학습 등 적응활동에 집중하며, 후반기로 갈수록 구성원 간의 긍정적인 관계 형성 및 관계 지속, 문제해결 등에 중점을 둔다.

(2) 자치활동

학교의 자치활동에 참여함으로써 민주시민으로서의 역할을 경험할 수 있도록 모의 의회이나 토론회, 다양한 자치 운영위원 활동 등을 구성한다. 또한 단순한 자치회 구성에 그치는 것이 아니라 자치활동을 통하여 의견을 표출하고 실천을 경험함으로써 민주시민으로서의 역량을 기르는 데 주안점을 둔다. 예를 들어 학교 환경을 개선하기 위한 토론회라는 자치활동에서 논의된 사항들에 대한 구체적인 실천계획을 세우고 이를 위해 새로운 학교의 규칙이나 활동을 계획하도록 한다.

(3) 행사활동

다양한 교내외 행사(입학/졸업식, 전시회, 발표회, 각종 실기대회, 체육대회, 수련회, 현장학습, 문화체험 등)에 참여함으로써 공동체 의식을 기르고 참여를 통한 만족감을 높일 수 있다. 특히 교과를 통해 배운 지식과 기능, 태도를 적용하고 실제적인 경험을 통해 지식을 확장할 수 있는 행사가 되도록 체계적인 준비가 필요하며, 관련되는 교과와 연계한 교육과정 편성(해당 활동을 관련 있는 교과의 시수와 함께 연결하여 운영)등 융통성 있는 교육과정 운영이 필요하다.

(4) 창의적 특색활동

학교와 지역의 특색을 반영한 학생/학급/학년/학교의 창의적 특색활동을 위해서는 학교의 창의적 체험활동 교육과정의 목표와 방향에 대한 설정이 반드시 선행되어야 한다. 예를 들어 학년별 특색활동의 경우, 하나의 테마(학교 특색활동 주제)를 가지고 구성한다면 활동을 통해 함양될 기술이나 지식의 위계성을 고려함으로써 지속적인 참여를 통한 단계적인 성장을 기대할 수 있다. 창의적 특색활동은 학교와 학년, 학급의 재량권을 인정하여 학년, 학급별로 다양하게 주제를 선정하고 내용을 구성하여 운영할 수 있으나 학교의 기본 목표와 방향, 위계성이 제시되지 않는다면 학년이나 학급 간 활동의 중복이 발생하고 연계성이 없는 단순한 몇 회의 활동에 그칠 수 있으므로 학교에서 설정한 방향과 틀 안에서 유기적으로 구성될 수 있도록 하여 특색활동의 의미를 살릴 수 있도록 운영되어야 한다. 따라서 학교 교육과정을 편성할 시 우선 학교 차원에서 창의적 특색활동의 큰 주제를 선정하고, 그것을 바탕으로 학년군별로 주제를 선택하여 학년에 맞는 주제와 내용을 토대로 학급별로 창의적 특색활동을 운영하는 것이 바람직하다.

〈표 1-1〉 창의적 특색활동 주제 선정의 예

주제 범위	주제 예시		
학교 특색활동	탈북학생 이해교육		
학년 특색활동	1~2학년군	3~4학년군	5~6학년군
	북한이해교육	상호이해교육	통일이해교육
학급 특색활동	- 북한 관련 미술활동 - 북한 관련 음악활동 - 북한 관련 체육활동	- 이산가족 - 북한의 학교 - 북한의 생활	- 통일의 필요성 - 분단국가 - 탈북과정, 탈북민
학생 특색활동	- 인공기 색칠하기 - 북한의 동요 불러보기 - 북한 달리기	- 북한 친구에게 편지 쓰기 - 북한 생활모습 알아보기 - 역할놀이	- 통일신문, 뉴스 만들기 - 이산가족 인터뷰하기 - 통일 관련 설문조사

예를 들어, 〈표 1-1〉에서와 같이 학교 특색활동이 '탈북학생 이해교육'이라면, 각 학년군에서는 이에 따라 학년 특색활동을 선정하고, 각 학급은 해당 학년군의 학년 특색활동 주제에 따라 다양한 창의적 특색활동을 선정할 수 있을 것이다. 이와 같이 학교/학년 특색활동의 경우는 자율활동 영역의 하위 영역이기는 하나, 자율활동 영역을 중점적으로 운영하여 차별화된 학교 교육과정 운영을 도모할 수 있다. 그리고 지역 특색활동을 통해 지역 고유의 특성을 고려한 특색 있는 교육과정을 운영함으로써 향토 이해 및 향토애를 고취할 수 있을 것이다. 종전의 자기주도적 학습과 범교과 학습 등을 학교, 학년 특색활동에 포함하여 운영함으로써 학교의 연구 문화, 토론 문화 정착에 기여하고 진로교육 자료로 활용할 수 있다.

2) 동아리 활동 영역

동아리 활동은 교과활동뿐만 아니라 과외활동을 통해 학생들의 특기와 개성을 발휘할 기회를 제공함으로써 학교 교육 전반에 걸쳐 실시할 수 있으며, 학생들의 개성과 소질을 계발하는 데 그 목적이 있다. 창의적 체험활동의 동아리 활동은 다양한 장소에서 실시될 수 있으며, 활동이 이루어지는 장소 및 지원 주체에 따라 학교 내 활동과 학교 외 활동으로 구분된다. 교외 활동에는 교사뿐 아니라 청소년 시설의 청소년 지도사, 지역사회의 다양한 활동가들이 참여할 수 있다.

동아리 활동 운영 시 주의할 사항은 다음과 같다. 우선, 기본적으로 창의적 체험활동의 동아리 활동으로 인정받기 위해서는 소속 학교장의 인정을 받는 공식적인 동아리여야 하며 동아리 활동 내용을 기록, 관리하여야 한다. 또한 동아리 활동의 하위 영역, 즉 학술 · 문화 예술 · 스포츠 · 실습노작 · 청소년 단체 활동 관련 동아리가 고루 조직될 수 있도록 한다. 동아리 활동은 그 내용과 범위가 광범위하여 학생의 요구, 학교 및 지역사회 여건, 학교 교육목표 등과 연계하여 편성 · 운영함이 바람직하다.

한편, 동아리 활동을 통해 상급학교 진학을 위한 진로교육 자료를 확보할 수 있도록 다양한 목표 지향적 활동을 포함하여 운영할 수 있을 것이다. 동아리 활동을 통하여 각종 대회 출전 및 다양한 시상활동을 전개함으로써 상급학교 진학의 밑거름이 되도록 도울 수 있다. 동아리 활동의 하위 영역별 운영 전략은 다음과 같다.

(1) 학술 동아리 활동

외국어, 시사, 과학 발명 등 다양한 학술적 능력 함양을 목표로 수행하는 학술 동아리 활동은 교과학습과 연계하여 구성하는 것이 효과적이다(예: 언어능력 함양 동아리는 국어, 영어 및 기타 외국어 교과와 연계; 정보능력 함양 동아리는 사회교과와 연계). 이 경우 해당 교과의 교사가 동아리 지도교사로서 참여함으로써 교과학습을 통해 다루어진 내용들의 실제적인 접근과 적용이 가능하다.

(2) 문화 · 예술 동아리 활동

문예창작, 미술, 음악, 방송, 사진 등 다양한 방면의 문화 예술적 소양을 쌓기 위한 동아리 활동으로서 문학, 음악, 미술 등의 예능교과와도 관련되므로 이와 연계하여 운영될 수 있다. 전시회, 발표회, 경연대회 등 학교 행사활동에 참여하는 일환으로서 교과와 독립적으로 운영될 수 도 있다.

(3) 스포츠 동아리 활동

특정 스포츠 기술을 익히는 것뿐만 아니라 체력단련을 위한 건강활동, 예술적 표현활동, 여가를 위한 스포츠 참여활동 등으로 다양하게 이루어질 수 있다. 단순히 정해진 시간에 특정 스포츠 활동에 참여하여 즐기는 것을 넘어서 이론과 실기에 바탕을 둔 교육과정을 구축하고 체계적으로 실시되어야 한다.

학교에서 제공할 수 있는 범위를 넘어서는, 보다 전문적인 지도가 요구되는 스포츠 활동의 경우에는 지역사회 스포츠센터나 청소년 활동 시설 등과 연계하여 운영할 수 있고 교외 전문가를 교내 동아리 활동의 지도자로 위촉하여 보다 전문적인 지도가 이루어질 수 있다.

(4) 실습 노작 동아리 활동

일하며 배운다는 의미의 노작활동은 가사실습, 동식물 기르기, 설계, 목공 등의 노작관련 활동들로 구성되며 개인 활동과 단체 활동으로 이루어질 수 있다. 노작활동의 범위가 특정 교과와 관련되는 부분도 있으나 대부분의 실습 노작 동아리 활동의 경우 교외 전문가(혹은 해당 기술을 보유한 교사)를 발굴하고 지도교사로서 위촉하여 보다 전문적인 지도를 제공할 필요가 있으며, 해당 분야 정부기관과의 연계 프로그램을 계획하거나 특정 활동에 대한 지원을 받을 수 있다. 예를 들어, 재배 및 조경 동아리의 경우 해당 지역 농업기술센터에서 다양한 무료프로그램[예: 서울시 농업기술센터의 농업 탐방(그린투어) 행사, 공기정화식물 교육, 전원생활 무료강좌 등]을 활용할 수 있으며, 다양한 사업(예: 텃밭농원 사업)의 지원을 받을 수 있다.

(5) 청소년 단체 및 시설의 동아리 활동

이미 학교와 연계하여 다양한 활동들을 실시하고 있는 청소년 단체활동 동아리(예: 스카우트, RCY 등)뿐만 아니라 지자체와 민간 설립 청소년 활동시설에서 운영하는 동아리(예: 청소년수련관의 댄스동아리)와 국내 청소년기관에서 지원/운영되고 있는 동아리들은 다양한 청소년 활동 분야를 지원하고 있다.

청소년 관련 단체, 기관, 시설들은 여성가족부에서 예산을 지원받고 있어 교내 동아리 활동과 연계하여 운영하기에도 효과적이다. 이러한 청소년 활동 및 지원기관들과 연계하여 다양한 범위의 창의적 체험활동을 구성할 수 있다(예: 시 · 도 청소년 상담센터와 연계한 또래상담자 교육을 통한 봉사활동 등).

3) 봉사활동 영역

일반적 자원봉사활동을 교육과정에 적용하여 인간존중의 정신과 태도를 형성하고 봉사활동을 통해 지역사회에 대한 이해를 넓히고 공동체 의식을 함양함으로써 궁극적으로 지역사회의 문제를 담당할 자원 인력으로 성장할 수 있다. 특히, 창의적 체험활동에서 이루어지는 봉사활동은 교육적인 목적 아래 지도되고 활동에 대한 평가가 이루어진다는 점에서, 봉사활동 과정에서 학생이 학습을 해나가는 '봉사학습(service learning)'의 형태로 이루어져야 한다. 즉, 봉사활동을 통하여 자신의 봉사활동에 대한 반성, 이웃과 지역사회에 대한 관심, 사회 현상에 대한 비판적 사고가 함양되도록 봉사학습을 계획해야 한다.

봉사활동은 그것이 이루어지는 장소에 따라 교내봉사와 교외봉사로 구분되며, 교외봉사는 지역사회 봉사활동, 자연환경 보호활동, 캠페인활동으로 구성된다. 봉사활동의 범위가 넓어지고 다양해지면서 다양한 지역사회 참여활동과 국제적인 봉사활동 등 보다 광범위한 영역에서 다양한 활동이 이루어지고 있는 현재, 학교에서는 지역사회를 중심으로 이루어지고 있는 다양한 활동에 관심을 가지고 학생들에게 봉사활동에 대한 정보와 참여의 기회를 제공해야 한다.

많은 학교에서 특별활동에서의 학교 교육과정에 의한 봉사활동을 교내 봉사활동을 중심으로 운영해왔지만, 2009 개정 교육과정에서는 교내 봉사활동뿐만 아니라 지역사회 봉사활동, 자연환경 보호활동, 캠페인활동 등 다양한 활동의 전개가 필요하고, 학급뿐 아니라 동아리 단위로도 봉사활동을 조직하여 다양한 봉사활동을 운영할 필요가 있다.

봉사활동이 형식적인 활동이 아니라 봉사활동 대상자나 기관에 실질적인 도움이 될 수 있도록 하기 위해서는 관련 단체나 기관과의 긴밀한 협조가 필요하다. 이를 위해 해당 기관에 필요한 활동이 무엇인지를 사전에 파악하여 활동계획을 세우고, 학생들에게 이와 관련한 사전교육을 실시하며, 대상기관에 도움이 되는 실질적인 활동을 실천하는 과정이 실행되어야 한다. 따라서 봉사활동을 수행함에 있어서는 관련기관이나 봉사단체와의 협조를 통하여 봉사대상자나 기관에 실질적인 도움이 될 수 있는 활동을 지속적으로 실천할 수 있도록 하여야 한다.

유용한 자원봉사 관련 사이트는 '청소년자원봉사(http://www.dovol.net)'이다. 사이트를 통해 자원봉사 기관과 각종 동아리에 대한 정보를 얻을 수 있으며, 자원봉사 신청이 가능하다. '청소년 자원봉사활동 신청하기' 메뉴를 통해 지역별, 활동별(개인/학교연계/동아리 봉사활동), 활동일자별로 참여가능한 자원봉사활동을 검색할 수 있다. '청소년 자원봉사활동' 검색 결과로 활동 관련 정보(기관명, 활동지역, 활동명, 활동장소, 시간)를 비롯하여 봉사활동 인증시간과 검색 시점에서 현재 참여 가능한 인원 수 등의 정보가 제공된다.

학교의 연간 계획에 의한 정규 교육과정 시간에 실시되는 학교 봉사활동은 '봉사활동 계획 수립 – 봉사활동 참가자 확보 – 봉사자 사전교육 – 봉사장소 배치 – 실무지식 현장교육 – 실천 – 반성 및 평가'의 절차로 이루어지며 가능한 한 학생의 자율적인 계획과 실행을 보장하도록 한다. 학교계획에 의한 봉사활동은 학생들의 상급학교 진학 시 점수와 관련이 있어 학년별로 적정 시간을 안배하여 편성할 필요가 있다.

학교 봉사활동 외에 학생 개인의 계획에 따라 실시되는 개인 봉사활동(개인, 자발적으로 형성된 학생집단, 가족 단위의 봉사활동 포함)의 경우에도 학교에서 적극적으로 권장하고 지원해야 한다. 개인 봉사활동은 '봉사자 사전교육 – 봉사활동계획서 학교 제출 – 학교의 실행승인 – 계획에 따른 실천 – 봉사활동 확인서 학교 제출'의 절차로 이루어진다.

4) 진로활동 영역

진로 정보 탐색활동은 학습 및 상급학교 진학, 직업에 대한 구체적이고 다양한 활동들을 포함함으로써 구체적이고 실현가능한 꿈을 심어주는 프로그램으로 편성 · 운영할 수 있다. 다양한 직업 탐색활동뿐만 아니라 직업 현장 체험활동 같은 구체적 직업인 체험 프로그램을 포함하여 운영함으로써 개인별 진로의 구체화를 돕는다. 학생의 요구와 시대적 · 사회적 여건을 고려한 진로 탐색활동이 되도록 편성 · 운영함으로써 학생들이 국가와 사회가 요구하는 인적 자원으로서의 역량을 갖출 수 있도록 돕는다.

진로발달의 단계는 다음의 네 가지 생애주기별 단계로 나타낼 수 있다. 이에 따라 각 단계별 교육 내용과 특성을 이해하고, 각 시기에 적합한 운영 전략을 마련하는 일이 필요하다.

진로 인식 (능력) ⇨ 진로 탐색 (가치) ⇨ 진로 준비 (전환) ⇨ 진로 전문화 (현실적 선택)

진로활동의 일환으로 실시되는 자기 이해 및 진로 정보 탐색활동을 위해 이미 개발된 진단도구나 간단한 체크리스트 등을 활용할 수 있다. 진로 탐색 및 준비 단계에서 진행되는 구체적 진로활동의 예는 다음과 같다.

〈고등학교 1학년 활동으로 진로 탐색 포트폴리오 구성의 예〉

- 3월: 진로 탐색 포트폴리오 구성 도구 정하기(노트, 클리어 파일, 인터넷 사이트 등)
- 4월: 인터넷을 통한 진로검사 실시(지능, 적성, 흥미, 가치관검사 등)
- 5월: 관심 있는 직업군 선택(진로상담서비스 활용)
- 6월: 관심 있는 직업군 탐색(진로상담서비스 활용)
- 7월: 직업 관련 전공 선택(진학상담서비스 활용)
- 8월: 진로와 진학 연계(대학 캠퍼스 탐방)
- 9월: 관심 직종 근무자 인터뷰
- 10월: 진로계획 및 학업계획서 작성
- 11월 이후: 미래 비전 제시 및 노력

구체적인 진로계획 활동을 위해서는 진로지도 전문기관, 진로전문가, 진로교사 등을 통한 보다 전문적인 상담과 지도가 필요하며, 이를 위해 전문적 소양을 가진 지역사회 인사 및 전문 기관과의 협력적 연계가 구축되어야 한다. 이러한 지원을 바탕으로 진로 탐색 포트폴리오를 작성하고 진로종합정보망인 커리어넷(http://www.careernet.re.kr)을 활용하여 저장함으로써 진로 기록 및 포트폴리오 구성을 활성화할 수 있다.

다양한 직업 체험활동 기회를 제공함으로써 해당 분야의 업무와 필요한 능력을 파악하고 기본적인 역할을 수행하며 이를 준비할 수 있으며, 이러한 직업 체험활동은 다양한 직업 체험 관련 전문기관과의 연계를 통해 이미 구축된 인프라를 적극 활용하는 방안을 모색할 수 있다.

3. 창의적 체험활동 편성 원리

2009 개정 교육과정에서 창의적 체험활동의 시간 배당 기준을 제시하고 있다. 초등학교 창의적 체험활동은 1~2학년 2년간 272시간, 3~4학년 2년간 204시간, 5~6학년 2년간 204시간 등으로 학년별 주당 3시간 이상 편성 운영하도록 되어 있다. 중학교의 창의적 체험활동은 1~3학년 3년간 총 306시간(학년별 주당 평균 3시간)이상, 고등학교의 창의적 체험활동은 1~3학년 3년간 24단위(주당 4시간 이상)이상을 편성 · 운영하도록 하고 있다.

창의적 체험활동은 조직 단위, 장소, 시설 등 규모와 여건을 고려하여 학년별, 학기별, 분기별로 집중 편성하여 학교 재량으로 운영할 수 있다. 또한 영역별, 학년별로 정일제, 격주제, 전일제, 집중제 등과 같이 융통성 있게 시간표를 작성하여 운영할 수도 있다. 각 영역별 활동과 하위 활동은 학교 단위, 학년 단위, 학급 단위, 동아리 중심, 지역사회 중심, 집단 중심 등으로 다양하게 구성하고, 학생의 발달단계를 고려하여 학교, 학부모, 지역사회의 인적 · 물적 자원을 최대한 활용한 프로그램을 운영할 수 있다.

창의적 체험활동 시간운영 유형과 의미는 다음 〈표 1-2〉와 같다.

〈표 1-2〉 창의적 체험활동 시간운영 유형

유형	의미
정일제 (분산제, 집중제)	1학기 또는 1년 동안 매주 일정한 요일을 정하여 동일한 시간에 편성하는 방식
격주제	격주로 시간을 편성하여 활동 시간을 길게 운영하는 방식
전일제	한 달에 1회, 또는 그 횟수와 상관없이 하루 종일 창의적 체험활동만을 편성하는 방식
집중제	2일 이상 일정 기간 계속해서 창의적 체험활동을 집중적으로 운영하는 방식으로 등하교형과 캠프형으로 나누어 편성하는 것이 가능함

2
초등학교

이 장에서는 초등학교에서 창의적 체험활동 교육과정을 운영함에 있어서 가이드라인이 될 수 있는 다양한 창의적 체험활동 운영 및 편성 사례를 제시한다. 초등학교는 학년군별로 시수가 다르다. 따라서 초등 1~2학년군, 초등 3~4학년군, 초등 5~6학년군으로 나누어 운영 및 편성 사례를 제시하였다. 학년군별 창의적 체험활동 운영 및 편성 사례는 창의적 체험활동 영역, 시간 배당 계획, 활동 영역별 연간운영계획, 창의적 체험활동 간 지도계획, 활동계획서 순으로 구성하였다.

활동 영역별 연간운영계획과 연간 지도계획은 기존의 사례집과 자료를 참고하여 창의적 체험활동 운영을 위한 연간운영계획과 지도계획으로 수정 · 개발하였다.*

* 경인교육대학교 부설초등학교(2010), 교육과학기술부(2011), 박은종(2011).

1. 1~2학년군 체험활동 편성

1) 자율(특색)활동 중심의 창의적 체험활동

학교의 특색활동이 독서교육이라고 가정해보자. 학교의 특색활동을 살려 창의적 체험활동을 도서관 체험교육으로 진행하고자 할 때, 창의적 체험활동 시수를 어떻게 배당하고 교육계획을 짤 수 있는지 살펴보겠다.

독서교육이라는 자율(창의적 특색)활동에 주안점을 두어 운영한 시간 배당 계획은 다음 〈표 1-3〉과 같다.

〈표 1-3〉 영역별 배당시간(1~2학년군): 자율(창의적 특색)활동 중점

<table>
<tr><th rowspan="3">학년군</th><th rowspan="3">학년</th><th colspan="7">영역별 배당시간</th><th rowspan="3">학년별
시간 배당</th><th rowspan="3">학년군별
시간 배당</th></tr>
<tr><th colspan="4">자율활동</th><th rowspan="2">동아리
활동</th><th rowspan="2">봉사
활동</th><th rowspan="2">진로
활동</th></tr>
<tr><th>적응</th><th>자치</th><th>행사</th><th>학교 · 학년
특색활동</th></tr>
<tr><td rowspan="2">1~2
학년군</td><td>1학년</td><td>101</td><td>4</td><td>18</td><td>21</td><td>10</td><td>9</td><td>4</td><td>167</td><td rowspan="2">272</td></tr>
<tr><td>2학년</td><td>35</td><td>8</td><td>18</td><td>21</td><td>10</td><td>9</td><td>4</td><td>105</td></tr>
</table>

〈표 1-3〉에 따르면, 자율활동 중 창의적 특색활동에 중점을 두어 적응활동을 제외한 다른 영역의 활동보다 시간을 많이 배당하였음을 알 수 있다. 자율활동의 하위영역 중 적응, 자치, 행사활동 시수는 학년별 특성을 고려하여 적절히 가감하여 운영할 수 있다. 이에 따라서 1~2학년의 경우에는 새로운 초등학교 생활에 원활하게 적응하도록 하기 위해 적응활동 시수를 다른 학년에 비해 증가 편성할 수 있다. 또한 1학년은 기존의 '우리들은 1학년' 교과가 폐지되고 창의적 체험활동으로 대체되면서 적응활동으로 편성되었다.

따라서 〈표 1-3〉을 기준으로 설계한 1~2학년군 활동 영역별 연간운영계획은

다음 〈표 1-4〉와 같다. 자율활동 중 창의적 특색활동인 도서관 체험교육활동(활동명: '도서관과 친구되기')에는 음영 처리를 하였다.

〈표 1-4〉 활동 영역별 연간운영계획(1~2학년군): 자율(특색)활동 중점

영역			1학년		2학년	
			1학기	2학기	1학기	2학기
자율활동	적응	신입생 적응활동	70	0	0	0
		바른 품성 함양	4	3	4	6
		자기주도적 학습(학습 약속 실천)	8	0	6	5
		보건교육	1	1	1	1
		어울림 한마당	8	6	6	6
	자치	명예 반장제(학교 특색)	1	1	1	1
		학급/전교회 선출 구성	0	0	0	0
		협의활동/역할 분담	1	1	4	2
	행사	입학식/시업식	1	0	1	0
		방학식	1	1	1	1
		개학식	0	2	0	2
		종업식/졸업식	0	1	0	1
		현장학습/수학여행	6	0	6	0
		가을 산 오르기	0	6	0	6
	창의적 특색활동	도서관과 친구되기	14	7	14	7
	계		115	29	44	38
동아리 활동		계발/청소년 단체	0	0	0	0
		영어 지도(학년 특색)	5	5	5	5
		계	5	5	5	5
봉사활동		사랑의 용돈 모으기	2	2	2	2
		장애인의 날/장애 이해	2	1	2	1
		학급 문고	0	2	1	1
		미추홀학교 방문	0	0	0	0
		계	4	5	5	4
진로활동		진로지도	1	1	1	1
		존경하는 위인	1	1	1	1
		계	2	2	2	2
합계			126	41	56	49
			167		105	

앞의 〈표 1-4〉에서 음영 처리를 한 자율(창의적 특색)활동은 '도서관과 친구되기' 프로그램이다. 이에 대한 구체적인 활동 주제, 활동 내용, 차시를 작성한 연간 지도계획은 〈표 1-5〉와 같다. 여기에서는 2학년을 중심으로 살펴보도록 하겠다.

〈표 1-5〉 2학년 창의적 체험활동 연간 지도계획: 자율(특색)활동 중점

학기	주	영역				차시	활동 주제	활동 내용
		자율	동아리	봉사	진로			
1	10 (5.2~7)	○				1/21	도서관과 친구되기(특)	도서관 관련 사전학습 하기
	11 (5.9~13)	○				2~6/21	도서관과 친구되기(특)	부평 기적의 도서관 체험 하기
		○				7/21	도서관과 친구되기(특)	도서관 관련 사후학습 하기
	15 (6.7~10)	○				8/21	도서관과 친구되기(특)	도서관 관련 사전학습 하기
	16 (6.13~18)	○				9~13/21	도서관과 친구되기(특)	달팽이 미디어 도서관 체험 하기
		○				14/21	도서관과 친구되기(특)	도서관 관련 사후학습 하기
2	6 (9.26~10.1)	○				15/21	도서관과 친구되기(특)	도서관 관련 사전학습 하기
	7 (10.4~7)	○				16~20/21	도서관과 친구되기(특)	맑은샘 어린이 도서관 체험 하기
		○				21/21	도서관과 친구되기(특)	도서관 관련 사후학습 하기

〈표 1-5〉는 도서관 체험활동에 대한 구체적인 시수 운영을 설계한 것이다. 1, 2학기에 걸쳐 총 21시간으로 운영되며, 교육활동은 크게 세 가지로 구성된다. 5월에는 부평 기적의 도서관 체험, 6월에는 달팽이 미디어 도서관 체험, 10월에는 맑은샘 어린이 도서관 체험을 계획하였다. 각 도서관 체험활동을 하기 전에 사전학습이 이루어지고, 도서관 체험을 한 후에는 사후학습이 이루어지도록 하였다. 이러한 '사전활동 – 본시활동 – 사후활동'의 구성은 정규 교육활동으로 이루어지는 창의적 체험활동 프로그램 운영에 있어서 매우 중요하다고 할 수 있다.

2) 자율(행사)활동 중심의 창의적 체험활동

다음은 1~2학년군의 창의적 체험활동에서 다양한 행사활동을 중점적으로 운영하고자 할 때 참고할 수 있는 자율활동 중 하위 영역인 행사활동 중심의 창의적 체험활동 운영 예시이다. 시간 배당 예시는 다음 〈표 1-6〉과 같다.

〈표 1-6〉 영역별 배당시간(1~2학년군): 자율(행사)활동 중점

학년군	학년	영역별 배당시간							학년별 시간 배당	학년군별 시간 배당
		자율활동				동아리 활동	봉사 활동	진로 활동		
		적응	자치	행사	학교 · 학년 특색활동					
1~2 학년군	1학년	100	4	40	0	10	9	4	167	272
	2학년	23	8	51	0	10	9	4	105	

앞의 〈표 1-3〉과 비교하였을 때, 〈표 1-6〉에서는 자율활동의 하위 영역인 특색활동과 적응활동의 시수를 줄이고 행사 영역의 비중을 높였음을 알 수 있다. 〈표 1-6〉의 내용을 구체적인 활동 영역별 연간운영계획으로 작성하면 다음 〈표 1-7〉과 같다.

〈표 1-7〉 활동 영역별 연간운영계획(1~2학년군): 자율(행사)활동 중점

영역			1학년		2학년	
			1학기	2학기	1학기	2학기
자율 활동	적응	신입생 적응활동	70	0	0	0
		바른 품성 함양	4	3	4	4
		자기주도적 학습(학습 약속 실천)	8	1	6	5
		보건 교육	1	1	1	1
		어울림 한마당	6	6	0	2

자율 활동	자치	명예 반장제(학교특색)	1	1	1	1
		학급/전교회 선출 구성	0	0	0	0
		협의활동/역할 분담	1	1	4	2
	행사	입학식/시업식	1	0	1	0
		방학식	1	1	1	1
		개학식	0	2	0	2
		종업식/졸업식	0	1	0	1
		자연과 함께 자라나기	6	6	10	5
		물속친구, 물가친구	5	5	5	10
		문화 다양하게 즐기기	6	6	10	5
	특색활동		0	0	0	0
	계		110	34	43	39
동아리 활동		계발/청소년 단체	0	0	0	0
		영어 몰입(학년 특색)	5	5	5	5
		계	5	5	5	5
봉사활동		사랑의 용돈 모으기	2	2	2	2
		장애인의 날/장애 이해	2	1	2	1
		학급 문고	0	2	1	1
		미추홀학교 방문	0	0	0	0
		계	4	5	5	4
진로활동		예비중학생 진로지도	1	1	1	1
		존경하는 위인	1	1	1	1
		계	2	2	2	2
합계			121	46	55	50
			167		105	

〈표 1-7〉을 보면 입학식/시업식, 방학식, 개학식, 종업식, 졸업식은 필수적인 학교 행사이므로 자율활동의 행사 영역에 포함시키되, 그 외의 행사활동은 슬기로운 생활, 즐거운 생활 등 교과와 연계한 교육활동의 일환으로서 문화 및 자연 체험 프로그램으로 구성하였음을 알 수 있다.

앞의 〈표 1-7〉에 제시된 창의적 체험활동 연간운영계획 중 2학년의 자율(행사)활동을 구체적인 활동 주제, 활동 내용, 차시 항목으로 작성한 내용은 다음 〈표 1-8〉과 같다.

〈표 1-8〉 2학년 창의적 체험활동 연간 지도계획: 자율(행사)활동 중점

학기	주	영역				차시	활동 주제	활동 내용
		자율	동아리	봉사	진로			
1	5 (3.28~4.2)	○				1~5 /15	문화 다양하게 즐기기(행)	송암미술관 체험하기
	8 (4.18~22)	○				1~5 /15	자연과 함께 자라나기(행)	인천나비공원 체험하기
	12 (5.16~21)	○				1~5 /15	물속 친구, 물가 친구(행)	소래습지생태공원 체험하기
	17 (6.20~24)	○				6~10 /15	문화 다양하게 즐기기(행)	인천학생교육문화회관 체험하기
	19 (7.4~8)	○				6~10 /15	자연과 함께 자라나기(행)	원적산, 석남약수터 체험하기
2	6 (9.26~10.1)	○				6~10 /15	물속 친구, 물가 친구(행)	수산종묘배양연구소 체험하기
	10 (10.24~29)	○				11~15 /15	자연과 함께 자라나기(행)	장수산 등산하고 체험하기
	12 (11.7~11)	○				11~15 /15	물속 친구, 물가 친구(행)	인천광역시교육과학연구원 인천과학상설전시관 체험하기
	16 (12.5~9)	○				11~15 /15	문화 다양하게 즐기기(행)	부평아트센터 체험하고 공연 관람하기

〈표 1-8〉을 통해 2학년 1학기 창의적 체험활동에서 '문화 다양하게 즐기기' 프로그램과 '자연과 함께 자라나기' 프로그램이 각 2회에 걸쳐 10차시씩 이루어지고, '물속 친구, 물가 친구' 프로그램이 1회 5차시 이루어짐을 알 수 있다. 또한 2학년 2학기에는 '자연과 함께 자라나기' 프로그램과 '문화 다양하게 즐기기' 프로그램을 각각 1회 5차시씩 진행하고, '물속 친구, 물가 친구' 프로그램은 2회 각 5차시씩 운영된다.

위의 연간 지도계획은 교육활동이 특정 시기에 몰리지 않고, 1학기에는 3, 4, 5, 6, 7월, 2학기에는 9, 10, 11, 12월로 매달 이루어지는데, 일회성 행사로 그치지 않는다는 점에 특징이 있다.

2. 3~4학년군 체험활동 편성

초등학교 3~4학년군에서 창의적 체험활동에 배당된 기준 시수는 204시간이다. 본 절에서는 자율, 동아리, 진로활동을 중심으로 하는 창의적 체험활동 사례를 설명할 것이다.

1) 자율(특색)활동 중심의 창의적 체험활동

다음은 3~4학년군 중 4학년에서의 자율(특색)활동을 중심으로 하여 창의적 체험활동 운영사례를 설명한 것이다. 영역별 시간 배당은 〈표 1-9〉와 같다.

〈표 1-9〉 영역별 배당시간(3~4학년군): 자율(특색)활동 중점

학년군	학년	영역별 배당시간							학년별 시간 배당	학년군별 시간 배당
		자율활동				동아리 활동	봉사 활동	진로 활동		
		적응	자치	행사	학교·학년 특색활동					
3~4 학년군	3학년	24	14	18	16	0	8	4	84	204
	4학년	26	18	18	20	24	8	6	120	

〈표 1-9〉를 보았을 때는 다른 영역과 시간 배당의 차이가 크지 않기 때문에 자율(특색)활동을 중심으로 배당했다고 생각되지 않을 수도 있다. 그러나 〈표 1-10〉을 보면 4학년 자율활동의 하위 영역 중 특색활동을 '녹색성장'이라는 단일 프로그램으로 구성하였음을 알 수 있다.

〈표 1-10〉 활동 영역별 연간운영계획(3~4학년군): 자율(특색)활동 중점

영역			3학년		4학년	
			1학기	2학기	1학기	2학기
자율활동	적응	바른 품성 함양	6	6	5	7
		자기주도적 학습(학습 약속 실천)	7	5	7	7
	자치	학급/전교회 선출 구성	2	2	3	2
		협의활동/역할 분담	6	4	7	6
	행사	아침활동	2	4	2	4
		현장학습/수학여행	6	0	6	0
		자연 체험활동	0	6	0	6
	특색활동	녹색성장	6	10	12	8
	계		35	37	42	40
동아리 활동	계발활동		0	0	12	12
	계		0	0	12	12
봉사활동	장애인의 날/장애 이해		2	2	2	2
	사랑의 용돈 모으기		2	2	2	2
	계		4	4	4	4
진로활동	진로지도		2	0	2	2
	존경하는 위인		1	1	1	1
	계		3	1	3	3
합계			42	42	61	59
			84		120	

단일 프로그램만으로 자율(특색)활동을 구성했다는 것은 그만큼 그 프로그램에 중점을 두고 있다고 해석할 수 있다. 즉, 환경교육이라는 학교 · 학년 차원의 특

색활동을 창의적 체험활동의 자율활동을 통하여 지도하였다고 해석할 수 있다. 〈표 1-10〉의 영역과 시수에 대한 구체적인 학기별 연간 지도계획은 다음 〈표 1-11〉과 같으며, 4학년과 관련된 내용만을 발췌하여 제시하였다.

〈표 1-11〉 4학년 창의적 체험활동 연간 지도계획: 자율(특색)활동 중점

학기	주	영역				차시	활동 주제	활동 내용
		자율	동아리	봉사	진로			
1	12(5.16~21)	○				1~12/20	녹색성장(특)	녹색성장 심성수련활동
2	11 (10.31~11.5)	○				13~18/20	녹색성장 (지구환경 우리가 지켜요)	자원과 에너지 (쓰레기 소각장 및 환경 생태공원 견학)
	15 (11.28~12.3)	○				19~20/20	녹색성장(특)	바자회 하기

〈표 1-11〉에서 음영 처리된 활동 내용인 '녹색성장 심성수련활동'을 보면, 1~12차시의 캠프 형식 창의적 체험활동으로 구성되어 있다. 그런데 위의 경우, 1학기에는 한 번 녹색성장 교육 프로그램을 실시하므로 자율(특색)활동의 의미를 잘 살리지 못한다고 할 수 있다. 이러한 구성이라면 자율(행사)활동 영역의 '현장학습/수학여행' 활동을 녹색성장 심성수련활동으로 운영하고, 1학기 자율(특색)활동 영역에 배당한 12차시를 연계성 있는 지속적인 교육활동으로 운영하는 편이 더욱 교육적인 효과가 높다고 할 수 있을 것이다. 또한 이렇게 1박 2일 캠프 형식의 창의적 체험활동으로 구성 시에는, 캠프 '사전활동 – 본시활동 – 사후활동'에 대한 계획안이 철저하게 작성되어야 할 것이다(자세한 예는 4부 참조). 한편, 2학기에는 '자원과 에너지' 활동을 6차시, '바자회하기' 활동을 2차시로 운영함을 알 수 있다.

2) 자율(행사)활동 중심의 창의적 체험활동

창의적 체험활동에서의 자율활동의 하위 영역 중 행사활동은 기존의 행사활동과는 차별화되어야 할 것이다. 3~4학년군에서 자율(행사)활동 중심으로 창의적 체험활동을 운영하고자 할 때 참조할 수 있는 예시를 살펴보겠다. 다음 〈표 1-12〉는 자율(행사)활동에 상대적으로 더 비중을 두고 설계한 시간 배당 계획이다.

〈표 1-12〉 영역별 배당시간(3~4학년군): 자율(행사)활동 중점

학년군	학년	영역별 배당시간							학년별 시간 배당	학년군별 시간 배당
		자율활동				동아리 활동	봉사 활동	진로 활동		
		적응	자치	행사	학교·학년 특색활동					
3~4 학년군	3학년	18	4	30	20	0	10	15	97	204
	4학년	2	10	30	20	20	10	15	107	

위의 표를 보면, 3~4학년군 자율(행사)활동에 30시간이 배정되었는데, 이는 다른 활동 영역에 배당된 시간과 비교하였을 때 상대적으로 많은 편이라고 할 수 있다. 아래 〈표 1-13〉은 위의 시간 배당 계획에 따라 작성한 활동 영역별 연간운영계획이다.

〈표 1-13〉 활동 영역별 연간운영계획(3~4학년군): 자율(행사)활동 중점

영역			3학년		4학년	
			1학기	2학기	1학기	2학기
자율활동	적응	바른 품성 함양	8	8	2	0
		자기주도적 학습(학습 약속 실천)	2	0	0	0
	자치	학급/전교회 선출 구성	2	2	2	2
		협의활동/역할 분담	0	0	3	3

자율활동	행사	시업식/종업식	1	1	1	1
		방학식/개학식	1	3	1	3
		현장학습/수학여행	6	0	6	0
		자연 및 문화체험활동	6	12	6	12
	특색활동	영어 몰입	10	10	10	10
	계		36	36	31	31
동아리 활동	계발활동		0	0	10	10
	계		0	0	10	10
봉사활동	장애인의 날/장애 이해		2	2	2	2
	미추홀학교 방문		4	0	4	0
	녹색성장(환경보호) 실천활동		0	2	0	2
	계		6	4	6	4
진로활동	심리검사		0	0	2	0
	진로지도		5	5	5	5
	존경하는 위인		2	3	0	3
	계		7	8	7	8
합계			50	47	54	53
			97		107	

〈표 1-13〉을 보면, 1~2학년군에서와 달리 3~4학년군에는 자율(행사)활동에 현장학습/수학여행이 포함되어 있다. 그런데 우리가 창의적 체험활동을 운영하면서 사고의 전환을 할 필요가 있는 부분은, 이전 교육과정에서 이루어졌던 형식의 현장학습/수학여행을 고수할 필요가 없다는 점이다. 교육적인 목표를 가지고 '사전활동-본시활동-사후활동'으로 이루어지는 캠프 형식의 창의적 체험활동을 설계할 수 있어야 한다. 따라서 그 교육 목표에 따라 진로활동에서의 창의적 체험활동이 될 수도 있고, 봉사활동에서의 창의적 체험활동이 될 수도 있다. 즉, 예전의 교육과정에서는 현장학습/수학여행을 일종의 '관례적으로 치르는 행사' 개념으로 봤다면, 창의적 체험활동에서의 현장학습/수학여행은 특정한 교육적 목표로 이루어지는 교육활동이라고 볼 수 있다.

〈표 1-13〉의 연간운영계획에 근거하여 자율(행사)활동에 관한 연간 지도계획은 다음 〈표 1-14〉와 같으며, 이는 3학년을 중심으로 작성되었다.

〈표 1-14〉 3학년 창의적 체험활동 연간 지도계획: 자율(행사)활동 중점

학기	주	영역				차시	활동 주제	활동 내용
		자율	동아리	봉사	진로			
1	19 (7.4~8)	○				1~6 /18	자연 및 문화 체험활동 (만져보고 느껴보고)	갯벌 체험활동 (해양환경 탐구 수련원)
2	7 (10.4~7)	○				7~12 /18	자연 및 문화 체험활동 (만져보고 느껴보고)	인천나비공원에서 체험활동 하기
	13 (11.14~19)	○				13~18 /18	자연 및 문화 체험활동 하기 (만져보고 느껴보고)	차이나타운에서 체험활동 하기

1학기에는 '자연 및 문화 체험활동'을 1회 6차시로 자율(행사) 영역의 프로그램으로 구성하였다. 또한 2학기에는 '자연 및 문화체험활동'을 2차례 6차시씩 계획하였다.

3) 자율(적응)활동 중심의 창의적 체험활동

3~4학년군에서 자율(적응)활동 중심으로 창의적 체험활동을 운영하고자 할 때 참조할 수 있는 예시를 살펴보자. 다음 〈표 1-15〉는 자율(적응)활동에 상대적으로 더 비중을 두고 설계한 시간 배당 계획이다.

〈표 1-15〉 영역별 배당시간(3~4학년군): 자율(적응)활동 중점

학년군	학년	영역별 배당시간							학년별 시간 배당	학년군별 시간 배당
		자율활동				동아리 활동	봉사 활동	진로 활동		
		적응	자치	행사	학교 · 학년 특색활동					
3~4 학년군	3학년	24	14	18	0	0	24	4	84	204
	4학년	26	18	18	0	24	28	6	120	

〈표 1-15〉의 시간 배당 계획에 근거하여 작성한 3~4학년군 창의적 체험활동 영역별 연간운영계획은 다음 〈표 1-16〉, 〈표 1-17〉과 같다.

〈표 1-16〉 활동 영역별 연간운영계획(3~4학년군): 자율(적응)활동 중점

영역			3학년		4학년	
			1학기	2학기	1학기	2학기
자율활동	적응	바른 품성 함양	6	6	4	8
		자기주도적 학습(학습 약속 실천)	7	5	7	7
	자치	학급/전교회 선출 구성	2	2	3	2
		협의활동/역할 분담	6	4	7	6
	행사	시업식/종업식	1	1	1	1
		방학식/개학식	1	3	1	3
		현장학습/수학여행	6	0	6	0
		자연 체험활동	0	6	0	6
	특색활동	영어 몰입	0	0	0	0
	계		29	27	29	33
동아리 활동	계발활동		0	0	12	12
	계		0	0	12	12
봉사활동	장애인의 날/장애 이해		2	2	2	2
	사랑의 용돈 모으기		2	2	2	2
	녹색성장(환경보호) 실천활동		6	10	10	10
	계		10	14	14	14
진로활동	진로지도		2	0	2	2
	존경하는 위인		1	1	1	1
	계		3	1	3	3
합계			42	42	58	62
			84		120	

〈표 1-17〉 3학년 창의적 체험활동 연간 지도계획: 자율(적응)활동 중점

학기	주	영역				차시	활동 주제	활동 내용
		자율	동아리	봉사	진로			
1	2 (3.7~11)	○				1/12	바른 품성 (좋은 친구,멋진 친구)	다른 사람 칭찬하는 방법 알기
	3 (3.14~19)	○				2/12	바른 품성 (좋은 친구,멋진 친구)	아침 독서 20분 매일 실천하기
	6 (4.4~8)	○				3/12	바른 품성 (좋은 친구,멋진 친구)	차를 타고 내릴 때 질서지키기
	10 (5.2~7)	○				4/12	바른 품성 (좋은 친구,멋진 친구)	효행, 선행 실천하고 글 올리기
	15 (6.7~10)	○				5/12	바른 품성 (좋은 친구,멋진 친구)	칭찬 글에 답글 올리기
	18 (6.27~7.2)	○				6/12	바른 품성 (좋은 친구,멋진 친구)	웃는 얼굴, 바른 인사말로 인사하기
2	6 (9.26~10.1)	○				7/12	바른 품성 (좋은 친구,멋진 친구)	바르고 고운 말을 사용해야 하는 이유
	7 (10.4~7)					8~11 /12	바른 품성 (좋은 친구,멋진 친구)	도서관에서 지킬 일 도서관 체험하기
	15 (11.28~12.3)	○				12/12	바른 품성 (좋은 친구,멋진 친구)	다른 사람을 배려하며 돕는 생활

4) 동아리 활동 중심의 창의적 체험활동

이 절에서는 3~4학년군에서 동아리 활동에 중점을 두어 창의적 체험활동의 시간 배당을 계획한 예시를 살펴보겠다. 우선 2007 개정 교육과정의 특별활동에서 '계발활동'으로 운영되던 내용과 2009 개정 교육과정의 창의적 체험활동에서 동아리 활동 영역의 차이점을 살펴보자. 2007 개정 교육과정에서의 특활반은 교사 주도로 '영어회화반', '영화감상반' 등으로 나누어 학교에서 지정하여 운영한 반면, 창의적 체험활동에서의 동아리 활동은 공통된 관심사와 흥미, 취미, 소질, 적성 등을 지닌 학생들

이 모여서 자발적으로 참여하고 운영하는 방식으로 이루어진다.

동아리 활동에 중점을 두어 계획한 3~4학년군의 창의적 체험활동 시간 배당 계획은 다음 〈표 1-18〉과 같다.

〈표 1-18〉 영역별 배당시간(3~4학년군): 동아리 활동 중점

학년군	학년	영역별 배당시간							학년별 시간 배당	학년군별 시간 배당
		자율활동				동아리 활동	봉사 활동	진로 활동		
		적응	자치	행사	학교 · 학년 특색활동					
3~4 학년군	3학년	24	14	18	0	0	24	4	84	204
	4학년	18	18	18	0	40	20	6	120	

위의 예시에서는 4학년에서 동아리 활동을 중점적으로 운영하고자 함을 알 수 있다. 이러한 시간 배당을 바탕으로 작성한 창의적 체험활동 영역별 연간운영계획은 〈표 1-19〉와 같다.

〈표 1-19〉 활동 영역별 연간운영계획(3~4학년군): 동아리 활동 중점

영역			3학년		4학년	
			1학기	2학기	1학기	2학기
자율활동	적응	바른 품성 함양	6	6	5	7
		자기주도적 학습(학습 약속 실천)	7	5	3	3
	자치	학급/전교회 선출 구성	2	2	3	2
		협의활동/역할 분담	6	4	7	6
	행사	시업식/종업식	1	1	1	1
		방학식/개학식	1	3	1	3
		현장학습/수학여행	6	0	6	0
		자연 체험활동	0	6	0	6
	특색활동	영어 몰입	0	0	0	0
	계		29	27	26	28

동아리 활동	동아리 활동	0	0	20	20
	계	0	0	20	20
봉사활동	장애인의 날/장애 이해	2	2	2	2
	사랑의 용돈 모으기	2	2	0	0
	녹색성장(환경보호) 실천활동(학년 특색)	6	10	8	8
	계	10	14	10	10
진로활동	진로지도	2	0	2	2
	존경하는 위인	1	1	1	1
	계	3	1	3	3
합계		42	42	59	61
		84		120	

〈표 1-19〉를 보면 동아리 활동이 1, 2학기에 걸쳐 각 20시간씩 운영됨을 알 수 있다. 연간운영계획에 따라 작성한 창의적 체험활동 연간 지도계획(동아리 활동)은 다음 〈표 1-20〉과 같다.

〈표 1-20〉 4학년 창의적 체험활동 연간 지도계획: 동아리 활동 중점

학기	주	영역				차시	활동 주제	활동 내용
		자율	동아리	봉사	진로			
1	5 (3.28~4.2)					1~5 /40	계발활동	각 부서별 활동하기
	9 (4.25~30)					6~10 /40	계발활동 (미추홀문화재 탐사대)	각 부서별 활동하기
	13 (5.23~27)					11~15 /40	계발활동	각 부서별 활동하기
	17 (6.20~24)					16~20 /40	계발활동	각 부서별 활동하기
2	6 (9.26~10.1)					21~25 /40	계발활동 (미추홀문화재 탐사대)	각 부서별 활동하기
	10 (10.24~29)					26~30 /40	계발활동	각 부서별 활동하기

2	14 (11.21~25)					31~35/40	계발활동	각 부서별 활동하기
	18 (2.7~11)					36~40/40	계발활동	각 부서별 활동하기

〈표 1-20〉을 통해, 1년 동안 총 8회에 걸쳐 5차시씩 계발활동을 실시함을 알 수 있다. 또한 한 달에 1회 5차시를 운영하는 전일제 방식으로 동아리 활동을 구성하였음을 추측할 수 있다. 아래 표 〈1 – 21〉은 위와 같은 연간 일정으로 운영된 동아리 활동 중 '문화재 탐사'라는 동아리 활동을 예로 들어 연간 지도계획을 표로 나타낸 것이다.

〈표 1-21〉 '문화재 탐사' 동아리 활동의 연간 지도계획

운영 시기	활동 내용	차시
3월 5주	문화재 탐사 1 - 부평 향교를 찾아서	1~5/40
4월 4주	문화재 탐사 2 - 강화도 전등사를 찾아서	6~10/40
5월 4주	문화재 탐사 3 - 녹청자 도요지를 찾아서	11~15/40
6월 3주	문화재 탐사 4 - 인천 도호부 청사를 찾아서	16~20/40
9월 4주	문화재 탐사 5 - 강화도 보문사를 찾아서	21~25/40
10월 4주	문화재 탐사 6 - 논현 포대를 찾아서	26~30/40
11월 4주	문화재 탐사 7 - 초지진과 광성보를 찾아서	31~35/40
2월 2주	문화재 탐사 8 - 탐사 보고서 쓰기	36~40/40

위의 '문화재 탐사' 동아리 활동의 연간 지도계획을 보면, 총 8번의 교육활동이 이루어지고 8번째 교육활동으로는 탐사보고서를 쓰는 활동을 통해 전체적인 탐사활동을 정리하는 시간을 갖는다는 것을 알 수 있다.

5) 진로활동 중심의 창의적 체험활동

앙드레 말로(Andre Malranx)가 말했듯이 모든 것은 꿈에서 시작되며 꿈 없이 가능한 일은 없다. 교육활동의 경중을 구분하기는 힘들지만, 특히 진로활동은 초중고 전 단계의 학교급에 걸쳐서 체계적으로 이루어져야 하며, 학생들에게 구체적이고 실현 가능한 꿈에 대한 윤곽을 그릴 수 있도록 도와준다는 점에서 매우 중요하다. 2007 개정 교육과정의 범교과 학습 주제에서도 진로교육이 포함되어 있었으나, 여러 범교과 학습 주제에서 진로교육만을 별도로 운영하기란 쉬운 일이 아니었다고 할 수 있다. 따라서 창의적 체험활동에서 진로활동 영역이 따로 개설된 것은 교육적으로 의미가 크다고 할 수 있으며, 창의적 체험활동에서 진로활동을 어떻게 운영할 것인가에 대한 논의가 이루어질 필요가 있다.

3~4학년군에서 진로활동에 중점을 둔 창의적 체험활동에서의 시간 배당 계획 예시는 다음 〈표 1-22〉와 같다.

〈표 1-22〉 영역별 배당시간(3~4학년군): 진로활동 중점

학년군	학년	영역별 배당시간							학년별 시간 배당	학년군별 시간 배당
		자율활동				동아리 활동	봉사 활동	진로 활동		
		적응	자치	행사	학교·학년 특색활동					
3~4 학년군	3학년	20	10	18	0	0	24	12	84	204
	4학년	20	18	18	0	24	20	20	120	

〈표 1-22〉의 시간 배당 계획을 통해 4학년에서 중점적으로 진로활동을 하고 있음을 알 수 있다. 구체적인 창의적 체험활동 영역별 연간운영계획은 다음 〈표 1-23〉과 같다.

〈표 1-23〉에서 음영표시로 강조한 진로활동 영역을 보면, 3학년보다 4학년에서 진로활동에 중점을 두고 계획을 했으며, 진로활동의 프로그램은 크게 '진로 탐색활동'과 '존경하는 위인'으로 이루어짐을 알 수 있다. 또한 '진로 탐색활동'은 1학기에 12시간, 2학기에 6시간으로 구성되고, '존경하는 위인' 활동은 각 학기별로 1시간씩 이루어진다.

〈표 1-23〉 활동 영역별 연간운영계획(3~4학년군): 진로활동 중점

영역			3학년		4학년	
			1학기	2학기	1학기	2학기
자율활동	적응	바른 품성 함양	6	6	4	8
		자기주도적 학습(학습 약속 실천)	7	5	6	2
	자치	학급/전교회 선출 구성	2	2	3	2
		협의활동/역할 분담	6	4	7	6
	행사	시업식/종업식	1	1	1	1
		방학식/개학식	1	3	1	3
		현장학습/수학여행	6	0	6	0
		자연 체험활동	0	6	0	6
	특색활동	영어 몰입	0	0	0	0
	계		29	27	28	28
동아리 활동	동아리 활동		0	0	12	12
	계		0	0	12	12
봉사활동	장애인의 날/장애 이해		2	2	2	2
	사랑의 용돈 모으기		2	2	2	2
	녹색성장(환경보호) 실천활동		8	4	8	4
	계		12	8	12	8
진로활동	진로 탐색활동		5	5	12	6
	존경하는 위인		1	1	1	1
	계		6	6	13	7
합계			44	42	65	55
			84		120	

〈표 1-23〉의 연간운영계획에 따라 구체적으로 차시, 활동 주제, 활동 내용을 계획한 학기별 연간 지도계획은 다음 〈표 1-24〉와 같다.

〈표 1-24〉 4학년 창의적 체험활동 연간 지도계획: 진로활동 중점

학기	주	영역				차시	활동 주제	활동 내용
		자율	동아리	봉사	진로			
1	4 (4.21~4.25)				○	1/20	진로 탐색활동 (꿈은 이루어진다)	나에 대해서 알기 (자기 이해)
	10 (5.2~7)					2/20	내가 존경하는 위인 (꿈은 이루어진다)	내가 존경하는 위인 (1)
						3/20	진로 탐색활동 (꿈은 이루어진다)	나의 장래희망
	11 (5.9~14)					4~5 /20	진로 탐색활동 (꿈은 이루어진다)	나의 인생 로드맵 그리기
	14 (5.30~6.4)					6~10 /20	진로 탐색활동 (꿈은 이루어진다)	경찰청 방문하기 (내 꿈은 경찰관)
	18 (6.27~7.2)				○	11/20	진로 탐색활동 (꿈은 이루어진다)	나의 꿈 list
	19 (7.4~7.8)					12~13 /20	진로 탐색활동 (꿈은 이루어진다)	다양한 직업의 세계
2	1 (8.22~26)					14~15 /20	진로 탐색활동 (꿈은 이루어진다)	꿈을 이루기 위한 노력
	6 (9.26~10.1)				○	16/20	진로 탐색활동 (꿈은 이루어진다)	직업의 필요성
	8 (10.10~15)				○	17/20	내가 존경하는 위인 (꿈은 이루어진다)	내가 존경하는 위인(2)
	12 (11.7~11)					18~19 /20	진로 탐색활동 (꿈은 이루어진다)	성격유형 검사해보기
	18 (2.7~11)				○	20/20	진로 탐색활동 (꿈은 이루어진다)	새로운 직업

〈표 1-24〉를 통해 1학기에는 '진로 탐색활동'이 4월~7월에, 2학기에는 8월~2월에 걸쳐 거의 매달 꾸준하게 이루어짐을 알 수 있다. 이렇듯, 단차시의 '행사'로 끝

나는 것이 아니라 유기적으로 연관된 활동을 꾸준하게 운영하는 것이 진로활동 영역에서 중요하다고 볼 수 있다.

3. 5~6학년군 체험활동 편성

1) 자율(행사)활동 중심의 창의적 체험활동

이번 절에서는 다문화교육을 자율(행사)활동 중심의 창의적 체험활동의 일부분으로 구성한 예를 살펴볼 것이다. 5~6학년군 창의적 체험활동 시간 배당 계획의 예시는 〈표 1-25〉와 같다.

〈표 1-25〉 영역별 배당시간(5~6학년군): 자율(행사)활동 중점

학년군	학년	영역별 배당시간							학년별 시간 배당	학년군별 시간 배당
		자율활동				동아리 활동	봉사 활동	진로 활동		
		적응	자치	행사	학교 · 학년 특색활동					
5~6 학년군	5학년	11	13	37	0	24	7	6	98	204
	6학년	8	13	36	0	24	7	18	106	

위의 표에 따르면 자율활동이 다른 영역의 시수보다 많은 부분을 차지하고 있으며(114시간) 그중에서도 행사활동에 많은 시수가 배정된 것을 확인할 수 있다. 또한 고학년군의 특성을 고려하여 1~2학년군이나 3~4학년군에 비하여 적응활동 시수가 적게 배정된 것도 알 수 있다. 〈표 1-25〉에 따라 작성한 창의적 체험활동 영역별 연간 운영계획은 다음 〈표 1-26〉과 같다.

〈표 1-26〉 활동 영역별 연간운영계획(5~6학년군): 자율(행사)활동 중점

영역			5학년		6학년	
			1학기	2학기	1학기	2학기
자율활동	적응	바른 품성	3	2	2	0
		자기주도적 학습	6	0	6	0
	자치	명예반장제	1	1	1	1
		학급전교회 선출 구성	3	0	3	0
		협의활동/역할 분담	4	4	4	4
	행사	입학식 시업식	1	0	1	0
		방학식	1	1	1	1
		개학식	1	1	1	1
		종업식 졸업식	0	2	0	1
		현장학습 수학여행	18	0	18	0
		다문화 체험활동	6	6	6	6
	계		44	17	43	14
동아리 활동		계발 / 청소년 단체	12	12	12	12
		계	12	12	12	12
봉사활동		사랑의 용돈	2	2	2	2
		장애인의 날/장애 이해	3	0	3	0
		계	5	2	5	2
진로활동		심리검사	0	0	2	0
		진로지도	1	3	6	8
		존경하는 위인	1	1	1	1
		계	2	4	9	9
합계			63	35	69	37
			98		106	

위의 표에서 자율(행사)활동 중 다문화 체험활동을 보면 연간 12시수, 총 24시수가 배정된 중요한 자율(행사)활동 프로그램임을 알 수 있다. '다문화 체험활동'의 구체적인 연간 지도계획을 살펴보면 다음 〈표 1-27〉과 같다.

<표 1-27> 5학년 창의적 체험활동 연간 지도계획: 자율(행사)활동 중점

학기	주	영역				차시	활동 주제	활동 내용
		자율	동아리	봉사	진로			
1	15 (6.7~10)	○				1~2 /12	다문화교육 (달라서 아름다운 하나)	다문화의 뜻, 관련 용어 이해
	16 (6.13~18)	○				3~6 /12	다문화교육 (달라서 아름다운 하나)	인천국제교류센터 다문화교육관 견학
2	9 (10.17~21)	○				7~12 /12	다문화교육 (달라서 아름다운 하나)	한중문화관 및 차이나타운 견학

위의 표를 보면, 1학기인 6월에 집중적으로 다문화교육과 관련된 자율(행사)활동이 이루어지는 것을 알 수 있다. 다문화교육은 범교과 교육 주제로 선정되어 전 교과에 걸쳐 다루어지도록 권장되는 주제인데, 이처럼 창의적 체험활동을 통하여 구체적인 교육활동으로 구현될 수 있다는 점은 바람직하다. 한편, 2학기에는 자율(행사)활동인 다문화교육 프로그램이 10월에 1회 6차시로 운영되고 있다. 이렇게 일회성의 행사로 운영할 경우에는 창의적 체험활동 프로그램의 교육목표를 명확히 하고, '사전활동 – 본시활동 – 사후활동'의 조직을 통하여 단순히 '관람'만으로 그치는 일이 없도록 해야 한다. 예를 들어, 2학기 9주에 이루어지는 다문화교육 프로그램인 '한중문화관 및 차이나타운 견학'을 계획한다고 할 때, '견학'으로만 그칠 것이 아니라 사전, 사후 활동 계획도 수립하고 운영되어야 한다. 창의적 체험활동은 교과와 상호보완적 관계에 있으므로 창의적 체험활동을 통해 '사전활동 – 사후활동' 시수를 확보하기 어려운 경우에는 관련 교과를 통해 '사전활동 – 사후활동' 시수를 확보하여 운영할 수 있다.

2) 자율(학년, 학급 특색)활동 중심의 창의적 체험활동

다음으로 살펴볼 창의적 체험활동 운영사례는 자율활동 중 학교, 학년 특색활동을 중점으로 실시한 것이다. 시간 배당 계획은 다음 <표 1-28>과 같다.

〈표 1-28〉 영역별 배당시간(5~6학년군): 자율(특색)활동 중점

학년군	학년	영역별 배당시간							학년별 시간 배당	학년군별 시간 배당
		자율활동				동아리 활동	봉사 활동	진로 활동		
		적응	자치	행사	학교·학년 특색활동					
5~6 학년군	5학년	2	8	20	40	18	7	4	99	204
	6학년	2	8	20	44	18	7	6	105	

위의 표를 보면, 자율(특색)활동에 84시간을 중점적으로 배당하였고 이에 따른 구체적인 연간운영계획은 다음 〈표 1-29〉와 같다.

〈표 1-29〉 활동 영역별 연간운영계획(5~6학년군): 자율(특색)활동 중점

영역			5학년		6학년	
			1학기	2학기	1학기	2학기
자율활동	적응	바른 품성	1	1	1	1
	자치	학급전교회 선출 구성	3	0	3	0
		협의활동/역할 분담	3	2	3	2
	행사	입학식 시업식	1	0	1	0
		방학식	1	1	1	1
		개학식	0	2	0	2
		종업식 졸업식	0	1	0	1
		현장학습 수학여행	14	0	14	0
	특색활동	정보통신 활용교육	4	4	4	4
		보건교육	4	4	4	4
		안전교육	1	1	1	1
		학교 특색(녹색교육)	5	0	5	0
		학년 특색(배드민턴교육)	6	5	6	5
		학년 특색(한자교육)	0	6	0	10
	계		43	27	43	31

동아리 활동	계발/청소년 단체	9	9	9	9
	계	9	9	9	9
봉사활동	사랑의 용돈	2	1	2	1
	장애인의 날/장애 이해	4	0	4	0
	계	6	1	6	1
진로활동	심리검사	0	0	2	0
	진로지도	2	2	2	2
	계	2	2	4	2
합계		59	40	62	43
		99		105	

구체적인 영역별 운영계획을 보면, 자율활동의 하위 영역인 적응, 자치, 행사활동에 최소의 시간을 배당하고, 창의적 특색활동에 많은 시간을 배당하였음을 알 수 있다. 행사활동 중 현장학습에도 많은 시수가 배정되어 있다. 창의적 체험활동은 교과와 상호보완적 관계에 있으므로 현장학습 전체를 창의적 체험활동 시수로 확보하기보다는 교과와 적절히 연계되도록 시간을 배정한다면 창의적 체험활동 시수 확보 및 운영 취지에 더욱 적합할 것으로 생각된다.

같은 창의적 특색활동이지만 정보통신 활용교육, 보건교육, 안전교육은 학교 전체적인 계획에 의해 운영되는 활동이고 녹색교육, 배드민턴교육, 한자교육은 학교의 창의적 체험활동 계획 아래 학년 구성원(교사)들의 자발적인 협의에 의해 주제와 활동을 선정하여 운영되는 활동으로 구분 지을 수 있다. 자율(특색)활동을 보면, 학교 특색인 녹색교육은 1학기에 5시간씩 실시하고, 학년 특색인 배드민턴교육은 1학기 6시간, 2학기 5시간씩 계획되어 있음을 알 수 있다. 이 중 학년 특색활동인 배드민턴교육과 녹색교육에 대하여 5학년을 중심으로 연간 지도계획을 살펴보면 다음 〈표 1-30〉과 같다.

<표 1-30> 5학년 창의적 체험활동 연간 지도계획: 자율(특색)활동 중점

학기	주	영역				차시	활동 주제	활동 내용
		자율	동아리	봉사	진로			
1	4 (3.21~25)	○				1/11	배드민턴교육	배드민턴의 기본 자세와 그립 잡는 법
	5 (3.28~4.2)	○				1/5	녹색교육	저탄소 녹색성장의 의미 알기
	7 (4.11~16)	○				2/5	녹색교육	온실가스를 줄여요
	8 (4.18~22)	○				2/11	배드민턴교육	셔틀콕 잡는 방법과 다양한 서브의 종류와 방법
	11 (5.9~14)	○				3/5	녹색교육	탄소발자국을 줄여요
	14 (5.30~6.5)	○				3/11	배드민턴교육	클리어의 자세와 요령
	16 (6.13~18)	○				4/11	배드민턴교육	드롭과 커트
		○				4~5/5	녹색교육	재생종이 만들기
	18 (6.27~7.2)	○				5/11	배드민턴교육	스매시
	19 (7.4~8)	○				6/11	배드민턴교육	헤어핀
2	7 (10.4~7)	○				7/11	배드민턴교육	드라이브
	8 (10.10~15)	○				8/11	배드민턴교육	경기 방법 및 경기 규칙 이해
	9 (10.17~21)	○				9/11	배드민턴교육	학급 예선 대회
	10 (10.24~29)	○				10~11/11	배드민턴교육	학년별 대항 경기

위의 표에서 10월에는 학급 예선대회를 치르고, 곧이어 학년별 대항 경기를 치르는 내용으로 보아, 학교 특색 사업으로 생활체육에 대한 교육을 실시하고 있다는 것을 알 수 있고 이러한 경험은 학생들이 실생활에서 운동을 더욱 가까이하게 하는 긍정적인 효과가 있을 것이다.

3) 동아리 활동 중심의 창의적 체험활동

창의적 체험활동의 동아리 활동에서 강조되는 사항은 '학생들의 자발적인 참여'이다. 즉, 흥미, 취미, 소질, 적성, 특기가 비슷한 학생들로 구성된 활동 부서에 자발적으로 참여하도록 해야 한다. 동아리 활동을 중심으로 창의적 체험활동 시수 편성은 아래 〈표 1-31〉과 같다.

〈표 1-31〉 영역별 배당시간(5~6학년군): 동아리 활동 중점

학년군	학년	영역별 배당시간							학년별 시간 배당	학년군별 시간 배당
		자율활동				동아리 활동	봉사 활동	진로 활동		
		적응	자치	행사	학교 · 학년 특색활동					
5~6 학년군	5학년	11	13	25	0	36	7	6	98	204
	6학년	8	13	24	0	36	7	18	106	

위의 표는 동아리/봉사/진로활동 전체 110 시수 중 동아리 활동에 72시간을 배정하여 봉사, 진로활동보다는 동아리 활동을 중점적으로 운영하고 있음을 알 수 있다. 위의 내용을 바탕으로 작성한 활동 영역별 연간운영계획은 아래와 같다.

〈표 1-32〉 활동 영역별 연간운영계획(5~6학년군): 동아리 활동 중점

영역			5학년		6학년	
			1학기	2학기	1학기	2학기
자율활동	적응	바른 품성	3	2	2	0
		자기주도적 학습	6	0	6	0
	자치	명예반장제	1	1	1	1
		학급전교회 선출 구성	3	0	3	0
		협의활동/역할 분담	4	4	4	4
	행사	입학식 시업식	1	0	1	0
		방학식	1	1	1	1
		개학식	1	1	1	1
		종업식 졸업식	0	2	0	1
		현장학습 수학여행	18	0	18	0

동아리 활동	계발 / 청소년 단체	14	22	14	22
	계	14	22	14	22
봉사활동	사랑의 용돈	2	2	2	2
	장애인의 날/장애 이해	3	0	3	0
	계	5	2	5	2
진로활동	심리검사	0	0	2	0
	진로지도	1	3	6	8
	존경하는 위인	1	1	1	1
	계	2	4	9	9
합계		59	39	65	41
		98		106	

〈표 1-33〉 5학년 창의적 체험활동 연간 지도계획: 동아리 활동 중점

학기	주	영역				차시	활동 주제	활동 내용
		자율	동아리	봉사	진로			
1	5 (3.28~4.2)		○			1~2/36	계발활동	환경 탐구 활동
	8 (4.18~22)		○			3~4/36	계발활동	환경 탐구 활동
	12 (5.16~21)		○			5~6/36	계발활동	환경 탐구 활동
	13 (5.23~27)		○			7~8/36	계발활동	환경 탐구 활동
	16 (6.13~18)		○			9~12/36	계발활동	녹지관리사업소 견학활동
	19 (7.4~8)		○			13~14/36	계발활동	환경 탐구 활동
	2 (8.29~9.3)		○			15~16/36	계발활동	환경 탐구 활동
2	3 (9.5~9)		○			17~18/36	계발활동	환경 탐구 활동
	6 (9.26~10.1)		○			19~24/36	계발활동	인천환경미래관 견학
	7 (10.4~7)		○			25~26/36	계발활동	환경지킴이 활동 준비
	8 (10.10~15)		○			27~28/36	계발활동	환경지킴이 활동 실천
	11 (10.31~11.5)		○			29~30/36	계발활동	환경 탐구 활동
	13 (11.14~19)		○			31~32/36	계발활동	환경 탐구 활동
	14 (11.21~25)		○			33~34/36	계발활동	환경 탐구 활동
	16 (12.5~9)		○			35~36/36	계발활동	환경 탐구 활동

〈표 1-32〉를 보면, 동아리 활동은 5, 6학년 동일한 시수로 편성되었으며, 1학기 14시간, 2학기 22시간으로 구성되었다. 구체적인 연간 지도계획은 5학년 동아리 활동을 중심으로 작성하였으며 활동 내용은 〈표 1-33〉과 같다.

이 연간 지도계획은 '나는야 환경지킴이'라는 동아리에 관한 것이다. 구체적인 활동 내용을 보면 '환경 탐구활동'은 2시간 연차시로 11회에 걸쳐 이루어지고, 1학기 16주에 이루어진 '녹지관리사업소 견학활동'과 2학기 6주에 이루어지는 '인천환경미래관 견학' 활동은 학교 밖 외부기관 체험활동으로 시수를 각각 4시간, 6시간씩 할당하였음을 알 수 있다. 이러한 예를 통해 활동의 목적과 특성에 따라 유동성 있게 시수를 편성할 수 있음을 알 수 있다.

4) 봉사활동 중심의 창의적 체험활동

다음으로 5~6학년군에서 봉사활동 중심으로 창의적 체험활동을 설계한 예시를 살펴보도록 하겠다. 창의적 체험활동 시간 배당 계획은 다음 〈표 1-34〉와 같다.

〈표 1-34〉 영역별 배당시간(5~6학년군): 봉사활동 중점

학년군	학년	영역별 배당시간							학년별 시간 배당	학년군별 시간 배당
		자율활동				동아리 활동	봉사 활동	진로 활동		
		적응	자치	행사	학교 · 학년 특색활동					
5~6 학년군	5학년	11	13	25	0	24	19	6	98	204
	6학년	8	13	24	0	24	19	18	106	

위 표에서는 봉사활동에 가장 많은 시수가 배정되어 있지는 않지만, 19시간은 일반적으로 학교에서 이루어지는 봉사활동 시간에 비해 많은 시간을 배정한 것이기 때문에 봉사활동 중점의 예로 소개하였다. 이를 바탕으로 작성한 활동 영역별 연간운

영계획은 아래와 같다.

〈표 1-35〉 활동 영역별 연간운영계획(5~6학년군): 봉사활동 중점

영역			5학년		6학년	
			1학기	2학기	1학기	2학기
자율활동	적응	바른 품성	3	2	2	0
		자기주도적 학습	6	0	6	0
	자치	명예반장제	1	1	1	1
		학급전교회 선출 구성	3	0	3	0
		협의활동/역할 분담	4	4	4	4
	행사	입학식 시업식	1	0	1	0
		방학식	1	1	1	1
		개학식	1	1	1	1
		종업식 졸업식	0	2	0	1
		현장학습 수학여행	18	0	18	0
	계		38	11	37	8
동아리 활동		계발 / 청소년 단체	12	12	12	12
		계	12	12	12	12
봉사활동		사랑의 용돈	2	0	2	0
		장애인의 날/장애 이해	3	0	3	0
		나눔교육	6	8	6	8
		계	11	8	11	8
진로활동		심리검사	0	0	2	0
		진로지도	1	3	6	8
		존경하는 위인	1	1	1	1
		계	2	4	9	9
합계			63	35	69	37
			98		106	

〈표 1-35〉에서 음영 처리한 봉사활동 영역을 보면, 구체적인 교육활동은 '사랑의 용돈, 장애 이해, 나눔교육'임을 알 수 있다. 5학년과 6학년의 시수 편성은 동일하며, '사랑의 용돈' 활동은 1학기에 2시간, '장애인의 날/장애 이해' 활동은 1학기에 3시간, '나눔교육'은 1학기 6시간, 2학기 8시간으로 구성되었다. 5학년을 중심으로 구체적인 봉사활동에 대한 연간 지도계획을 살펴보면 아래와 같다.

〈표 1-36〉 5학년 창의적 체험활동 연간 지도계획: 봉사활동 중점

학기	주	영역				차시	활동 주제	활동 내용
		자율	동아리	봉사	진로			
1	4 (3.21~25)			○		1/19	봉사활동	장애우에 대한 이해
	6 (4.4~8)			○		2/19	봉사활동	사랑의 용돈 모으기의 의미와 방법
	7 (4.11~16)			○		3/19	봉사활동	장애우에 대한 배려 방법 알기
	9 (4.25~30)			○		4/19	봉사활동	장애를 딛고 일어선 사람들 알아보기
	12 (5.16~21)			○		5/19	봉사활동	용돈 모은 과정 알아보기
	16 (6.13~18)			○		6~11/19	봉사활동 (함께 나누는 행복한 세상)	미추홀학교 통합교육
2	7 (10.4~7)			○		12~15/19	봉사활동 (함께 나누는 행복한 세상)	시각장애인 복지관 견학
	12 (11.7~11)			○		16~19/19	봉사활동 (함께 나누는 행복한 세상)	노인복지센터 방문

위의 〈표 1-36〉을 보면, 1학기에는 총 11차시의 활동이 6차례에 걸쳐 이루어진다. 사랑의 용돈 모으기 활동(1학기 6주, 1학기 12주)은 굿네이버스나 월드비전 등의 후원단체와 협약을 맺고 진행하는 봉사활동이므로 용돈을 모으고 기부하는 데서만 그칠 것이 아니라 사랑의 편지 쓰기나 관련 동영상 시청을 통해 내가 모은 용돈이 어떻게 쓰이는지를 알아보는 사후활동 시간을 확보하는 것도 중요하다. 또한, 창의적 체험활동에서의 봉사활동에서는 학생들이 스스로 봉사활동을 계획, 실시하고 봉사활동 실

시 후에 반성적으로 경험을 숙고하는 과정을 중시하므로 단순한 교육이나 방문에서 그칠 것이 아니라 창의적 체험활동 또는 교과를 통해 활동을 되짚어보는 시간을 가질 수 있도록 운영하는 것이 바람직하다.

5) 진로활동 중심의 창의적 체험활동

다음은 5~6학년군에서 진로활동 중심으로 창의적 체험활동을 구성한 사례에 대해 살펴볼 것이다. 시간 배당 계획은 아래 〈표 1-37〉과 같다.

〈표 1-37〉 영역별 배당시간(5~6학년군): 진로활동 중점

학년군	학년	영역별 배당시간							학년별 시간 배당	학년군별 시간 배당
		자율활동				동아리 활동	봉사 활동	진로 활동		
		적응	자치	행사	학교·학년 특색활동					
5~6 학년군	5학년	11	13	25	0	24	5	20	98	204
	6학년	8	13	24	0	24	5	32	106	

위의 표를 보면 5, 6학년 진로활동의 시수가 52시간으로 동아리/봉사/진로에 배정된 110시수 중 절반 이상을 차지하는 것을 알 수 있다. 위의 표를 바탕으로 작성한 활동 영역별 연간운영계획은 〈표 1-38〉과 같다.

〈표 1-38〉 활동 영역별 연간운영계획(5~6학년군): 진로활동 중점

영역			5학년		6학년	
			1학기	2학기	1학기	2학기
자율활동	적응	바른 품성	3	2	2	0
		자기주도적 학습	6	0	6	0

자율활동	자치	명예반장제	1	1	1	1
		학급전교회 선출 구성	3	0	3	0
		협의활동/역할 분담	4	4	4	4
	행사	입학식 시업식	1	0	1	0
		방학식	1	1	1	1
		개학식	1	1	1	1
		종업식 졸업식	0	2	0	1
		현장학습 수학여행	18	0	18	0
	계		38	11	37	8
동아리 활동		계발 / 청소년 단체	12	12	12	12
		계	12	12	12	12
봉사활동		사랑의 용돈	2	0	2	0
		장애인의 날/장애 이해	3	0	3	0
		계	5	0	5	0
진로활동		심리검사	0	0	2	0
		진로 탐색활동	7	11	6	10
		직업의 세계	0	0	6	6
		존경하는 위인	1	1	1	1
		계	8	12	15	17
합계			63	35	69	37
			98		106	

위의 표를 보면 진로활동 영역을 '심리검사, 진로 탐색활동, 직업의 세계, 존경하는 위인' 으로 구성하였음을 알 수 있다. 실제 학교 현장에서는 진로교육이 교과와 연계된 경우가 많고 자율/동아리/봉사활동에 비해 적은 시수를 배정하기 때문에 위의 표와 같이 학생 중심의 다양한 주제를 선정하여 운영하기가 어렵다는 한계가 있는데 진로교육 시수가 많이 확보되면 다양한 진로활동이 이루어질 수 있다는 장점이 있다. 다음 〈표 1-39〉는 6학년 진로활동을 중심으로 작성한 연간 지도계획이다.

〈표 1-39〉 6학년 창의적 체험활동 연간 지도계획: 진로활동 중점

학기	주	영역				차시	활동 주제	활동 내용
		자율	동아리	봉사	진로			
1	3 (3.14~19)				○	1/32	진로 탐색활동	긍정적인 자아 개념 형성하기
	7 (4.11~16)				○	2/32	진로 탐색활동	미래의 나와의 인터뷰
	9 (4.25~30)				○	3/32	존경하는 위인	내가 존경하는 위인에 대해 알아보기
	13 (5.23~27)				○	4~5/32	심리검사	진로발달검사 실시 및 해석하기
	15 (6.7~10)				○	6/32	진로 탐색활동	추억의 사진첩 만들기
	16 (6.13~18)				○	7~12/32	진로활동 (직업의 세계)	가스과학관 견학
	17 (6.20~24)				○	13/12	진로교육	미래의 명함 만들기
	18 (6.27~7.2)				○	14/12	진로교육	생애사 그리기
	19 (7.4~8)				○	15/32	진로교육	인간관계 만들기와 다양한 학교생활
2	2 (8.29~9.3)				○	16/32	진로 탐색활동	일과 직업의 세계 알아보기
	7 (10.4~7)				○	17~22/32	진로활동 (직업의 세계)	GM대우 견학
	9 (10.17~21)				○	23/32	진로 탐색활동	직업의 의미와 분류
	10 (10.24~29)				○	24/32	존경하는 위인	위인의 본받고 싶은 점 따라하기
	12 (11.7~11)				○	25~30/32	진로 탐색활동	코레일 공항철도 및 인천공항 견학
	14 (11.21~25)				○	31/32	진로 탐색활동	중학교 생활 직접 듣기
	19 (2.14~19)				○	32/32	진로 탐색활동	중학교 시설 둘러보기

앞의 표를 보면 1학기 16주 '가스과학관 견학' 6차시, 2학기 7주 'GM 대우 견학' 6차시, 2학기 12주 '코레일 공항철도 및 인천공항 견학'이 6차시로 구성되었음을 알 수 있다. 진로교육에서는 직업 탐색, 진로 체험활동이 중요하고 이런 활동들은 현장 중심, 체험 중심으로 운영되므로 위와 같이 많은 차시를 배정하여 운영할 수 있다. 시간적 · 공간적 제약으로 견학활동, 현장 중심 체험이 어려운 경우에는 교육 기부나 학교, 지역사회 자원을 활용하여 학교, 학년, 학급 재량으로 진로활동을 운영할 수도 있다.

3
중학교

이번 절에서는 중학교에서의 창의적 체험활동 편성 및 운영사례에 대하여 살펴보고자 한다. 각각의 사례는 창의적 체험활동 영역, 시간 배당 계획, 활동 영역별 연간운영계획, 창의적 체험활동 연간 지도계획, 관련 프로그램 사례 순으로 재구성하였다. 단위학교에서는 중점 운영하고자 하는 창의적 체험활동 및 영역별 지도 내용과 시수를 계획할 때, 학년별, 중점 활동별 자료를 참고할 수 있을 것이다. 또한 관련 프로그램 사례를 참고로 '창의체험 통합정보넷(http://www.crezone.net)'의 각 지역별 창의체험자원지도(CRM)를 활용하여 쉽게 계획을 수립할 수 있다.

학교현장에서 창의적 체험활동의 교육과정 편성 시 예상될 수 있는 운영상의 문제점들을 고려하여 다음에서는 창의적 체험활동의 유형을 크게 1) 영역별 균등편성, 2) 영역별 중점 편성, 3) 학년별 중점 편성, 4) 학년별 특정영역 중점 편성의 네 가지로 나누어 제시하였다. 또한 1학년은 신입생으로서 중학 생활의 지적 · 창의성 발현을 돕는 독서활동과 기본 체력 보강을 위한 체육활동 중심으로 편성하였고, 2학년은 중학생활에 적응을 마친 여유롭고 활동적인 봉사활동과 사물놀이 동아리를 통한 음악활동 중심으로 편성하였으며, 3학년은 상급학교 진학을 앞둔 여건을 고려한 진로활동 중심으로 편성하였다.

1. 영역별 균등편성

영역별 균등편성이란 학년별, 학기별로 시수가 동일하게 주어지고 영역별로 고르게 이수하도록 편성하는 방식이다. 영역별로 균등하게 편성할 경우에는 교육과정 운영에서 시간표 편성과 운영이 용이하고 학사운영이 편리하다. 영역별로 같은 시수를 편성할 수도 있지만 학생의 요구와 지역사회 및 학교의 여건을 고려하여 영역별 배당시간을 조정하여 학교실정에 맞는 다양한 형태의 창의적 체험활동 교육과정을 편성할 수 있다. 물론 프로그램 개발과 적용에 시수의 제한을 받지 않도록 편성과 운영에 있어 융통성이 필요하기도 하다.

아래의 〈표 1-40〉의 영역별 균등편성 시간 배당 계획은 전체 학년에 영역별로 균등하게 시수를 편성한 예시이다. 이 예시에는 각 영역에 중요성을 부여하되, 자율활동과 동아리 활동에 약간 비중을 더 두고 배정하였다. 봉사활동 시간을 다소 적게라도 배정한 이유는 고등학교에 진학하는 데 필요한 성적 산출에 있어서 일정시간의 봉사활동 이수가 필요하기 때문이다. 따라서 지역과 학교의 실정에 따라 적정하게 시간을 배정할 수도 있다.

〈표 1-40〉 영역별 배당시간(중학교): 영역별 균등편성

학년	영역별 배당시간							학년별 시간 배당
	자율활동				동아리 활동	봉사 활동	진로 활동	
	적응활동	자치활동	행사활동	학교 · 학년 특색활동				
1학년	7	7	12	8	34	14	20	102
2학년	7	7	12	8	34	14	20	102
3학년	7	7	12	8	34	14	20	102

영역별 균등편성 모형에서도 각 영역에 시간을 안배하는 데 있어 학교별로 특성화하여 편성할 수도 있다. 앞의 영역별 균등편성 방식으로 시간을 배당한 창의적 체험활동 교육과정 편성은 다음 〈표 1-41〉과 같다.

〈표 1-41〉 활동 영역별 연간운영계획(중학교): 영역별 균등편성

영역			1학년	
			1학기	2학기
자율 활동	적응 활동	학교생활 적응(신학년 오리엔테이션)	1	
		신체발달 이해(금연교육)	1	
		자아의 이해(심리검사 실시)	1	
		긍정적인 태도(긍정적인 자신의 삶과 미래 표현)	1	
		인간관계 기술(배려와 나눔의 시간)		1
		소중한 나(미래의 자서전 쓰기)		1
		나 표현하기(예절 익히기)		1
	자치 활동	학급회의(학급임원 선거)	1	
		1인 1역(1인 1역 정하고 활동하기)	1	
		협의활동(발표활동)	1	
		협의활동(모의 의회)	1	
		협의활동(토론회)		1
		발표활동(발표와 질문은 이렇게)		1
		민주시민활동(토론회)		1
	행사 활동	입학 · 시업식(입학식, 시업식)	1	
		과학의 날(과학의 날 행사)	1	
		현장 체험(학년 · 학급별 현장 체험학습)	2	
		방학식(방학식)	1	
		개학식(개학식)		1
		학교축제(동아리 발표회 및 전시회)		3
		현장 체험(학년 · 학급별 현장 체험학습)		2
		졸업 · 종업식(종업식, 졸업식)		1

자율 활동	특색 활동	학습PLAN 세우기(1학기 학습계획 세우기)	1	
		시험공부계획(학습멘토 · 멘티 결연)	1	
		자기주도학습 상담(맞춤 학습지도)	1	
		방학PLAN 세우기(학습PLAN평가 및 피드백)	1	
		학습PLAN 세우기(2학기 학습계획 세우기)		1
		자기주도학습 상담(맞춤 학습지도)		1
		수행평가 관리(포트폴리오 지도)		1
		학년 말 학습PLAN(학년 말 학습지도)		1
	소계		17	17
동아리 활동 (학술활동)		동아리조직 및 편성(동아리 조직 및 활동 안내, 회장 선출)	1	
		동아리별 활동(왜 녹색성장인가?)	2	
		동아리별 활동(지구온난화의 원인과 영향)	2	
		동아리별 활동(기후변화의 의미)	2	
		동아리별 활동[탄소 발자국(Carbon Footprint)]	2	
		동아리별 활동(우리가 일상생활에서 배출하는 이산화탄소의 양은 얼마나 될까요?)	2	
		동아리별 활동(나의 녹색성장 실천 정도)	2	
		동아리별 활동(우리집 탄소 발자국 계산하기)	2	
		동아리별 활동[EM(유용미생물군) 세제란?]	2	
		동아리별 활동(녹색성장 관련 도서 읽고 독후감 쓰기)		2
		동아리별 활동(미래학자들이 예측하는 향후 20~30년간 세계 시장을 주도할 산업)		2
		동아리별 활동(주요 선진국의 녹색성장 전략)		2
		동아리별 활동(세계 곳곳에 건설되고 있는 탄소 제로 도시)		2
		동아리별 활동(나무를 심는 사람)		2
		동아리별 활동(슬로푸드와 기후변화 대응)		2
		동아리별 활동(패스트푸드가 지구에 끼치는 영향)		2
		동아리별 활동(세상을 변화시키는 이야기)		2
		동아리 활동 평가(동아리 활동 평가)		1
		소계	17	17
봉사활동		봉사활동 사전교육(봉사활동 안내)	1	
		봉사활동이란?(봉사활동 초청 특강)	1	
		동아리 봉사활동(동아리 활동+봉사활동)	5	

봉사활동	환경정화 봉사활동(실내외 청소, 쓰레기 분리수거)		6
	봉사활동 평가(평가 및 우수사례 발표)		1
	소계	7	7
진로활동	자기 이해(자기소개)	1	
	자기 이해(타인이 보는 나의 모습)	2	
	자기 이해(나의 성격, 신체적 조건과 진로)	1	
	자기 이해(나의 적성, 흥미와 진로)	1	
	진로정보 탐색(다양한 직업의 종류 및 직업 탐색)	3	
	진로정보 탐색(직업에 대한 가치)	1	
	진로정보 탐색(변화하는 직업의 세계)	1	
	진로정보 탐색(성공시대)		1
	진로계획(내가 선택하고 싶은 직업)		1
	진로계획(나의 진로계획 세우기)		1
	진로계획(나의 진로 설계)		1
	진로체험(직업현장 체험학습)		3
	진로체험(특성화 고등학교 탐방)		1
	진로체험(전문직업인과 만남)		1
	진로활동 평가(에듀팟 입력하기)		1
	소계	10	10

〈표 1-41〉 1학년 활동 영역별 연간운영계획에서는 자율활동 영역에서 적응활동 7시간, 자치활동 7시간, 행사활동 12시간, 특색활동 8시간을 편성하였다. 자율(특색)활동은 학생들의 자기주도학습 역량 향상을 목표로 학급 특색 시간을 편성한 예이다. 각 학교가 목표하는 대로 특화된 창의적 체험활동 교육과정을 편성할 수도 있다.

동아리 활동 계획은 녹색과학반의 동아리 활동 연간 계획 예시이다. 봉사활동은 봉사활동의 목표를 달성하기 위해서 학기별로 7시간씩 학교 교육 과정 안에 편성하여 운영하고, 개인 계획에 의한 봉사활동을 별도로 운영하도록 하였다. 진로활동의 목표를 달성하기 위해서는 진로활동에 자기 이해 5시간, 진로정보 탐색 5시간, 진로 탐색시간을 9시간, 진로 평가 1시간 총 20시간을 편성하였다.

영역별 균등편성 방식으로 창의적 체험활동 시간을 편성한 예시는 다음 〈표 1-42〉, 〈표 1-43〉, 〈표 1-44〉와 같다. 우선 토요일 격주제로 운영하는 방식이 있다.

〈표 1-42〉 영역별 균등편성 창의적 체험활동 시간 편성 방식 ①: 1, 3주 토요일 격주제 예시

	월	화	수	목	금	토
1						진로활동
2						동아리 활동
3						동아리 활동
4						봉사활동
5						
6						
7		자치활동 1, 2, 3, 4주				

영역별 균등편성 창의적 체험활동의 편성은 〈표 1-42〉와 같이 1, 3주 토요일에는 격주제로 진로활동, 동아리 활동, 봉사활동을 연계하여 운영할 수 있으며, 매주 화요일에는 학급 협의나 학교-학급 특색활동을 할 수 있는 자치활동 시간으로 운영할 수 있도록 편성하였다. 물론 화요일 7교시에 편성된 시간을 월요일 1교시에 운영한다든지 학교의 실정에 따라 다양하게 운영할 수 있다. 이러한 운영은 매주 1시간을 창의적 체험활동으로 활용할 수 있으며 학교 실정에 맞게 1시간을 적정 시간에 배치하여 운영할 수 있다. 한편, 지역사회 자원을 활용할 경우나 토요일 격주제 운영이 어려운 경우에는 〈표 1-43〉과 같이 평일 격주제로 운영할 수도 있다.

〈표 1-43〉 영역별 균등편성 창의적 체험활동 시간편성 방식 ② :1, 3주 수요일 격주제 예시

	월	화	수	목	금	토
1			자치활동			
2			자치활동			
3			동아리 활동			

4			동아리 활동			
5			진로활동			
6			봉사활동			
7						

위의 예시는 1, 3주 수요일에 격주로 전일제로 창의적 체험활동을 운영하는 시간 편성이다. 자치활동과 동아리 활동을 연계하면서 동아리 부서에서 동아리 관련 진로활동과 봉사활동을 운영할 수 있다.

또한 아래와 같은 운영 방식을 생각해볼 수 있을 것이다.

〈표 1-44〉 영역별 균등편성 창의적 체험활동 시간편성 방식 ③: 매주 수요일 정일제 예시

	월	화	수		목	금	토
1							
2							
3							
4			1, 3주	2, 4주			
5			자치활동	자치활동			
6			동아리 활동	동아리 활동			
7			진로활동	봉사활동			

위와 같은 운영 방식으로는 매주 정해진 요일에 창의적 체험활동을 진행하게 된다. 이는 격주로 다양한 활동을 할 수 있도록 편성한 예시이다.

2. 영역별 중점 편성

영역별 중점 편성이란 학년별, 학기별로 시수가 동일하게 주어지고 중점 영역에 집중적으로 시간을 배정하여 영역별로 고르게 이수하도록 편성하는 모형이다. 영역별로 균등하게 편성할 경우에는 교육과정 운영에서 시간표 편성과 운영이 용이하고 학사운영이 편리하다.

체험활동을 실시할 때, 필요에 따라 지도교사를 담임교사 또는 동아리 지도교사로 배정이 가능하여 탄력적인 운영이 가능하나 전 학년이 참여하는 활동의 경우 시수 배당이 어려워 시간을 별도로 확보해야 한다. 영역별 중점 편성 모형의 한 예시로 동아리 활동을 중점으로 편성한 창의적 체험활동 계획안을 살펴보자. 구체적인 시간 배당 계획은 아래 〈표 1-45〉와 같다.

〈표 1-45〉 영역별 배당시간(중학교): 영역별 중점

학년	영역별 배당시간							학년별 시간 배당
	자율활동				동아리 활동	봉사 활동	진로 활동	
	적응활동	자치활동	행사활동	학교 · 학년 특색활동				
1학년	10	10		14	68			102
2학년					68	34		102
3학년					68		34	102

위의 표를 보면 동아리 활동을 중점적으로 운영하기 위해 학년별 기준 시수의 50% 이상인 68시간을 동아리 활동에 배당하였음을 알 수 있다. 위의 표를 바탕으로 작성한 활동 영역별 연간운영계획은 다음과 같다.

〈표 1-46〉 활동 영역별 연간운영계획(중학교): 영역별 중점

영역			1, 2, 3학년	
			1학기	2학기
자율활동	적응활동	학교생활 적응(신학년 오리엔테이션)	1	
		신체발달 이해(금연교육)	1	
		자아의 이해(심리검사 실시)	1	
		긍정적인 태도(긍정적인 자신의 삶과 미래 표현)	1	
		인간관계 기술(배려와 나눔의 시간)	1	
		소중한 나(미래의 자서전 쓰기)		1
		나 표현하기(예절 익히기)		1
		신체발달 이해(성교육)		1
		보건교육(질병 예방교육)		1
		폭력 예방교육(학교폭력 예방교육)		1
	자치활동	학급회의(학급임원 선거)	1	
		1인 1역(1인 1역 정하고 활동하기)	1	
		협의활동(발표활동)	1	
		협의활동(모의 의회)	1	
		협의활동(토론회)	1	
		발표활동(발표와 질문)		1
		민주시민활동(토론회)		1
		협의활동(발표활동)		1
		협의활동(토론회)		1
		학생회 활동(학생회장 선출)		1
	특색활동	학습PLAN 세우기(1학기 학습계획 세우기)	2	
		시험공부계획(학습멘토 · 멘티 결연)	2	
		자기주도학습 상담(맞춤 학습지도)	2	
		방학PLAN 세우기(학습PLAN평가 및 피드백)	1	
		학습PLAN 세우기(2학기 학습계획 세우기)		2
		자기주도학습 상담(맞춤 학습지도)		2
		수행평가 관리(포트폴리오 지도)		2
		학년 말 학습PLAN(학년 말 학습지도)		1
	소계		17	17

동아리 활동 (학술활동)	동아리조직 및 편성(동아리 조직 및 활동 안내, 회장 선출)	2	
	동아리별 활동(하노이의 탑 문제해결)	4	
	동아리별 활동(소마큐브 조각 맞추기)	4	
	동아리별 활동(달걀퍼즐 해결하기)	4	
	동아리별 활동(러시아워 문제해결하기)	4	
	동아리별 활동(이쑤시개로 만드는 정다면체)	4	
	동아리별 활동(정다면체 듀얼 만들기)	4	
	동아리별 활동(축구공 만들기)	4	
	동아리별 활동(시어핀스키 삼각형 만들기)	4	
	동아리별 활동(사이클로이드)		4
	동아리별 활동(정다면체와 준정다면체)		4
	동아리별 활동(삼각형의 오심)		4
	동아리별 활동(황금사각형과 정이십면체)		4
	동아리별 활동(매직큐브 만들기)		4
	동아리별 활동(지오데식 돔 만들기)		4
	동아리별 활동(다리 만들기)		4
	동아리별 활동(원뿔곡선)		4
	동아리 활동 평가		2
	소계	34	34
봉사활동	봉사활동 사전교육(봉사활동 안내)	2	
	봉사활동이란?(봉사활동 초청 특강)	2	
	동아리 봉사활동(동아리 활동+봉사활동)	2	
	동아리 봉사활동(동아리 활동+봉사활동)	2	
	동아리 봉사활동(동아리 활동+봉사활동)	2	
	동아리 봉사활동(동아리 활동+봉사활동)	2	
	동아리 봉사활동(동아리 활동+봉사활동)	2	
	동아리 봉사활동(동아리 활동+봉사활동)	2	
	봉사활동 평가(평가 및 우수사례 발표)	1	
	환경정화 봉사활동(실내외 청소, 쓰레기 분리수거)		2
	환경정화 봉사활동(실내외 청소, 쓰레기 분리수거)		2
	환경정화 봉사활동(실내외 청소, 쓰레기 분리수거)		2
	환경정화 봉사활동(실내외 청소, 쓰레기 분리수거)		2

봉사활동	환경정화 봉사활동(실내외 청소, 쓰레기 분리수거)		2
	환경정화 봉사활동(실내외 청소, 쓰레기 분리수거)		2
	환경정화 봉사활동(실내외 청소, 쓰레기 분리수거)		2
	환경정화 봉사활동(실내외 청소, 쓰레기 분리수거)		2
	봉사활동 평가(평가 및 우수사례 발표)		1
	소계	17	17
진로활동	자기 이해(진로의 의미, 나의 목표 목록)	2	
	자기 이해(나의 3학년 설계)	2	
	자기 이해(선생님께만 들려드리는 내 이야기)	2	
	자기 이해(부모님과 함께하는 진로 대화)	2	
	나의 모습, 나의 꿈(내가 보는 나)	2	
	나의 모습, 나의 꿈(이런 사람이 되련다)	2	
	나의 모습, 나의 꿈(내가 존경하는 인물)	2	
	나의 모습, 나의 꿈(우리 동네)	2	
	직업의 의미(일, 직업 가치와 의미)	1	
	직업의 의미(거울 보기)		2
	직업의 의미(내가 좋아하는 일&내가 싫어하는 일)		2
	진로 탐색(나의 명함, 나의 흥미 알아보기)		2
	진로 탐색(나와 어울리는 직업, 직능별 직업 분류)		2
	자기모색(내가 좋아하는 과목)		2
	자기모색(나의 신체적 조건 이해하기)		2
	자기모색(직업과 신체적 조건과의 이해)		2
	직업현장 체험활동(부모님 직업현장 체험하기)		2
	진로활동 평가(에듀팟 입력하기)		1
	소계	17	17

위의 활동 영역별 연간운영계획은 각 학년별로 동아리 활동에 중점을 두어 68시간을 편성한 예시이다. 예시에 나타난 동아리 활동은 수학체험반의 연간운영계획이다. 나머지 시간은 1학년에는 자율활동(적응 10, 자치 10, 창의적 특색 14)에 34시간을, 2학년에는 봉사활동, 3학년에는 진로활동에 편성한 것이다.

3. 학년별 중점 편성

학년별 중점 편성이란 창의적 체험활동 운영에 있어서 특정 학년에 특정한 창의적 체험활동 영역을 집중 이수하도록 편성하는 모형이다. 다음 〈표 1-47〉은 진로활동을 3학년에 집중 이수하도록 중점 편성한 창의적 체험활동 시간 배당 계획의 예시이다.

〈표 1-47〉 영역별 배당시간(중학교): 학년별 중점

학년	영역별 배당시간							학년별 시간 배당
	자율활동				동아리 활동	봉사 활동	진로 활동	
	적응활동	자치활동	행사활동	학교 · 학년 특색활동				
1학년	10	10		14			34	68
2학년						34	68	102
3학년					34		102	136

위의 시간 배당 계획에서는 학기별로 1학년 자율활동 34시간과 진로활동 34시간, 2학년 봉사활동 34시간과 진로활동 68시간, 3학년 동아리 활동 34시간, 진로활동 102시간을 편성하였다. 이와 같이 3학년에 진로활동을 집중적으로 운영하면서 동아리 활동을 통해 특기와 적성을 살리는 활동을 연계하여 운영할 수 있으며 진로활동의 일부를 동아리 단위로 운영할 수 있다. 그러나 학사 일정과 시간표 운영에 어려움이 예상되므로 이를 고려하여 학년별 학사 일정이나 시간표를 편성하는 방안을 마련하는 일이 필요하다. 〈표 1-47〉을 바탕으로 하여 작성한 자율, 동아리, 봉사활동 영역별 연간운영계획은 다음과 같다.

〈표 1-48〉 활동 영역별 연간운영계획(중학교): 학년별 중점

영역			1, 2, 3학년	
			1학기	2학기
자율활동	적응활동	학교생활 적응(신학년 오리엔테이션)	1	
		신체발달 이해(금연교육)	1	
		자아의 이해(심리검사 실시)	1	
		긍정적인 태도(긍정적인 자신의 삶과 미래 표현)	1	
		인간관계 기술(배려와 나눔의 시간)	1	
		소중한 나(미래의 자서전 쓰기)		1
		나 표현하기(예절 익히기)		1
		신체발달 이해(성교육)		1
		보건교육(질병 예방교육)		1
		폭력 예방교육(학교폭력 예방교육)		1
	자치활동	학급회의(학급임원 선거)	1	
		1인 1역(1인 1역 정하고 활동하기)	1	
		협의활동(발표활동)	1	
		협의활동(모의 의회)	1	
		협의활동(토론회)	1	
		발표활동(발표와 질문)		1
		민주시민활동(토론회)		1
		협의활동(발표활동)		1
		협의활동(토론회)		1
		학생회 활동(학생회장 선출)		1
	특색활동	학습PLAN 세우기(1학기 학습계획 세우기)	2	
		시험공부계획(학습멘토 · 멘티 결연)	2	
		자기주도학습 상담(맞춤 학습지도)	2	
		방학PLAN 세우기(학습PLAN평가 및 피드백)	1	
		학습PLAN 세우기(2학기 학습계획 세우기)		2
		자기주도학습 상담(맞춤 학습지도)		2
		수행평가 관리(포트폴리오 지도)		2
		학년 말 학습PLAN(학년 말 학습지도)		1
	소계		17	17

동아리 활동 (학술활동)	동아리조직 및 편성(동아리 조직 및 활동 안내, 회장 선출)	1	
	동아리별 활동(공원 환경정화)	2	
	동아리별 활동(수중생물 관찰)	2	
	동아리별 활동(아영활동)	2	
	동아리별 활동(스케이팅)	2	
	동아리별 활동(수상훈련-고무보트)	2	
	동아리별 활동(수상훈련-수상스키)	2	
	동아리별 활동(여름해양학교)	2	
	동아리별 활동(국제교류활동)	2	
	동아리별 활동(물체험교육)		2
	동아리별 활동(수상훈련-카누훈련)		2
	동아리별 활동(수상훈련-윈드서핑)		2
	동아리별 활동(스킨스쿠버 체험)		2
	동아리별 활동(승마체험)		2
	동아리별 활동(자전거 타기)		2
	동아리별 활동(포켓볼)		2
	동아리별 활동(환경정화활동)		2
	동아리 활동 평가		1
	소계	17	17
봉사활동	봉사활동 사전교육(봉사활동 안내)	2	
	봉사활동이란?(봉사활동 초청 특강)	2	
	동아리 봉사활동(동아리 활동+봉사활동)	2	
	동아리 봉사활동(동아리 활동+봉사활동)	2	
	동아리 봉사활동(동아리 활동+봉사활동)	2	
	동아리 봉사활동(동아리 활동+봉사활동)	2	
	동아리 봉사활동(동아리 활동+봉사활동)	2	
	동아리 봉사활동(동아리 활동+봉사활동)	2	
	봉사활동 평가(평가 및 우수사례 발표)	1	
	환경정화 봉사활동(실내외 청소, 쓰레기 분리수거)		2
	환경정화 봉사활동(실내외 청소, 쓰레기 분리수거)		2
	환경정화 봉사활동(실내외 청소, 쓰레기 분리수거)		2
	환경정화 봉사활동(실내외 청소, 쓰레기 분리수거)		2
	환경정화 봉사활동(실내외 청소, 쓰레기 분리수거)		2

봉사활동	환경정화 봉사활동(실내외 청소, 쓰레기 분리수거)		2
	환경정화 봉사활동(실내외 청소, 쓰레기 분리수거)		2
	환경정화 봉사활동(실내외 청소, 쓰레기 분리수거)		2
	봉사활동 평가(평가 및 우수사례 발표)		1
	소계	17	17

진로활동 영역 연간운영계획은 학년별로 다르기 때문에 따로 아래 〈표 1-49〉, 〈표 1-50〉, 〈표 1-51〉로 제시하였다. 학년별로 진로활동에 중점을 두고 3학년에는 102시간, 2학년에는 68시간, 1학년에는 34시간을 배정하였다. 다음 〈표 1-49〉는 1학년에서의 진로활동 운영 세부 계획에 대한 예시이다.

〈표 1-49〉 진로활동 운영 세부 계획 예시(1학년)

영역	하위 영역	활동 구분	운영시수	운영학기		활동명	활동 내용	비고
				1학기	2학기			
진로 활동	진로 이해	진로활동①	2	○		자기 이해	진로의 의미, 나의 목표 목록	
		진로활동②	2	○			나의 3학년 설계	
		진로활동③	2	○			선생님께만 들려드리는 내 이야기	
		진로활동④	2	○			부모님과 함께하는 진로 대화	
		진로활동⑤	2	○		나의 모습, 나의 꿈	내가 보는 나	
		진로활동⑥	2	○			이런 사람이 되련다	
		진로활동⑦	2	○			내가 존경하는 인물	
		진로활동⑧	2	○			우리 동네	
	진로 탐색	진로활동⑨	1	○		직업의 의미	일, 직업 가치와 의미	
		진로활동⑩	2		○		거울 보기	
		진로활동⑪	2		○		내가 좋아하는 일&내가 싫어하는 일	
		진로활동⑫	2		○	진로 탐색	나의 명함, 나의 흥미 알아보기	
		진로활동⑬	2		○		나와 어울리는 직업, 직능별 직업 분류	
		진로활동⑭	2		○	자기모색	내가 좋아하는 과목	
		진로활동⑮	2		○		나의 신체적 조건 이해하기	
		진로활동⑯	2		○		직업과 신체적 조건과의 이해	

진로 활동	진로 체험	진로활동⑰	2		○	직업현장 체험활동	부모님 직업현장 체험하기	
		진로활동⑱	1		○	진로활동 평가	에듀팟 입력하기	
		계	34	17	17			

※자료출처: 서울 광남중학교

1학년 진로활동은 한 활동별로 1~2시간씩 1학기 17시간, 2학기 17시간씩 총 34시간으로 구성하였다. 한편, 2학년에서의 진로활동 운영에 관한 세부 계획은 다음 〈표 1-50〉과 같다.

〈표 1-50〉 진로활동 운영 세부 계획 예시(2학년)

영역	하위 영역	활동 구분	운영시수	운영학기		활동명	활동 내용	비고
				1학기	2학기			
진로 활동	진로 이해	진로활동①	4	○		진로의 중요성	진로 탐색은 왜 중요한가?	
		진로활동②	4	○			자아의 이해와 진로 결정	
		진로활동③	4	○			나의 2학년 생활 설계	
		진로활동④	4	○		자아 이해	선생님께만 들려드리는 내이야기	
		진로활동⑤	4	○			부모님과 함께하는 진로 대화	
		진로활동⑥	4	○			나의 인생계단-신문으로 표현하는 나	
	진로 탐색	진로활동⑦	4	○		가치탐색과 흥미 확인	자신의 가치 탐색하기	
		진로활동⑧	4	○			나의 흥미 확인하기	
		진로활동⑨	2	○		직업 탐색	직업 소개하기	
		진로활동⑩	4		○		직업의 탐색, 직능별 직업 분류	
		진로활동⑪	4		○		한국표준직업 분류에 따른 자격, 면허	
	진로 체험	진로활동⑫	4		○	직업 선정의 나의 태도, 나의 직업 설계	직업 선정의 태도	
		진로활동⑬	4		○		가고 싶은 고등학교 미리 알아보기	
		진로활동⑭	4		○		장래의 나의 모습	
		진로활동⑮	4		○		나의 진로 탐색 결과표	
		진로활동⑯	4		○		진로 영상자료 감상	
		진로활동⑰	4		○		나의 미래 설계	

진로 활동	진로 체험	진로활동⑱	2		○	진로활동 평가	에듀팟 입력하기	
	계		68	34	34			

2학년 진로활동은 한 활동별로 2~4시간씩 1학기에 34시간, 2학기에 34시간씩 총 68시간으로 구성되었다. 3학년에서의 진로활동 운영 세부 계획은 아래 〈표 1-51〉과 같다.

〈표 1-51〉 진로활동 운영 세부 계획 예시(3학년)

영역	하위 영역	활동 구분	운영시수	운영학기		활동명	활동 내용	비고
				1학기	2학기			
진로 활동	진로 이해	진로활동①	6	○		자기 이해와 진로	자기 유형 알기 홀랜드 진로 탐색검사	
		진로활동②	6	○		자기 이해와 진로	진로 관련 주요사이트 소개 인터넷상 심리검사 해보기 자기소개서 쓰기	
		진로활동③	6	○		직업 세계에 대한 이해	직업에 대한 이해 직업카드를 활용하여 다양한 직업 알기 워크북을 이용한 자기 직업 유형 알기	
	진로 탐색	진로활동④	6	○		진로의사 결정	희망 고교 탐색하기 상황별 의사결정 연습하기 진로계획 평가 연습하기 장기적인 인생계획에 대한 평가와 수정하기	
		진로활동⑤	6	○		진로계획 및 준비	나의 꿈의 변천사 미래 명함 만들기 환상여행(미래의 생활 일기)	
	진로 체험	진로활동⑥	6	○		진로체험	인천광역시 청소년 직업체험센터 이색직업체험	
		진로활동⑦	6	○		진로체험	인천광역시청소년 직업체험센터 이색직업 체험	
		진로활동⑧	6	○		진로체험	인천광역시 청소년 직업체험센터 인천의 전망 있는 직업군 탐방1	
		진로활동⑨	3	○		진로활동 평가	포트폴리오 평가, 에듀팟 입력하기	

진로 활동	진로 체험	진로활동⑩	6		○	진로설계 프로그램	길라JOB이'1	
		진로활동⑪	6		○	진로설계 프로그램	길라JOB이'2	
		진로활동⑫	6		○	진로설계 프로그램	길라JOB이'3	
		진로활동⑬	6		○	진로체험	인천광역시 청소년 직업체험센터 인천의 전망 있는 직업군 탐방2	
		진로활동⑭	6		○	진로체험	인천광역시 청소년 직업체험센터 인천의 전망 있는 직업군 탐방3	
		진로활동⑮	6		○	진로체험	인천광역시 청소년 직업체험센터 인천의 전망 있는 직업군 탐방4	
		진로활동⑯	6		○	미래직업 탐색 프로젝트	'SHOW ME YOUR JOB'	
		진로활동⑰	6		○	의사소통 프로그램	특별한 사람이 되자! 리더십교육.	
		진로활동⑱	3		○	진로활동 평가	포트폴리오 평가, 에듀팟 입력하기	
	계		102	51	51			

3학년에서의 진로활동에는 한 활동당 3~6시간씩, 각 학기별로 51시간씩 총 102시간을 배당하였다.

4. 학년별 특정 영역 중점 편성

학년별 특정 영역 중점 편성이란 학년별로 서로 다른 특정 영역을 중점으로 편성하여 운영하는 것이다. 이 경우 중학교의 세 개 학년을 유기적으로 연계하여 운영하는 것이 중요하다. 특히, 세 개 학년의 운영 시기는 동일하되 중점 영역을 학년별로 달리함으로써 중학교 3년의 과정 동안 적어도 세 영역 이상의 다양한 창의적 체험활동을 경험하도록 구성해야 한다.

학년별로 특정 영역에 중점을 두어 편성한 시간 배당 계획을 살펴보도록 하겠다.

〈표 1-52〉 학년별 시간 배당 계획 예시

학년	영역별 배당시간							학년별 시간 배당
	자율활동				동아리 활동	봉사 활동	진로 활동	
	적응	자치	행사	학교 · 학년 특색활동				
1학년	8	6	28	45	4	10	1	102
	8	6	28	0	49	10	1	102
2학년	4	4	28	0	4	61	1	102
	4	4	33	0	50	10	1	102
3학년	4	4	31	0	4	10	49	102

위의 표를 보면, 중학교 각 학년별 시간 배당은 모두 동일하게 102시간으로 하였다. 그런데 학년별로 각 영역에 배당된 시간이 조금씩 다르다. 1학년의 경우, 새로운 환경에 적응하도록 하기 위해 2, 3학년에 비해 많은 시간을 적응활동에 배당함으로써 중학생으로서의 원활한 학교생활을 돕도록 구성하였다. 즉, 1학년은 자율활동과 동아리 활동, 8학년은 봉사활동과 동아리 활동, 3학년은 진로활동 중심으로 학년별로 특정 영역에 중점을 둔 것을 알 수 있다(〈표 1-51〉의 음영 표시 참조). 또한 기타 활동을 최소화함으로써 특정 영역의 활동이 일시적인 활동에 그치지 않고 지속적으로 이루어지도록 계획하여 상급학교 진학에도 도움이 되도록 하였다.

〈표 1-52〉에서 각 학년별로 중점적으로 편성한 영역에 대한 구체적인 프로그램 내용은 다음 〈표 1-53〉과 같다. 프로그램 사례에는 주제명, 학년, 영역, 시수와 지도 중점 내용, 기대효과를 제시하였다.

<표 1-53> 학년별 특정 영역 중심 프로그램 사례 예시

대상 학년	내용	운영 영역	운영 시간	지도 중점	기대 효과
1	창의 · 인성 발현을 위한 독서교육	자율 활동	연 45시간 이내	• 독서를 통해 잠재된 창의 · 인성 발현을 돕는다. • 다양한 독후활동을 통해 사고력, 비판력, 상상력을 증대시킨다.	• 자아정체성을 확립할 수 있다. • 자기 표현력이 증대된다. • 문제해결력이 증대된다.
1	건강체육 활동	동아리 활동	연 49시간 이내	• 운동 · 표현 능력 및 건강 체력 발달을 돕는다. • 운동 태도 및 사회적 규범의 습득을 돕는다.	• 체육활동의 의미이해와 건강 도모 • 체육활동 관련 지식의 학습 • 덕, 체, 지의 바람직한 덕목 함양
2	더불어 사는 봉사활동	봉사 활동	연 61시간 이내	• 체험 중심의 봉사활동 운영 • 동아리별 봉사계획 수립 및 결연 활동 • 연중 지속적인 봉사활동 운영	• 더불어 살아가는 공동체의식 함양 • 실천적 봉사의식 함양 • 솔선수범하는 민주 시민의식 함양
2	사물놀이와 함께하는 국악	동아리 활동	연 50시간 이내	• 실생활 속에서의 국악의 역할과 가치에 대해 실기와 음악적 적성을 중심으로 지도 • 앉아서 하는 사물놀이와 서서 하는 율동과 함께 흥겨운 가락과 신체적 리듬으로 지도 • 전통 음악의 독창성과 우수성을 알도록 지도	• 우리의 음악문화를 창조하고 이끌어나감 • 우리 음악문화의 음악적 특질과 그 역사적 · 문화적 가치 이해 • 우리 음악문화의 계승 발전 및 새로운 음악문화 창달
3	미래를 설계하는 진로교육	진로 활동	연 49시간 이내	• 다양한 직업의 세계 이해하기 • 자기 이해와 연계한 진로 탐색하기	• 다양한 진로 정보의 제공과 체계적인 진로 관련 활동을 통한 진로 설계, 직업 선택능력 신장

위는 1학년 2개, 2학년 2개, 3학년 1개로 총 5개의 사례를 제시하였다. 1학년은 중학생의 지적 · 창의성 발현을 돕는 독서활동과 기본 체력 보강을 위한 체육활동 중심으로, 2학년은 중학교에 적응을 마친 여유롭고 활동적인 봉사활동과 사물놀이 동아리를 통한 음악활동 중심으로 편성하였다. 또한 3학년은 상급학교 진학을 앞둔 여건을 고려한 진로활동 중심으로 편성하였다.

그럼, 5개의 사례 중에서 중학교 1학년의 자율(특색)활동 프로그램인 '창의 · 인성발현을 위한 독서교육'에 대한 연간 지도계획을 살펴보도록 하겠다. 구체적인 연간 지도계획은 아래 〈표 1-54〉와 같다.

〈표 1-54〉 중학교 1학년 창의적 체험활동 연간 지도계획: 자율(특색)활동

학기	주	영역				차시	활동 주제	활동 내용
		자율	동아리	봉사	진로			
1	4 (3.21~25)	○				1/45	학교 · 학년 특색활동	독서 기록장 활용 방법 안내
	5 (3.28~4.2)	○				2/45	학교 · 학년 특색활동	권장 도서목록 탐색
	9 (4.25~30)	○				3~1/45	학교 · 학년 특색활동	작품 속 고장을 찾아 주인공 체험활동
	10 (5.2~7)	○				18/45	학교 · 학년 특색활동	다양한 독후활동 탐색
	15 (6.7~10)	○				19/45	학교 · 학년 특색활동	독서 후 주인공에게 편지 쓰기
	16 (6.13~18)	○				20~21/45	학교 · 학년 특색활동	책갈피 만들기
	18 (6.27~7.2)	○				22~23/45	학교 · 학년 특색활동	책표지 만들기
2	2 (8.29~9.3)	○				24~25/45	학교 · 학년 특색활동	독서 광고 만들기
	4 (9.14~17)	○				26~28/45	학교 · 학년 특색활동	독서 신문 만들기
	5 (9.19~23)	○				29~30/45	학교 · 학년 특색활동	독서 엽서 만들기
	6 (9.26~10.1)	○				31~33/45	학교 · 학년 특색활동	백일장 대회
	7 (10.4~7)	○				34~35/45	학교 · 학년 특색활동	작가와의 만남
	10 (10.24~29)	○				36~37/45	학교 · 학년 특색활동	독서 표어/포스터 만들기
	11 (10.31~11.5)	○				38~39/45	학교 · 학년 특색활동	독서 골든벨
	13 (11.14~19)	○				40~41/45	학교 · 학년 특색활동	독서 주제가 만들기
	14 (11.21~25)	○				42~43/45	학교 · 학년 특색활동	독서 감상시 쓰기
	16 (12.5~9)	○				44~45/45	학교 · 학년 특색활동	시화전 및 각종 독후활동 전시회

4
고등학교

본 장에서는 고등학교에서 창의적 체험활동 교육과정을 운영하기 위한 가이드라인을 제공하고자 한다. 이를 위하여 학년별 한 개 영역 중점, 학년－학기별 차등 편성, 학년별 두 개 영역 중점 편성, '동아리－진로' 영역 치중 편성으로 학교현장에서 실제 활용할 수 있는 모형을 제시하였다. 또한 특성화 고등학교에서는 진로(취업)를 설계하고 준비하여 선취업, 후진학을 위한 프로그램 적용으로 취업기능을 강화할 수 있는 모델을 제시하였다.

각 절의 내용은 창의적 체험활동 영역, 시수 배정 계획, 활동 영역별 연간 운영 시수, 창의적 체험활동 연간 지도계획, 영역별 관련 프로그램 예시(안) 순으로 구성하였다. 시간 배당 계획에서는 자율활동, 동아리 활동, 봉사활동, 진로활동 각각의 배당 시간을 제시하였고, 학년별 배당시간을 제시하였으며, 중점 영역을 음영 처리하였다.

1. 학년별 한 개 영역 중점 편성

학년별로 한 개 영역에 중점을 두는 방법으로는 크게 두 가지를 고려할 수 있다. 즉, 학년별 중점 영역을 하나만 운영하는 방법과 학년별 중점 영역을 운영하되 일부 학년 간에 중점 영역의 중첩을 허용하는 방법이다.

우선, 학년별 중점 영역을 하나만 운영하는 방법에 관한 사례에 대하여 살펴보겠다. 〈표 1-55〉는 인문계 고등학교에서 학년별로 한 개 영역을 중점적으로 편성한 사례이다.

〈표 1-55〉 시수 배정 계획: 학년별 한 개 영역 중점 편성 사례 ①(인문계고등학교)

구분	1학년		2학년		3학년		비고
	1학기	2학기	1학기	2학기	1학기	2학기	
자율활동	30	28	19	19	12	-	108
동아리 활동	19	20	36	36	16	-	127
봉사활동	8[4]	10[6]	14	14	12	6	64
진로활동	11[6]	10[6]	16	16	28	28	109
계[이수단위]	68[4]	68[4]	85[5]	85[5]	68[4]	34[2]	408[24]
중점 활동 영역	자율활동		동아리 활동		진로활동		

* [ ]는 동아리 활동 연계 시간수임

위의 사례는 1학년은 자율활동, 2학년은 동아리 활동, 3학년은 진로활동에 많은 시수를 배정 편성하는 방법으로 학년별 특색을 살리고자 하는 편성이라고 할 수 있다. 또한 1학년에는 1, 2학기 각 68시간, 2학년은 1, 2학기 각 85시간, 3학년은 1학기 68시간, 2학기 34시간으로 학년별로 시수를 다르게 배당하였다. 위의 시수 배정 계획에 따라 작성한 활동 영역별 연간운영계획은 다음 〈표 1-56〉과 같다.

〈표 1-56〉 활동 영역별 연간운영계획

영역			1학년		2학년		3학년	
			1학기	2학기	1학기	2학기	1학기	2학기
자율 활동	적응	신입생 O.T	2					
		기본 생활습관 형성	1			1	1	
		대면학습		2		2		
		또래상담	1					
		만남의 쪽지	1		1		1	
		플래너(자기 시간관리) 사용	2					
	자치	학급회 및 학년회 활동	4	3	4	4	4	
		학생회 협의활동	2	2				
		학교장 간담회		2				
		대의원 정기 토론회		2		2		
		동아리 활동 신문발간(영자)		2				
	행사	입학식, 종업식	1	1	1	1	1	
		학술 경진대회						
		체육대회/과학전/종합축제	6		6			
		수련활동				6		
		현장학습	4		4		4	
		수학여행		6				
	창의 특색	한복예절-전통 계승			2			
		맞춤식 입시 설명회	1	1	1		1	
		예지관 생활교육	4					
		자매결연 친교활동	1	1		1		
		선배와의 만남		2		2		
	계		30	24	19	19	12	-
동아리 활동		학습활동/과학반	10	10	10	10	6	
		봉사활동	3	6	10	12	4	
		진로활동	1	2	5	6	6	
		실습노작 활동			4	2		
		청소년 단체활동	2	2	3	2		

	풍물반(가사라기)	1	1	2	2		
	생활과학 동아리	2	1	2	2		
	계	19	22	36	36	16	-
봉사활동	교내 봉사활동	4	4	6	6	4	2
	지역사회 봉사활동(유스, 푸르미)	2	4	4	5		
	자연환경 보호활동	1	1	2	1	2	2
	캠페인 활동	1	1	1	2	6	2
	'나눔과 배려' 실천 동아리		1	1			
	계	8(4)	11(6)	14	14	12	6
진로활동	자기 이해 활동	5	4	3	4	4	3
	진로정보 탐색활동	3	3	5	2	8	7
	진로 계획활동	2	3	4	4	4	6
	진로 체험활동	1	1	4	6	12	12
	계	11(6)	11(6)	16	16	28	28
합계		68	68	85	85	68	34
		136		170		102	

위의 사례를 보면 1학년은 자율활동의 하위 영역인 적응활동과 특색활동이, 2학년은 동아리 활동 중 '봉사활동', '진로활동', '실습노작 활동'이 다른 학년에 비하여 중점적으로 이루어지고 있다. 또한 3학년에서는 진로활동 중 '진로정보 탐색활동', '진로 체험활동'의 비중이 다른 학년에 비하여 높음을 알 수 있다.

학년별 중점 영역을 하나만 운영하는 또 다른 사례는 다음 〈표 1-57〉과 같다. 이는 특성화 고등학교에서 학년별로 한 개 영역을 중점적으로 편성한 사례이다.

〈표 1-57〉 시수 배정 계획: 학년별 한 개 영역 중점 편성 사례 ②(특성화고등학교)

구분	1학년		2학년		3학년		비고
	1학기	2학기	1학기	2학기	1학기	2학기	
자율활동	31	25	12	18	12	18	116

동아리 활동	15	21	27	28	15	21	127
봉사활동	5	5	5	5	5	5	30
진로활동	17	17	24	17	36	24	135
계[이수단위]	68[4]	68[4]	68[4]	68[4]	68[4]	68[4]	408[24]
중점 활동 영역	자율활동		동아리 활동		진로활동		

위의 사례는 1학년은 자율활동, 2학년은 동아리 활동, 3학년은 진로활동에 많은 시수를 배정 편성하여 학년별 특색을 살리고자 한 점에서 〈표 1-55〉와 공통점이 있다. 그런데 위의 사례가 〈표 1-55〉와 다른 점은, 각 학년별 시수 배당이 동일하다는 점이다. 위의 시수 배정 계획에 따라 작성한 활동 영역별 연간운영계획은 아래 〈표 1-58〉과 같다.

〈표 1-58〉 활동 영역별 연간운영계획

영역			1학년		2학년		3학년	
			1학기	2학기	1학기	2학기	1학기	2학기
자율 활동	적응	오리엔테이션	1		1		1	
		자기소개서(이력서) 쓰기	1		1		1	
		자서전 쓰기		1		1		1
		방학계획 수립	1	1	1	1	1	1
	자치	학급 경영관 발표	1		1		1	
		학급회 조직	1		1		1	
		협의활동/학생회 임원 선거		1	1	2		1
	행사	입학식/시업식	1		1		1	
		학생월례조회	4	4	3	3	4	4
		방학식	1	1	1	1	1	1
		개학식		2		2		2
		졸업식/종업식		1		1		1
		수련활동/수학여행	12					
		교내 체육대회		6		6		6

자율활동	학교 특색	효행의 날 행사	1		1		1	
		초청강연(기본 생활습관)		1		1		1
		보건/금연/청렴교육	7	7				
	계		31	25	12	18	12	18
동아리 활동		학술활동/문화예술활동 스포츠 활동/실습노작 활동 청소년 단체활동	15	15	27	22	15	15
		학교 축제(동아리 발표)	6		6		6	
		캠프활동						
		계	15	21	27	28	15	21
봉사활동		교내 봉사활동	2	2	2	2	2	2
		지역사회 봉사활동	1	1	1	1	1	1
		자연환경 보호활동	2	2	2	2	2	2
		계	5	5	5	5	5	5
진로활동		자기 이해 활동	1		1		1	
		직업진로검사		1		1		1
		초청강연(직업교육)	1	1	1	1		1
		취업 캠프	4	4	4	4	17	4
		취업강화(졸업생 코칭)	1	1	1	1	1	1
		직업진로활동/인턴십	10	10	17	10	17	17
		계	17	17	24	17	36	24
합계			68	68	68	68	68	68
			136		136		136	

〈표 1-58〉을 보면 1학년에는 학교생활에서의 적응에 초점을 맞추어 자율활동 중 행사활동과 학교 특색활동이 중점적으로 이루어지고, 2학년에는 동아리 활동이 중점적으로 편성되어 있음을 알 수 있다. 그런데 동아리 활동 시수를 편성하는 방법에 있어서 〈표 1-56〉의 사례는 동아리 활동에서의 동아리를 미리 교육과정에서 정해놓고 시수를 편성해놓은 반면, 〈표 1-58〉의 사례는 동아리 활동에서의 구체적인 동아리나 그에 따른 시수를 정해놓지 않았음을 알 수 있다. 이러한 점에서 〈표 1-58〉의 사례에서는 학생들이 자율적으로 동아리를 구성하여 주체적으로 동아리 활동에 참

여하는 교육활동이 이루어질 것이라는 점을 추측할 수 있다.

이상으로 살펴본 〈표 1-55〉, 〈표 1-57〉과 같이 학년별로 한 개의 영역만 중점적으로 편성할 경우 학년별로 다른 영역을 운영해야 하지만 학생들의 발달단계에 맞춰 집중적인 교육활동이 이루어질 수 있다는 데 의미를 둘 수 있다. 배정된 시간에 1학년은 자율활동, 2학년은 동아리 활동, 3학년은 진로활동으로 학년별로 다른 활동을 하게 된다.

학년별로 한 개 영역에 중점 편성하는 또 다른 방안으로는 일부 학년에서 중점 활동 영역에 중첩이 이루어지는 편성을 들 수 있다. 이와 같은 편성에 대한 구체적인 시수 배정에 관한 예시는 다음 〈표 1-59〉와 같다.

〈표 1-59〉 시수 배정 계획: 학년별 한 개 영역 중점 편성 사례 ③(특성화고등학교)

구분	1학년		2학년		3학년		비고
	1학기	2학기	1학기	2학기	1학기	2학기	
자율활동	34	23	11	18	11	18	115
동아리 활동	15	21	31	21	15	21	124
봉사활동	5	5	5	5	5	5	30
진로활동	14	19	21	24	37	24	139
계[이수단위]	68[4]	68[4]	68[4]	68[4]	68[4]	68[4]	408[24]
중점 활동 영역	자율활동		동아리-진로활동		진로활동		

위의 사례에서는 1, 2, 3학년에 시수를 동일하게 편성하였으나, 1학년에는 자율활동에, 2학년에는 동아리 활동과 진로활동에, 3학년에는 진로활동에 많은 시수를 배정 편성하였다. 위의 시수 배정 계획에 따라 작성한 구체적인 활동 영역별 연간운영계획은 다음 〈표 1-60〉과 같다.

〈표 1-60〉 활동 영역별 연간운영계획

영역			1학년		2학년		3학년	
			1학기	2학기	1학기	2학기	1학기	2학기
자율 활동	적응	오리엔테이션	1		1		1	
		자기소개서(이력서) 쓰기	1		1		1	
		자서전 쓰기		1		1		1
		방학계획 수립	1	1	1	1	1	1
	자치	학급 경영관 발표	1		1		1	
		학급회 조직	1		1		1	
		협의활동/학생회 임원 선거		1		1		1
	행사	입학식/시업식	1		1		1	
		학생월례조회	3	4	3	4	3	4
		방학식	1	1	1	1	1	1
		개학식		2		2		2
		졸업식/종업식		1		1		1
		수련활동/수학여행	16					
		교내 체육대회		6		6		6
	학교 특색	효행의 날 행사	1		1		1	
		초청강연(기본 생활습관)		1		1		1
		보건/금연/청렴교육	7	5				
	계		34	23	11	18	11	18
동아리 활동		학술활동/문화예술활동 스포츠 활동/실습노작 활동 청소년 단체활동	15	15	15	15	15	15
		학교 축제(동아리 발표)		6		6		6
		캠프활동			16			
		계	15	21	31	21	15	21
봉사활동		교내 봉사활동	2	2	2	2	2	2
		지역사회 봉사활동	1	1	1	1	1	1
		자연환경 보호활동	2	2	2	2	2	2
		계	5	5	5	5	5	5
진로활동		자기 이해 활동	1		1		1	
		직업진로검사		1		1		1

진로활동	초청강연(직업교육)	2	1	2	1		1
	취업 캠프		6		4	18	4
	취업강화(졸업생 코칭)	1	1	1	1	1	1
	직업진로활동/인턴십	10	10	17	17	17	17
	계	14	19	21	24	37	24
합계		68	68	68	68	68	68
		136		136		136	

이와 같이 편성할 경우 학년별로 다른 영역을 중점적으로 운영하지만, 2, 3학년에는 특히 진로활동에 중점을 맞춰 집중적인 교육활동이 이루어질 수 있다는 데 의미를 둘 수 있다.

2. 학년별 두 개 영역 중점 편성

학년별 두 개 영역 중점 편성은 각 학년별로 중점 영역을 두 개 선정하고 그것에 시수를 더 많이 배정하여 운영하는 방식이다. 학년별로 학생의 요구와 교육과정에 맞도록 개성있는 운영이 가능하므로 이러한 편성 방식은 학년별 특성을 살린 창의적 체험활동 운영에 유리할 것으로 판단된다. 구체적인 시수 배정 계획에 대한 예시는 〈표 1-61〉과 같다.

〈표 1-61〉 시수 배정 계획: 학년별 두 개 영역 중점 편성 사례 ①(인문계 고등학교)

구분	1학년		2학년		3학년		비고
	1학기	2학기	1학기	2학기	1학기	2학기	
자율활동	27	27	11	11	26	10	112
동아리 활동	29	29	26	26	12	6	128

봉사활동	16	16	10	10	4	2	58
진로활동	13	13	21	21	26	16	110
계[이수단위]	85[5]	85[5]	68[4]	68[4]	68[4]	34[2]	408[24]
중점 활동 영역	'자율-동아리'		'동아리-진로'		'자율-진로'		

앞서 제시한 시수 배정 계획을 보면 1학년에는 자율활동과 동아리 활동을, 2학년에는 동아리 활동과 진로활동을, 3학년에는 자율활동과 진로활동을 중점적으로 편성하였음을 알 수 있다. 시수 배정 계획에 근거하여 작성한 활동 영역별 연간운영계획은 아래 〈표 1-62〉와 같다.

〈표 1-62〉 활동 영역별 연간운영계획

영역			1학년		2학년		3학년	
			1학기	2학기	1학기	2학기	1학기	2학기
자율 활동	적응	신입생 O.T	2					
		기본 생활습관 형성				1	2	
		대면학습				1		
		또래상담						
		만남의 쪽지					1	
		플래너(자기 시간관리) 사용	3					
	자치	학급회 및 학년회 활동	4	4	2	2	4	
		학생회 협의활동		3				
		학교장 간담회		3			3	
		대의원 정기 토론회					3	
		동아리 활동 신문발간(영자)		3				
	행사	입학식, 종업식		3			1	
		학술 경진대회						
		체육대회/과학전/종합축제	6		6		5	
		수련활동				6		
		현장학습	4		2		4	2
		수학여행		6				
	창의 특색	한복예절-전통 계승						
		맞춤식 입시 설명회	2	2	1		2	2

자율 활동	창의 특색	예지관 생활교육	4					
		자매결연 친교활동	2	1		1	1	2
		선배와의 만남		2				2
		아침 회화-영어듣기						2
	계		27	27	11	11	26	10
동아리 활동		학습활동 / 과학반	4	3	5	4	3	1
		봉사활동	7	8	6	7	2	1
		진로활동	4	4	2	5	2	1
		실습노작 활동	4	5	3		1	1
		청소년 단체활동	3	3	5	6	1	1
		풍물반(가사라기)	3	2	2	1	2	
		생활과학 동아리	4	4	3	3	1	1
		계	29	29	26	26	12	6
봉사활동		교내 봉사활동	3	2	3	4	1	
		지역사회 봉사활동(유스,푸르미)	3	4	2	1		1
		자연환경 보호활동	3	2	1	1	2	1
		캠페인 활동	2	3	3	2	1	
		'나눔과 배려' 실천 동아리	5	5	5	2		
		계	16	16	14	10	4	2
진로활동		자기 이해 활동	3	2	11	11	6	3
		진로정보 탐색활동	4	4	3	3	8	3
		진로계획 활동	2	3	4	4	6	5
		진로 체험활동	4	4	3	3	6	5
		계	13	13	21	21	26	16
합계			85	85	68	68	68	34
			170		136		102	

위의 사례는 1학년에서 자율활동과 동아리 활동을, 2학년에서는 동아리 활동과 진로활동 영역을, 3학년에서는 자율활동과 진로활동을 중점 편성한 것이다. 이러한 편성을 통해 학생들의 흥미, 소질, 적성, 특기 등을 계발하고 협동적인 학습능력과 창의적인 태도를 기를 수 있으며 진로에 적절히 대비할 수 있는 교육활동이 가능할 것이다.

3. 학년 – 학기별 차등 편성

학년 – 학기별 차등 편성을 하기 위한 방법으로 세 가지를 제안하고자 한다. 우선, 학년별로 이수 시수 배정은 동일하되, 각 학년별 중점 활동 영역을 편성하는 방안이 있을 것이다. 이와는 반대로 각 학년별 이수 시수 배정을 달리하고 각 학년별 중점 활동 영역을 편성할 수 있을 것이다. 마지막으로는, 각 학기별 이수 시수 배정을 달리하고 각 학년별 중점 활동 영역을 편성하는 방식을 제안하고자 한다.

첫째로, 학년별 이수 시수 배정은 동일하지만, 각 학년별 중점 활동 영역을 편성한 사례를 보도록 하겠다. 구체적인 시수 배정 계획 사례는 아래 〈표 1-63〉과 같다.

〈표 1-63〉 시수 배정 계획: 학년-학기별 차등 편성(인문계 고등학교)

구분	1학년		2학년		3학년		비고
	1학기	2학기	1학기	2학기	1학기	2학기	
자율활동	20	16	16	16	14	16	98
동아리 활동	18	18	18	18	14	14	100
봉사활동	16	16	20	20	16	14	102
진로활동	14	18	14	14	24	24	108
계[이수단위]	68[4]	68[4]	68[4]	68[4]	68[4]	68[4]	408[24]
중점 활동 영역	학년-학기별 차등 편성 ①						

위의 사례에서는 1학년부터 3학년까지 학기별로 68시간을 동일하게 배정하고, 1학년과 2학년에서는 3개 활동 영역을 고루 학습하도록 구성하였다. 한편, 3학년에서는 다른 학년에 비하여 진로활동 영역에 많은 시수를 배정하고 진로활동을 집중 실시함으로써 진로지도 및 학생들의 수시 준비에 충분한 기회와 시간이 확보된다는 장점이 있다. 위의 시수 배정 계획에 따라 작성한 활동 영역별 연간운영계획은 다음 〈표 1-64〉와 같다.

〈표 1-64〉 활동 영역별 연간운영계획

영역			1학년		2학년		3학년	
			1학기	2학기	1학기	2학기	1학기	2학기
자율 활동	적응	신입생 O.T	2					
		기본 생활습관 형성	1			1	1	1
		대면학습		1		1		
		또래상담						1
		만남의 쪽지	1		1		1	1
		플래너(자기 시간관리) 사용	1					
	자치	학급회 및 학년회 활동	2	2	3	3	4	3
		학생회 협의활동	1	1				
		학교장 간담회		1				1
		대의원 정기 토론회		1		1		2
		동아리 활동 신문발간(영자)		2				
	행사	입학식, 종업식	1	1	1	1	1	1
		학술 경진대회						
		체육대회/과학전/종합축제	4		5			
		수련활동				6		
		현장학습	3		3		4	
		수학여행		5				
	창의 특색	한복예절-전통 계승			2			
		맞춤식 입시 설명회	1	1	1		3	3
		예지관 생활교육	2					
		자매결연 친교활동	1			1		
		선배와의 만남		1		2		1
		아침 회화-영어듣기						2
	계		20	16	16	16	14	16
동아리 활동		학습활동 / 과학반	10	10	8	8	6	6
		봉사활동	4	3	4	6	4	4
		진로활동	2	1	2	1	4	4
		실습노작 활동			1	2		
		청소년 단체활동			1			
		풍물반(가사라기)						

동아리 활동	생활과학 동아리		2	2	1		
	계	18	18	18	18	14	14
봉사활동	교내 봉사활동	6	6	8	8	6	6
	지역사회 봉사활동(유스,푸르미)	4	3	6	5	3	2
	자연환경 보호활동	3	3	2	3	3	2
	캠페인 활동	2	2	3	3	2	2
	'나눔과 배려' 실천 동아리	1	2	1	1	2	2
	계	16	16	20	20	16	14
진로활동	자기 이해 활동	4	6	4	4	3	3
	진로정보 탐색활동	3	6	3	3	7	6
	진로계획 활동	4	3	3	3	4	5
	진로 체험활동	3	3	4	4	10	10
	계	14	18	14	14	24	24
합계		68	68	68	68	68	68
		136		136		136	

위와 같이 편성할 경우 영역마다 학생 체험활동이 다양하게 이루어지도록 영역별 블록타임 운영을 위한 시간 편성도 고려해볼 만하다.

한편, 각 학년별 이수 시수 배정을 달리하고 각 학년별 중점 활동 영역을 편성한 예로는 다음 〈표 1-65〉와 같다.

〈표 1-65〉 시수 배정 계획: 학년별 차등 편성(인문계 고등학교)

구분	1학년		2학년		3학년		비고
	1학기	2학기	1학기	2학기	1학기	2학기	
자율활동	26	20	20	14	10	13	103
동아리 활동	18	22	18	22	10	8	98
봉사활동	26	28	20	16	7	10	107
진로활동	15	15	10	16	24	20	100
계[이수단위]	85[5]	85[5]	68[4]	68[4]	51[3]	51[3]	408[24]
중점 활동 영역	학년-학기별 차등 편성 ②						

〈표 1-65〉를 보면, 1학년에는 각 학기별로 85시간이, 2학년에는 각 68시간이, 3학년에는 각 51시간이 배정되었다. 위의 사례에서는 학년별로 이수 시수 배정을 달리했을 뿐만 아니라 학기별로도 시수가 다르게 편성되었다. 이를 바탕으로 작성한 구체적인 활동 영역별 연간운영계획은 아래 〈표 1-66〉과 같다.

〈표 1-66〉 활동 영역별 연간운영계획

영역			1학년		2학년		3학년	
			1학기	2학기	1학기	2학기	1학기	2학기
자율 활동	적응	신입생 O.T	2					1
		기본 생활습관 형성	2				1	
		대면학습				2		2
		또래상담						
		만남의 쪽지			1		1	1
		플래너(자기 시간관리) 사용	2					
	자치	학급회 및 학년회 활동	4		4	4	2	1
		학생회 협의활동		2				
		학교장 간담회		2				
		대의원 정기 토론회						
		동아리 활동 신문발간(영자)		3				
	행사	입학식, 종업식	1	1	1		1	
		학술 경진대회						
		체육대회/과학전/종합축제	6		6			
		수련활동				6		
		현장학습	4		4		4	2
		수학여행		6				
	창의 특색	한복예절-전통 계승			2			
		맞춤식 입시 설명회	2	1	1		1	
		예지관 생활교육	2	2				1
		자매결연 친교활동	1	1	1			
		선배와의 만남		2		2		3
		아침 회화-영어듣기						2
	계		26	20	20	14	10	13

동아리 활동	학습활동 / 과학반	8	9	2	3	2	3
	봉사활동	3	4	5	2	2	2
	진로활동	2	4	2	5	1	1
	실습노작 활동	2	1	3	3	1	1
	청소년 단체활동	3	2	1	2		1
	풍물반(가사라기)		1	3	5	1	
	생활과학 동아리		1	2	2	3	
	계	18	22	18	22	10	8
봉사활동	교내 봉사활동	7	10	3	3		2
	지역사회 봉사활동(유스, 푸르미)	5	5	5	5	2	
	자연환경 보호활동	4	2	2	2	1	3
	캠페인 활동	6	3	8	4	2	1
	'나눔과 배려' 실천 동아리	4	4	2	2	2	4
	계	26	24	20	16	7	10
진로활동	자기 이해 활동	2	3	4	4	4	5
	진로정보 탐색활동	6	6	2	4	10	4
	진로계획 활동	5	4	2	4	2	6
	진로 체험활동	2	2	2	4	8	5
	계	15	15	10	16	24	20
합계		85	85	68	68	51	51
		170		136		102	

위의 사례는 〈표 1-64〉의 사례처럼 1, 2학년 모두 진로활동, 동아리 활동, 봉사활동을 고루 지도하는 편이지만, 그와 다른 점이 있다. 즉, 〈표 1-64〉의 사례에서는 1, 2학기에 중점적으로 지도하는 활동 영역이 대체적으로 같았지만, 위의 사례 〈표 1-66〉은 2학년에 비하여 1학년에서 진로 · 봉사활동이 더 강조되고, 또 한 학년 내에서 각 영역은 학기별로 강조되는 시기가 다르다.

마지막으로, 학기별 이수 시간을 달리하고 중점 활동 영역을 편성한 예시는 다음과 같다.

〈표 1-67〉 시수 배정 계획: 학기별 차등 편성(특성화 고등학교)

구분	1학년		2학년		3학년		비고
	1학기	2학기	1학기	2학기	1학기	2학기	
자율활동	25	37	25	29	20	10	146
동아리 활동	15	19	20	18	17	5	94
봉사활동	7	7	10	3	9	3	39
진로활동	21	22	30	18	22	16	129
계[이수단위]	68[4]	85[5]	85[5]	68[4]	68[4]	34[2]	408[24]
중점 활동 영역	학년-학기별 차등 편성 ①						

위의 사례는 1~3학년에서 자율활동과 진로활동을 중심으로 운영한 것이다. 또한 학년별이 아닌, 학기별로 이수 운영단위를 다르게 배정하였다. 위의 시수 배정 계획에 따라 작성한 활동 영역별 연간운영계획은 아래 〈표 1-68〉과 같다.

〈표 1-68〉 활동 영역별 연간운영계획

영역			1학년		2학년		3학년	
			1학기	2학기	1학기	2학기	1학기	2학기
자율 활동	적응	오리엔테이션	1		1		1	
		자기소개서(이력서) 쓰기	1		3		1	
		자서전 쓰기		2		1		2
		방학계획 수립	1	2	2	1	1	2
	자치	학급 경영관 발표	1		1		1	
		학급회 조직	1		2		1	
		협의활동/학생회 임원 선거	1	2	2	1	1	1
	행사	입학식/시업식	1		1		1	
		학생월례조회	2	4	4	4	4	2
		방학식	1	1	1	1	1	1
		개학식		2		2		1
		졸업식/종업식		1		1		1
		수련활동/수학여행		18		18		
		교내 체육대회	6		6		6	

자율활동	학교 특색	효행의 날 행사	1		1		1	
		초청강연(기본 생활습관)	1		1		1	
		보건/금연/청렴교육	7	5				
	계		25	37	25	29	20	10
동아리 활동		학술활동/문화예술활동 스포츠 활동/실습노작 활동 청소년단체활동	15	10	20	10	17	5
		학교 축제(동아리 발표)		9		8		
		캠프활동						
		계	15	19	20	18	17	5
봉사활동		교내 봉사활동	3	3	3	1	3	1
		지역사회 봉사활동	1	3	4	1	3	1
		자연환경 보호활동	3	1	3	1	3	1
		계	7	7	10	3	9	3
진로활동		자기 이해 활동	2		2		2	
		직업진로검사		2		1		1
		초청강연(직업교육)		2	2	1	2	1
		취업 캠프	6	6	6			
		취업강화(졸업생 코칭)	1	2	3	1	1	1
		직업진로활동/인턴십	12	10	17	15	17	13
		계	21	22	30	18	22	16
합계			68	85	85	68	68	34
			153		153		102	

위와 같은 운영은 1, 2학년에서 자율활동과 진로활동 영역에 편중해서 운영함으로써 학교 구성원의 자발적이고 자율적인 참여활동을 중시하고, 진로(취업)를 설계하고 준비하여 선 취업 후 진학을 위한 직업교육 프로그램 적용으로 취업 기능을 강화할 수 있는 시간이 확보된다는 장점이 있다.

4. 동아리 – 진로 영역 중점 편성

동아리 – 진로 영역 중점 편성은 동아리 활동과 진로활동 영역에 특히 중점을 두어 운영하는 방식이다. 이러한 편성 방식은 동아리 활동을 통하여 학생들이 적성을 계발하고, 진학, 진로(취업)를 탐색할 수 있는 다양한 기회를 제공한다는 점에서 의의가 있다. 단위 학교에서는 이러한 편성 운영에 있어서 다양한 동아리를 운영할 수 있는 프로그램을 구비해야 하며, 지역사회 자원을 충분히 활용해야 할 것이다.

고등학교 3개 학년에서 동아리 활동과 진로활동에 중점을 두어 편성한 예시로 다음의 두 사례를 살펴보고자 한다. 첫 번째 사례는 인문계 고등학교의 사례인데, 이와 관련한 시수 배정 계획은 〈표 1-69〉와 같다.

〈표 1-69〉 시수 배정 계획: 동아리-진로 영역 중점 편성(인문계 고등학교)

구분	1학년		2학년		3학년		비고
	1학기	2학기	1학기	2학기	1학기	2학기	
자율활동	7	10	12	10	10	-	49
동아리 활동	26	26	30	32	20	14	148
봉사활동	13	10	20	20	16	-	79
진로활동	22	22	23	23	22	20	132
계[이수단위]	68[4]	68[4]	85[5]	85[5]	68[4]	34[2]	408[24]
중점 활동 영역	'동아리-진로' 영역 치중 편성						

위의 사례를 보면, 1학년은 각 학기별로 68시간씩, 2학년은 각 학기별로 35시간씩, 3학년은 1학기 68시간, 2학기 34시간을 배당하였다. 그리고 동아리 활동과 진로활동을 중점적으로 운영하고자 함을 알 수 있다. 위의 시수 배정 계획에 따라 작성한 활동 영역별 연간운영계획은 다음 〈표 1-70〉과 같다.

<표 1-70> 활동 영역별 연간운영계획

영역			1학년		2학년		3학년	
			1학기	2학기	1학기	2학기	1학기	2학기
자율 활동	적응	신입생 O.T	1					
		기본 생활습관 형성	1				1	
		대면학습						
		또래상담						
		만남의 쪽지			1		1	
		플래너(자기 시간관리) 사용						
	자치	학급회 및 학년회 활동	1	1	4	2		
		학생회 협의활동		1				
		학교장 간담회			1			
		대의원 정기 토론회		2		1		
		동아리 활동 신문발간(영자)						
	행사	입학식, 종업식	2		1		1	
		학술 경진대회						
		체육대회/과학전/종합축제			1	1		
		수련활동				6		
		현장학습			4		4	
		수학여행		6				
	창의 특색	한복예절-전통 계승						
		맞춤식 입시 설명회					1	
		예지관 생활교육	2					
		자매결연 친교활동						
		선배와의 만남					2	
		아침 회화-영어듣기						
	계		7	10	12	10	10	-
동아리 활동		학습활동 / 과학반	3	4	8	8	4	2
		봉사활동	4	3	8	8	5	2
		진로활동	3	2	5	5	1	2
		실습노작 활동	6	7	2	2	2	4

동아리 활동	청소년 단체활동	2	1	1	3	3	4
	풍물반(가사라기)	3	4	3	3	2	-
	생활과학 동아리	5	5	3	3	3	-
	계	26	26	30	32	20	14
봉사활동	교내 봉사활동	4	4	5	6	6	-
	지역사회 봉사활동(유스, 푸르미)	3	1	3	4	3	-
	자연환경 보호활동	1	1	2	2	2	-
	캠페인 활동	2	2	2	4	2	-
	'나눔과 배려' 실천 동아리	3	2	8	4	3	-
	계	13	10	20	20	16	-
진로활동	자기 이해 활동	5	4	4	5	2	4
	진로정보 탐색활동	5	6	7	5	8	6
	진로계획 활동	7	5	4	5	8	6
	진로 체험활동	5	7	8	8	4	4
	계	22	22	23	23	22	20
합계		68	68	85	85	68	34
		136		170		102	

위의 표에 따르면 동아리 활동은 '학습활동/과학반', '봉사활동', '진로활동' 등이 정해진 시수에 따라 운영되며, 진로활동은 '자기 이해 활동', '진로정보 탐색활동', '진로계획활동', '진로 체험활동'으로 구성되는 것을 알 수 있다. 한 진로활동이 각 세부 활동별로 모든 학년에서 비교적 많은 시수로 이루어져 체계적인 진로활동을 기대할 수 있겠다. 또한 위의 사례에서는 한 학년 내 학기별로 시수 편성에서 별다른 차이가 없다는 것도 특징으로 뽑을 수 있다.

다음으로 살펴볼 두 번째 사례는 특성화 고등학교의 사례이다.

〈표 1-71〉 시수 배정 계획: 동아리-진로 영역 중점 편성(특성화 고등학교)

구분	1학년		2학년		3학년		비고
	1학기	2학기	1학기	2학기	1학기	2학기	
자율활동	14	11	11	11	14	11	72
동아리 활동	20	36	24	36	20	26	162
봉사활동	7	3	7	3	7	3	30
진로활동	27	18	26	18	27	28	144
계[이수단위]	68[4]	68[4]	68[4]	68[4]	68[4]	68[4]	408[24]
중점 활동 영역	'동아리-진로' 영역 중점 편성						

위의 사례를 보면, 1~3학년 모두 각 68시간씩 동일하게 배당하였고, 105쪽의 〈표 1-69〉의 사례에서와 같이 동아리 활동과 진로활동을 중점적으로 운영하고자 함을 알 수 있다. 또한 위의 사례에서는 한 학년 내 학기별로 시수 편성에 차이가 있다는 점도 발견할 수 있다. 위의 시수 배정 계획에 따라 작성한 활동 영역별 연간운영계획은 아래 〈표 1-72〉와 같다.

〈표 1-72〉 활동 영역별 연간운영계획

영역			1학년		2학년		3학년	
			1학기	2학기	1학기	2학기	1학기	2학기
자율 활동	적응	오리엔테이션	1				1	
		자기소개서(이력서) 쓰기	1		1		1	
		자서전 쓰기		1		1		1
		방학계획 수립	1	1	1	1	1	1
	자치	학급 경영관 발표	1		1		1	
		학급회 조직	1		1		1	
		협의활동/학생회 임원 선거	1	1	1	1	1	1
	행사	입학식/시업식	1		1		1	
		학생월례조회	4	4	4	4	4	4
		방학식	1	1	1	1	1	1

자율 활동	행사	개학식		2		2		2
		졸업식/종업식		1		1		1
		수련활동/수학여행						
		교내 체육대회						
	학교 특색	효행의 날 행사	1				1	
		초청강연(기본 생활습관)	1				1	
		보건/금연/청렴교육						
	계		14	11	11	11	14	11
동아리 활동		학술활동/문화예술활동 스포츠 활동/실습노작 활동 청소년단체활동	21	30	24	30	20	20
		학교 축제(동아리 발표)		6		6		6
		캠프활동						
		계	21	36	24	36	20	26
봉사활동		교내 봉사활동	3	1	3	1	3	1
		지역사회 봉사활동	1	1	1	1	1	1
		자연환경 보호활동	3	1	3	1	3	1
		계	7	3	7	3	7	3
진로활동		자기 이해 활동	2		2		2	
		직업진로검사		1		1		1
		초청강연(직업교육)	1	1	2	1	2	1
		취업 캠프	4		4		4	
		취업강화(졸업생 코칭)	1	1	1	1	1	1
		직업진로활동/인턴십	19	15	17	15	18	25
		계	27	18	26	18	27	28
합계			68	68	68	68	68	68
			136		136		136	

위의 표에 따르면 동아리 활동은 정해진 시수 내에서 자유롭게 운영되며, 진로활동은 체험 위주로 이루어짐을 알 수 있다. 한 진로활동이 각 세부 활동별로 모든 학년에서 비교적 많은 시수로 이루어져 체계적인 진로활동을 기대할 수 있겠다.

이상의 두 사례는 학생들의 흥미, 소질, 적성, 특기 등을 계발하고 협동적인 학습 능력과 창의적인 태도를 기를 수 있으며 진로에 적절히 대비할 수 있는 편성이다. 이와 같이 편성할 경우 동아리 활동을 무학년제로 운영할 수 있으며 자율 · 봉사 · 진로 활동은 학년별로 다르게 운영하게 된다.

2부

학교 내 창의적 체험활동 프로그램 개발

홍배식(숭덕여자중학교), 김양희(인천광역시교육청), 김소영(백령중고등학교),
김신규(시흥월곶초등학교), 박순덕(시흥은계초등학교), 박정현(인천국제고등학교),
유지후(대전대성고등학교), 윤현희(인천장도초등학교)

1
학교 내
창의적 체험활동 프로그램 개발의 방향

이번 장에서 소개할 학교 내 창의적 체험활동 프로그램은 인문 분야 프로그램 2개, 사회 분야 프로그램 3개로 구성되어 있다. 학교 내 프로그램은 교육과정 및 영역, 활동의 주제, 주제선정의 이유, 체험활동의 개요, 프로그램 흐름도, 창의 · 인성 요소, 체험활동 구체안으로 구분하였다. 또한 이를 잘 이해할 수 있도록 길라잡이 역할을 하는 별첨자료를 부록으로 제시하였다.

먼저 인문 분야의 학교 내 프로그램은 다음과 같다.

첫째, '실개천을 따라 찾아가는 우리 고장의 역사와 환경' 프로그램이다. 실개천은 우리 고장의 인문, 지리, 역사가 총체적으로 녹아 있는 장소이며 바다의 근원을 이루는 생명의 젖줄이라 할 수 있다. 그동안 실개천은 우리 주변에서 존재하고 있으면서도 많은 사람들에게 주목받지 못해왔으며 최근에는 환경오염 등으로 황폐해져 있다. 실개천을 따라 걸으며 우리 고장의 유적지 등 여러 장소의 연원과 특색을 살피고 실개천의 환경복원 노력을 통해 내 고장 사랑을 학생 스스로 실천하고 체험하는 활동이 필요하다. 이러한 활동은 학생들이 실제로 실개천 환경정화활동과 생태자원 탐구,

유적지 탐방, 개발지구 견학을 함으로써 역사적인 요소뿐만 아니라 지형지물을 슬기롭게 이용하였던 옛사람들의 지혜를 생각하는 시간을 포함한다. 또한 학생들은 오늘날 산업화와 관련된 사회발전상을 학습하고 더 나아가 우리 고장의 환경보호에 대하여 생각해보는 시간을 가짐으로써 애향심을 갖게 될 것이다. 창의성 요소로 문제해결력, 호기심, 개방성, 흥미, 몰입이 있고, 의사결정 능력과 행동실천력, 배려심과 협동심을 기를 수 있는 인성 요소가 있다.

둘째, '개성을 만드는 아이디어 시대, 세상을 바꾸는 우리들의 디자인' 프로그램이다. 이 프로그램은 제품디자인 프로그램으로, 제품디자인을 통해 여러 매체를 통하여 자료 수집과 분석을 통해 아이디어를 구상하도록 하고 발상하도록 하여, 제품 디자인에 대한 창의적인 표현능력을 신장시킨다. 제품디자이너 직업에 대한 경험을 통하여 실제적인 제품디자인 과정을 체험하도록 하여 직업교육이 이루어질 수 있다. 팀별로 제품을 선정하여 디자인 각 과정을 주도적으로 계획하도록 함으로써 자기 주도적 학습능력의 향상을 기대할 수 있다. 또한 학생들이 완성한 제품을 제3자에게 설득력 있게 발표하도록 함으로써 발표력 향상까지 기대할 수 있다. 창의성 요소에는 문제해결력, 확산적 사고, 시각화, 독립성, 흥미, 호기심, 몰입이 있고, 인성 요소는 의사결정 능력, 행동실천력, 정직, 약속, 책임, 배려가 포함되어 있다.

한편 사회 분야의 학교 내 프로그램은 다음과 같다.

첫째, '나는 우리 학교 홍보대사' 프로그램의 경우, 우리 학교의 뿌리인 역사를 알게 함으로써 학생들의 흥미를 유발하고 나아가 학교를 사랑하는 마음을 기르게 하며 홍보하도록 하는 체험활동이다. 이 프로그램은 학생들이 무심코 보는 학교 신문, 학교 안의 다양한 전시물들과 졸업앨범 등의 물적 자원과 교사, 졸업생과 이웃 등의 인적 자원의 다양한 자료를 활용하여 학교 역사를 재구성하도록 한다. 이 활동을 통해서 학생들은 우리 학교에 대하여 자부심을 가지고, 사소한 것에서도 의미를 찾아내는 경험을 갖게 될 것이다. 또한 모둠별 토의를 통해 결정하는 활동으로 학생들이 맡은 역할을 충실히 해내는 책임감과 약속의 태도를 기를 수 있다. 창의성 요소로는 문제해결력, 다양성, 감수성, 호기심, 흥미를 기를 수 있으며, 인성 요소로 책임감, 약속,

도덕적 예민성이 있다.

둘째, '독도 愛 빠지다' 프로그램이다. 독도 문제는 이웃 나라와의 역사 · 정치적 문제가 얽혀 더욱 흥분하기 쉽고, 진실을 외면한 채 감정을 상하게 하는 행동으로 치닫기 쉽다. 이러한 현실적 인식은 의사소통의 타당성이 부여될 때 시각매체의 발달로 인한 급박하게 바뀌는 요즘, 발달한 정보통신기술을 활용하여 더 나은 자료를 수집하고, 정리하여 자신의 이름을 걸고, 자신의 주장에 근거를 가지고, 뛰어난 생각과 주장을 해보는 경험을 제공하는 청소년 포럼교육이 반드시 필요하다. 창의성 요소는 문제해결력, 상상력, 개방성, 호기심과 열정, 흥미, 몰입이 있고, 인성 요소로는 질서, 의사소통 능력이 있다.

셋째, '재능으로 기부하다' 프로그램의 목적은 기부문화를 통해 지나친 자본주의 경쟁으로 인한 격차와 분열을 보완하고 재능기부를 통해 사회적 존재감과 주인의식을 함양하기 위함이다. 이를 통해 사회적 존재로서의 자기 자신에 대한 자존감을 높일 수 있고, 우리 사회 구성원으로서의 주인정신과 시민의식을 기른다. 아울러 기부의 실천을 통해 참여하는 시민의식을 갖게 된다. 창의성 요소로 확산적 사고력, 개방성, 흥미가 있으며, 행동실천력, 책임의식을 기를 수 있는 인성 요소가 있다.

2
학교 내 창의적 체험활동 프로그램

1. 인문 분야 창의적 체험활동 프로그램

1) 실개천을 따라 찾아가는 우리 고장의 역사와 환경

(1) 수업 프로그램의 개요

'실개천을 따라 찾아가는 우리 고장의 역사와 환경' 프로그램은 실개천을 따라 걸으며 우리 고장의 유적지 등 여러 장소의 연원과 특색을 살피고 실개천의 환경복원 노력을 통해 내 고장 사랑을 학생 스스로 실천하고 체험하는 활동으로 구성되었다.

(2) 교육과정 및 영역

이 프로그램의 교육과정은 중학교에 해당하며 관련 교과는 역사, 사회, 지리, 도덕, 생물 교육 영역이다.

- **학교급**: 중학교
- **관련 교과**: 역사, 사회, 지리, 도덕, 생물

(3) 활동 주제

이 프로그램에서 다루고자 하는 활동 주제는 '우리 고장 실개천 답사와 주변 시설 탐사를 통한 애향심 기르기'이다. 학생들은 실개천 환경정화활동과 생태자원 탐구, 유적지 탐방, 개발지구 견학을 통해 역사적인 요소뿐만 아니라 지형지물을 슬기롭게 이용했던 옛사람들의 지혜, 오늘날 산업화와 관련된 사회발전상을 학습하고 더 나아가 우리 고장의 환경보호에 대하여 생각해보는 시간을 가짐으로써 애향심을 갖게 될 것이다.

- 우리 고장 실개천 답사와 주변 시설 탐사를 통한 애향심 기르기

(4) 주제 선정의 이유

실개천은 우리 고장의 인문, 지리, 역사가 총체적으로 녹아 있는 장소이며 바다의 근원을 이루는 생명의 젖줄이라 할 수 있다. 그동안 실개천은 우리 주변에서 존재하고 있으면서도 많은 사람들에게 주목받지 못해왔으며 최근에는 환경오염 등으로 황폐해져 있다. 본 체험활동을 통해 학생들은 역사적인 요소와 옛사람들의 지혜, 우리 고장에 대한 애향심과 동시에 현재 논쟁이 되고 있는 국토개발 문제에 대해 생각해보는 기회를 가질 수 있다.

• 왜 "우리 고장 실개천"인가? - 실개천은 우리 고장의 인문, 지리, 역사가 총체적으로 녹아 있는 장소이며 바다의 근원을 이루는 생명의 젖줄이라 할 수 있다. 그동안 실개천은 우리 주변에서 존재하고 있으면서도 많은 사람들에게 주목받지 못해왔으며 최근에는 환경오염 등으로 황폐현상이 나타나고 있다. - 실개천을 따라 걸으며 우리 고장의 유적지 등 여러 장소의 연원과 특색을 살피고 실개천의 환경복원 노력을 통해 내 고장 사랑을 학생 스스로 실천하고 체험하는 활동이 필요하다.
• 실개천을 따라 걸으며 어떠한 것들을 체험하는가? - 실개천 환경정화활동과 생태자원 탐구, 유적지 탐방, 개발지구 견학을 통해 학생들은 역사적인 요소뿐만 아니라 지형지물을 슬기롭게 이용했던 옛사람들의 지혜, 오늘날 산업화와 관련된 사회발전상을 학습하고 더 나아가 우리 고장의 환경보호에 대해 생각해보는 시간을 가짐으로써 애향심을 갖게 된다.
• 실개천(복개천) 개발 계획을 직접 세움으로써 무엇을 체득할 수 있는가? - 직접 개발할 지역을 선정하는 것부터 그곳을 조사하고, 개발 계획을 세워 친환경적이면서 효용성 있는 개발을 이루어내기까지의 모든 과정은 모둠별 학생들이 스스로 계획을 세워 활동해야 한다. 이를 통해 학생들은 논리적 사고를 바탕으로 한 독창성과 상상력을 키울 수 있으며, 개발 계획을 세우는 과정에 진지하게 임해봄으로써 개발의 장 · 단점을 앎과 동시에 현재 논쟁이 되고 있는 국토개발 문제에 대해 생각해보는 기회를 가질 수 있다.

(5) 체험활동의 개요

이와 같은 주제 선정을 통해 개발한 체험활동의 개요를 살펴보면 다음과 같다. 본 수업 프로그램 운영을 위한 '활용 자원, 창의 · 인성 요소, 프로그램 목표, 학교급별 운영 방안'이 제시되어 있다. 각 학교는 해당 학교의 교육적 요구와 여건에 맞는 수업을 융통성 있게 편성할 수 있다.

프로그램명	실개천을 따라 찾아가는 우리 고장의 과거와 미래		
내용 영역	☑ 과학기술 ☑ 인문사회 ☐ 예체능 ☐ 융합 ☐ 기타		
관련 교과	역사, 사회, 지리, 도덕, 생물	창의적 체험활동 영역	☐ 자율 ☑ 봉사 ☑ 동아리 ☐ 진로
학교급	중학교	총 소요시간	6차시

<table>
<tr><td>활용 자원</td><td colspan="2">1. 프로그램 운영 관련 기관 담당자
2. 지원가능 인적 · 물적 자원
(1) 인적 자원: 기관 연계 인력풀(생물자원관 학예사, 녹청자 도요지 사료관 학예사, 주택공사청라지구 소장)
(2) 물적 자원: 생물자원관 체험시설, 녹청자 도요지 도자기제작 체험, 한국토지주택공사 청라지구 모델하우스 견학</td></tr>
<tr><td>창의 · 인성 요소</td><td colspan="2">창의성 요소
- 인지적 요소: 지역의 하천을 따라 지도를 보며 답사를 하는 과정에서 향토에 대한 지리적 지식을 얻음으로써 수렴적 사고를 기를 수 있다.
- 성향적 요소: 지역의 독자적인 문화재와 유적을 견학하고 제작을 체험해봄으로써 창의성과 확산적 사고력을 기를 수 있다.
- 동기적 요소: 테마별 향토 안내자료를 제작하여 인터넷 등을 활용하여 많은 사람들에게 소개하고 이를 통해 시각화 능력을 기를 수 있다.

인성 요소
- 인성 판단 능력: 하천 살리기를 통해 도덕적 판단력을 고취시키고 지역발전의 관점과 비전을 정립할 수 있다.
- 인간관계 덕목 요소: 환경정화, 도자기 제작 등의 협동이 필요한 동아리 활동을 바탕으로 협동능력과 상호 토론을 통한 의사소통 능력 향상을 기대할 수 있다.</td></tr>
<tr><td rowspan="3">프로그램 목표</td><td>학습목표</td><td>지역 하천 답사 및 환경정화 등의 체험활동을 통해 가지게 된 애향심을 바탕으로 우리 고장의 역사와 환경에 대해 발표한다.</td></tr>
<tr><td>창의성 목표</td><td>도자기 제작을 통해 개성을 표현하고 미적 감각과 상상력을 기르며 발표 활동을 통해 독창적인 견해를 표현한다.</td></tr>
<tr><td>인성목표</td><td>환경정화 활동 속에서 자연과 다른 사람을 이해하고 배려하는 도덕적 판단력을 기르고 그 사례를 발표한다.</td></tr>
<tr><td rowspan="3">학교급별 운영 방안</td><td>초등학교</td><td>도덕의식 배양과 향토역사 이해 및 체험 차원에서 활동 진행</td></tr>
<tr><td>중학교</td><td>향토역사 이해 및 체험, 환경과 생물자원 탐구 차원에서 활동 진행</td></tr>
<tr><td>고등학교</td><td>동아리 선택 체험활동에 토론 영역을 추가하여 활용하며 포트폴리오를 제작하여 대학 진학 자료로 활용</td></tr>
</table>

(6) 프로그램 흐름도

이와 같은 수업 프로그램을 실제 수업에서 어떻게 발현될 수 있는가를 '사전활동, 체험활동, 사후활동'의 프로그램 활동별로 흐름도를 제시하면 다음과 같다.

사전활동 (1차시)	• 체험활동 주제 및 방법 알기 - 체험의 주제(목표)를 사진자료 영상을 보며 이해하기 - 활동의 방법 알기: 조별 활동, 과제 및 체험 학습지 작성 요령 알기 • 체험학습에 임할 여러 활동 소재 알기 - 실개천(공촌천)과 관련된 소재를 학습요령과 함께 알아보기: 공촌천 환경보호, 생물자원관, 녹청자 도요지, 청라지구 • 계획 및 성과물 발표 - 조별로 준비해 온 계획자료 및 성과물 발표 • 교사의 평가 및 자기 의견 말하기 - 발표 내용에 대한 평가, 체험활동 시 세부사항 안내
체험활동 (10차시)	• 체험활동 내용 확인 및 이해(공촌천 환경정화활동, 국립 생물자원관 견학, 녹청자 도요지 견학, 인천 청라지구 견학) - 체험활동 테마 확인 및 이해 - 체험활동의 제한 사항(유의사항), 활동 목표, 방법 확인 • 분임별 전문가 활동 - 지리, 환경: 서부 교육 지원청에서 출발하여 공촌천을 따라 걸으며 환경보호 캠페인 및 환경정화 활동 진행 - 생물: 국립 생물자원관을 견학하여 공촌천 생태계에 대한 이해를 심화시킴 - 역사: 녹청자 도요지 사료관을 방문하여 역사적 연원탐구 및 도자기 만들기 체험학습 - 사회: 공촌천을 따라서 청라지구로 이동하여 한국토지주택공사 청라홍보관을 방문하고 대도시 인천의 미래개발 계획과 비전을 이해 • 실개천(복개천) 개발 계획 세우기 모둠별로 개발할 실개천(복개천)을 선정하는 것부터 현재 실태를 조 사하고 문제점과 개발 가치 등을 파악하여 그 방안을 제시하는 것까지 학생들이 직접 활동 계획을 세워 체험한다. 또한 직접 계획을 세워본 개발의 장 · 단점을 정리하여 자신만의 의견을 표현할 수도 있다.
사후활동 (1차시)	• 더 생각해보기 - 내 고장의 하천생태계와 환경을 살리기 위한 방안을 계획 - 내 고장 발전 및 개발 방안을 구체적으로 계획

(7) 창의 · 인성적 요소

이 프로그램을 통해 요구되는 창의 · 인성적 교육 요소는 다음과 같다. 창의성 요소로는 문제해결력, 호기심, 개방성, 흥미, 몰입이 있고, 인성 요소로는 의사결정 능력과 행동실천력, 배려, 협동심을 기를 수 있는 인성 요소가 있다.

프로젝트 수행단계		창의 · 인성 요소		
사전활동	활동 안내	흥미	논리적 사고	수렴적 사고
	목표수립의 중요성	몰입	책임	협동
체험활동 1 (환경정화, 견학)	공촌천 환경정화	책임	도덕적 판단력	배려
	공촌천 생물자원 탐사	호기심	분석적 사고	협동
	국립생물자원관 견학	개방성	분석적 사고	상상력
체험활동 2 (도자기 제작, 견학)	녹청자 도요지 도자기 제작	독창성	상상력	시각화 능력
	녹청자 도요지 사료관 견학	수렴적 사고	비판적 사고력	호기심
	청라지구 방문 및 탐사	흥미	확산적 사고	수렴적 사고
체험활동 3 (개발 계획 세우기)	실개천(복개천) 선정, 자료 수집하기	호기심	분석적 사고	책임, 협동
	개발 계획 세워서 발표하기	독창성	논리적 사고	상상력
동료 학습자 상호 평가와 조감도 전시하기		수렴적 사고	비판적 사고력	다양성
사후활동		발표	표현력	시각화 능력
학습지 및 소감문 작성		독창성	몰입	책임, 협동

(8) 체험활동 구체안

다음은 본 수업 프로그램에서 다루고자 하는 체험활동 구체안이다. 교수자는 '사전활동, 체험활동, 사후활동, 평가계획'의 단계에 걸쳐서 수업을 진행한다.

① 사전활동

활동목표	• 공촌천 지도를 보며 답사대상 지역을 찾는다. • 조별 주제 조사와 발표, 질의응답 시간에 자신의 의견을 한 가지 이상 발표한다.
준비사항	• 지리 환경팀: 공촌천을 사전 답사, 공촌천의 지리적 특성, 현재 환경실태, 환경정화 방안 탐구, 자료 수집 • 생물팀: 공촌천 사전 답사, 공촌천에 서식하는 생물자원을 조사, 국립 생물자원관 사이트에 접속 시설에 대한 자료를 수집 • 역사팀: 녹청자 도요지 사전 답사, 사료관 견학, 녹청자 도요지의 역사적 연원 탐구 • 사회팀: 인천 청라지구의 발전계획에 대한 자료 수집, 청라지구를 사전 답사, 하천, 인간의 거주, 도시발전 3요소의 관계 탐구

활동과정 (시간)	체험활동	도움말	창의(✻) · 인성(✰) 요소
들어가기 (10분)	• 실개천 흐름과 답사지 확인 - 인천 서구 공촌천의 위성사진과 동영상을 보며 하천의 흐름을 확인하기 - 지도를 보면서 답사 예정인 지역과 시설을 학생활동 자료에 표시하기 [학생활동자료 1]	- 학생들이 흥미를 가지도록 인터넷 지도를 이용하여 학생 스스로 자신이 사는 지역 검색을 실습하며 인터넷 지도에 친숙해질 수 있도록 함	✻ 흥미, 몰입
활동하기 (40분)	• 분임별 주제 발표 - 각 분임의 대표가 차례로 나와서 자신의 조에서 준비한 과목별 주제를 발표하기 * 지리 환경 분임(공촌천) - 공촌천 지리적 특색, 공촌천 환경실태, 환경정화 방안 탐구 * 생물 분임(공촌천, 국립 생물 자원관) - 공촌천 서식 생물 조사, 하천 생태계 연관 생물 탐구 * 역사 분임(녹청자 도요지) - 녹청자 도요지 연원, 하천, 거주지역 연관성 탐구 * 사회 분임(인천 청라지구) - 현대의 거주지역과 공촌천 연관성, 청라지구 발전계획, 도시발달 탐구	- 조별 대표의 발표 중 다른 학생들이 산만하지 않도록 분위기를 조성하며 발표 중에도 자유로운 토론이 이루어질 수 있도록 함	✻ 발표력, 표현력
나오기 (10분)	• 발표 내용 강평 및 토의 - 학생들의 발표 내용에 대하여 각자 의견을 말하기 - 체험활동 시 유의점에 대하여 알아보기(집결장소안내, 이동 시 유의사항, 체험활동 시 안전사고 주의, 준비물) - 분임별 내용을 통합하여 우리 고장의 특성을 살리고 이와 더불어 생태계 환경을 지킬 수 있는 방안까지도 구상해본다.	- 발표수업 개선사항 조언 - 체험활동 사고 사례 교육, 경각심 환기	

② 체험활동 1, 2

활동목표	• 지리환경 분임 - 공촌천 상, 중, 하류의 지리적 특색을 2가지 이상 설명한다. - 공촌천 환경정화 활동을 하고 나서 환경정화 방안을 3가지 이상 설명한다. • 생물 분임 - 국립 생물자원관에 전시된 생물 중 공촌천에 서식하는 생물을 2종류 이상 설명한다. • 역사 분임 - 녹청자 도요지 형성에 배경이 되는 고려시대의 문화에 대해 이해한다. - 녹청자 도요지에서 자신만의 도자기를 1개 이상 만든다. • 사회 분임 - 인천 청라지구의 미래 모습에 대한 자신의 생각을 2가지 이상 말한다.
준비사항	• 인터넷 지도에서 공촌천 주변을 찾아내는 방법을 학습하며 답사에 앞서 사전에 답사 루트를 눈으로 확인하여 숙지한다. • 공촌천의 환경실태를 인식하고 환경정화활동을 위한 준비물(쓰레기봉투)을 가져온다. • 공촌천의 생물과 국립 생물자원관에 전시된 하천생태계에 대한 정보자료를 숙지한다. • 녹청자 도요지에서의 도자기 만들기 체험에 대비하여 도자기 제작방법을 사전 숙지한다. • 역사적 유적지와 인간의 거주지의 관계에 대하여 생각해본다. • 청라지구의 발전을 대도시 발달과 도심의 확대, 인간의 거주지와 지역 하천간의 관계 차원에서 생각해본다.

활동과정 (시간)	체험활동	도움말	창의(✻)· 인성(✰) 요소
들어가기 (20분)	• 본시 체험활동 및 답사지 사전 탐구 - 체험활동 주제를 확인하기(준비물 점검, 일정 안내) - 활동방법을 논의하기(공촌천 환경정화 봉사활동, 국립 생물자원관 하천생태계 탐구, 녹청자 도요지 도자기 제작 체험, 청라지구에서 인간과 하천의 관계 및 개발현황 설명 청취)	- 학생들이 오늘의 체험활동에 대해 잘 알 수 있도록 구체적으로 설명 - 인원 파악이 용이하도록 조별로 행동	
활동하기 (200분)	• 공촌천 답사 및 환경정화 활동(지리환경 분임) - 서부교육지원청 뒷길에서부터 대인고등학교 후문까지 도보로 답사하기 - 답사 중 하천 주변의 환경정화 활동을 시행하기 - 체험활동 중 안전사고에 유의하기 - 정화활동 중 하천생태계에 대하여 탐구 - 생물 분임은 대인고등학교 정문에서 차량에 승차 • 국립 생물자원관 견학(생물 분임) - 생물자원관의 하천생태계관을 견학하고 공촌천의 생태와 연관 지어 생각해보기	- 이동 시 차량 주의 - 학생들이 하천에 빠지지 않도록 각별히 주의 - 견학 중 학습 분위기가 조성될 수 있도록 학생을 인솔	✰ 애향심 ✰ 공중도덕의식 ✰ 환경보호의식

활동하기 (145분)	• 녹청자 도요지 도자기 제작(역사 분임) - 녹청자 도요지 사료관을 견학하고 녹청자 도요지 설립의 배경이 되는 고려시대의 역사와 문화에 대하여 탐구 - 도자기 만들기 체험활동을 한다. 창의력을 발휘하여 자신만의 도자기를 자유롭게 만들어보기 • 인천 청라지구 탐방(사회 분임) - 한국토지주택공사 청라홍보관을 견학 - 담당자에게 인간과 하천의 관계와 앞으로의 인천 청라지구의 개발계획에 대한 설명을 청해 듣고 학생 나름대로 인천의 미래모습에 대하여 그려보기	- 교사가 순회하면서 도자기 제작 활동을 도와줌 - 담당자의 설명 중 학생들이 소란스럽지 않도록 순회하며 지도함	☆ 애향심 ☆ 공중도덕의식 ☆ 환경보호의식
나오기 (20분)	• 본시 체험활동 소감 발표 및 학습지 수행 - 체험활동 장소에서 분임별 체험활동에 대한 소감을 발표 - 체험활동에 대한 보완점과 건의사항을 자율적으로 발표 - 분임별로 본시 체험활동에 대한 학습지를 수행 [지리환경 분임 - 서부교육지원청 세미나실 이용] [학생활동자료 2] [생물 분임 - 국립 생물자원관 쉼터 이용] [학생활동자료 3] [역사 분임 - 녹청자 도요지 사료관 이용] [학생활동자료 4] [사회 분임 - 한국토지주택공사 청라 홍보관 이용] [학생활동자료 5]	- 학생들이 자신의 견해를 자유롭게 밝힐 수 있도록 배려	* 표현력

③ 체험활동 3

활동목표	• 효용적 가치를 위한 개발과 생태계 환경 유지라는 양 측면을 모두 만족시킬 수 있도록 실제 우리나라의 복개천 혹은 실개천을 개발하는 계획을 세울 수 있다. • 실개천(복개천) 개발에 대한 장 · 단점을 알고 나의 의견을 정리할 수 있다.
준비사항	• 체험활동 1을 통해 조사한 내용들을 정리한다. • 실제 개발 계획을 세우기 위해 필요한 도구들을 준비한다. (예: 개발 후 모습을 그릴 수 있는 하드보드지 등의 미술재료) • 실제 개발 계획을 세울 실개천(혹은 복개천)을 선정하여 그곳에 관한 자료를 충분히 수집한다. (지리적 특성, 생태적 특성, 주변 지역의 특성, 개발 가능한 요소, 개발의 가치 등)

활동과정 (시간)	체험활동	도움말	창의(✻)·인성(✰) 요소
들어가기 (25분)	• 개발 계획을 세울 실개천(복개천) 선정하기 - '도심 복개천, 2015년까지 30곳 추가 복원' 기사를 통한 흥미유발과 동기부여 - 모둠별로 전국 도심의 실개천(복개천) 중에서 개 발의 의미나 가치가 있는 곳을 선정함 - 개발 계획을 세우기 위한 준비물(미술 재료나 그림 등)을 검토하고 준비함	- 교사는 기사제공으로 계획의 실천가능성을 강조하여 활동 동기를 부여한다. - 효용적 가치(관광, 휴양 등)와 생태 환경 유지 측면을 모두 살리는 개발이 되어야 함을 강조한다.	
활동하기 (200분)	• 선정한 실개천(복개천)에 관한 자료 수집하기 - 실개천(복개천)의 위치 - 지리적 특성과 생태적 특성 - 주변 지역의 특성(상권, 문화권, 거주권 등) - 개발 가능한 요소(개발 가능성 등) - 개발의 가치(개발 후 기대되는 효과 등) • 실개천(복개천) 개발 계획 세우기 - 수집한 정보를 토대로 생태 환경을 유지함과 동시에 지역 사회, 더 나아가 국가적인 차원에 서 효용적 가치가 있는 개발 계획을 세움 - 개발 테마 정하기 - 현재의 문제점과 극복 방안 제시하기 - 개발 가능한 요소와 극대화 방안 제시하기 - 조감도 그리기, 개발 후 모습 글로 표현하기 - 실개천(복개천) 개발의 장 · 단점 정리하기	- 자료를 수집하는 활동은 모둠원 모두가 고르게 참여할 수 있도록 한다. - 개발 계획을 세울 때에는 양 측면을 모두 수렴할 수 있도록 하고, 실천 가능성에 초점을 맞추도록 한다.	
활동하기 (50분)	• 실개천(복개천) 개발 계획 발표하기 - 모둠별로 수집한 정보와 개발 계획을 체계적으로 발표함 (파워포인트 자료 등을 활용) • 개발 계획에 대한 동료 학습자 상호 평가 실시 - 모둠별로 발표한 개발 계획에 대해 다른 모둠에서 상호 평가하도록 함. 이를 통해 개발 계획을 보완할 수 있고 동시에 상대방의 의견을 수용하거나 비판할 수 있는 의사소통 능력이 강화될 수 있음	- 개발 계획 발표 시에는 진지한 자세로 임하도록 한다. - 다른 모둠의 발표 내용에 대해 충분히 생각할 수 있는 시간을 제공한다.	
나오기 (25분)	• 조감도 전시하기 - 동료 학습자 상호 평가 후에 보완된 내용까지 포함하여 최종 개발 후의 조감도를 완성하고, 이를 교실에 전시하여 모든 학습자들이 서로의 결과물을 감상하며 활동의 의의와 목표를 되새길 수 있는 기회를 제공함	- 완성된 조감도를 보며 실개천 개발 계획을 수립하는 이번 활동의 의의를 되새겨볼 수 있도록 한다.	

④ 사후활동

활동목표	• 조별 주제 조사와 발표, 질의응답 시간에 자신의 의견을 한 가지 이상 밝힐 수 있다. • 봉사활동 소감문 작성을 통해 자신만의 독창적인 견해를 표현할 수 있다.
준비사항	• 학습지를 작성하기 위한 사전지식을 습득한다. • 학생은 체험활동에 대한 최종발표를 위해 사전활동 발표문 보강자료를 준비한다. • 교사는 체험활동에 관한 학습지를 제작하여 본 차시에서 학생들이 풀 수 있도록 준비한다.

활동과정(시간)	체험활동	도움말	창의(✻)·인성(✩) 요소
들어가기 (10분)	• 본시 활동 내용 확인 - 체험활동 내용에 대한 최종 정리 - 최종 자료집 발표에 시간제한, 경청 시 유의사항 등 을 파악하기		
활동하기 (40분)	• 분임별 활동 결과 발표 - 각 분임의 대표가 차례로 나와서 자신의 조에서 작성한 최종 자료집을 요약하여 발표 * 지리 환경 분임(공촌천): 촌천의 지리적 특색과 공촌천 환경실태와 환경정화 방안 탐구를 최종 정리 * 생물 분임(공촌천, 국립 생물 자원관): 공촌천에 서식하는 생물 조사 내용과 하천 생태계와 연관된 생물 탐구를 답사 체험 내용을 추가하여 발표 * 역사 분임(녹청자 도요지): 녹청자 도요지의 연원과 하천과 거주지역의 연관성 탐구를 현장 체험 내용을 보태어 발표 * 사회 분임(인천 청라지구): 현대의 거주지역와 공촌천의 연관성, 청라지구의 향후 발전계획과 도시발달 전망을 발표	- 발표 중에도 간단한 질의 응답이 이루어질 수 있도록 학생들에게 회를 부여 - 이전의 발표에서 추가된 사항이 어떤 것인지 청중들에게 명확히 설명할 수 있도록 지도.	✻ 표현력 ✩ 토론을 통한 질서의식
나오기 (10분)	• 소감문 작성 - 봉사활동 소감문을 학생들에게 배부한다. - 스스로 만든 자료집을 참조하여 소감문을 작성하기 [학생활동자료 6] • 체험활동 발표 강평 및 토의 - 학생들 간의 간단한 토론과 의견발표를 통해서 스스로 체험활동의 목표 달성을 확인 - 체험활동에 대하여 교사가 격려, 개선할 점, 가능성 등을 알려주며 마무리하기	- 총평 시 개선할 점: 지적보다는 학생들의 가능성을 확인시켜주는 방향으로 총평을 하도록 노력	✻ 표현력 ✻ 독창성

⑤ 평가계획

<table>
<tr><th rowspan="3">평가 영역</th><th rowspan="3" colspan="2">평가 준거</th><th colspan="6">평가 척도</th></tr>
<tr><th>매우잘함</th><th>잘함</th><th>보통</th><th>미흡</th><th>미완성</th><th>미제출</th></tr>
<tr><th>5</th><th>4</th><th>3</th><th>2</th><th>1</th><th>0</th></tr>
<tr><td rowspan="3">학습 목표</td><td colspan="2">• 실개천(공촌천) 주변에 인간의 거주지가 형성되는 이유를 3가지 이상 말할 수 있다.</td><td rowspan="3" colspan="6">별도의 서술형 평가 문항지로 평가함 (5점)</td></tr>
<tr><td colspan="2">• 실개천(공촌천)의 환경정화 방안을 3가지 이상 제시할 수 있다.</td></tr>
<tr><td colspan="2">• 환경의 소중함을 인식하고 지역의 역사유적 탐구를 통해 향토애를 기른다.</td></tr>
<tr><td rowspan="4">창의 인성 목표</td><td colspan="2">• 실개천(공촌천)에 서식하는 생물을 3종류 이상 탐구하여 특징을 말할 수 있는가?</td><td></td><td></td><td></td><td></td><td></td><td></td></tr>
<tr><td colspan="2">• 자신만의 독창성이 담인 도자기를 1점 이상 제작하였는가?</td><td></td><td></td><td></td><td></td><td></td><td></td></tr>
<tr><td colspan="2">• 질의응답 내용에 자신만의 생각이 포함되어 있는가?</td><td></td><td></td><td></td><td></td><td></td><td></td></tr>
<tr><td colspan="2">• 학생활동지에 자신만의 견해가 표현되어 있는가?</td><td></td><td></td><td></td><td></td><td></td><td></td></tr>
<tr><td rowspan="3">인성 교육 목표</td><td colspan="2">• 조장은 각 개인의 능력에 맞추어 역할을 분담하여 운영하였는가?</td><td></td><td></td><td></td><td></td><td></td><td></td></tr>
<tr><td colspan="2">• 모든 조원의 역할 분담과 활동이 결과물에 나타났는가?</td><td></td><td></td><td></td><td></td><td></td><td></td></tr>
<tr><td colspan="2">• 그 밖에 수행과정 중 추가할 인성적 요소가 있는가?</td><td colspan="6"></td></tr>
<tr><td rowspan="2">교사 의견</td><td rowspan="2">(예시)
* 무척 잘된 결과물이지만, 의문점이나 오류 등을 7개 이상 찾으라고 했으나 결과물에 5개밖에 표현하지 못한 것으로 판단됨</td><td rowspan="2">합산</td><td>25</td><td>4</td><td></td><td></td><td></td><td></td></tr>
<tr><td colspan="6">5점+ 29점 + @
서술형 평가 + 수행점수 + 추가 인성적 요소</td></tr>
</table>

(9) 부록

본 수업 프로그램에서는 실제 수업에서 활용할 수 있도록 '체험활동 시나리오, 학생활동자료, 교사지도자료'를 개발하였다. 이 중에서 대표적인 체험활동의 예시를 제시하면 다음과 같다.

① 체험활동 시나리오

〈공촌천 답사 및 환경정화활동〉

[서부교육지원청 뒷길에서 출발]

[공촌천을 따라서 도보로 이동]

[공촌천변 이동로]

[공촌천변 공원화 시설 보호 활동]

[공촌천변 환경정화활동(쓰레기 수거)]

[대인고등학교 후문에서 차량승차]

〈녹청자 도요지 사료관 견학 및 도자기 만들기〉

[녹청자 도요지 사료관 견학]

[도자기 만들기 체험]

〈인천 청라지구 견학(청라홍보관)〉

[인천 청라지구 조감도]

[한국토지주택공사 청라홍보관 전경]

② 학생활동자료

모둠별활동1 학생활동학습지	창의적 체험활동 - 실개천 개발 계획 세우기

■ 모둠별로 도심 속 실개천(복개천) 중에 개발해보고 싶은 곳을 한 군데만 선정합니다

1) 선정 지역 ______________________________

2) 선정 이유 ______________________________

____

____

■ 선정한 실개천(복개천)에 관한 자료를 수집합니다

1) 실개천(복개천)의 위치 (조사한 모둠원: □□, □□, □□)

____

2) 지리적 특성 (조사한 모둠원: □□, □□, □□)

____

____

3) 생태적 특성 (조사한 모둠원: □□, □□, □□)

____

____

4) 주변 지역의 특성 – 상권, 문화권, 거주권 등 (조사한 모둠원: □□, □□, □□)

____

____

5) 개발 가능한 요소 (조사한 모둠원: □□, □□, □□)

____

____

6) 개발 가치: 개발 후 기대되는 효과 (조사한 모둠원: □□, □□, □□)

7) 현재 개발되지 않은 그곳의 모습을 사진이나 그림으로 기록해봅시다

〈사진, 그림 첨부〉

8) 개발 계획을 세울 때 필요한 역할을 분담해봅시다

이 름	역 할	해야 하는 일
예) ○○○	현장조사	하천의 실태 파악하기를 위해 주민들의 인식을 조사하고 현재 하천의 모습을 사진기에 담는다.

2) 개성을 만드는 아이디어 시대, 세상을 바꾸는 우리들의 디자인

(1) 수업 프로그램의 개요

'개성을 만드는 아이디어 시대, 세상을 바꾸는 우리들의 디자인' 프로그램은 제품디자인 프로그램으로, 실제적인 제품디자인 과정 체험을 통하여 직업교육이 이루어질 수 있는 활동으로 구성되었다.

(2) 교육과정 및 영역

이 프로그램의 교육과정은 초등학교, 중학교, 고등학교에서 활용 가능하며 관련 교과는 과학, 기술, 미술 교육 영역이다.

- 학교급: 초· 중· 고
- 관련교과: 과학, 기술, 미술

(3) 활동 주제

이 프로그램에서 다루고자 하는 활동 주제는 '창의적이고 아름다운 제품디자인과 프레젠테이션을 통하여, 아이디어 발상력과 발표력을 함양한다'이다. 학생들은 다양한 매체를 통하여 자료를 수집 · 분석하고, 아이디어 구상 및 발상의 과정에서 제품디자인에 대한 창의적인 표현능력을 신장시키게 될 것이다.

- 창의적이고 아름다운 제품디자인과 프레젠테이션을 통하여, 아이디어 발상력과 발표력을 함양한다.

(4) 주제 선정의 이유

우리들은 모든 일상생활에서 남다른 개성을 찾으려는 노력이 생활화되어 있다. 본 체험활동을 통해 학생들은 함께 모여서 자발적인 참여와 운영을 통해 '창의적인 사고력'을 기르고, 제품디자인 제작을 수행함으로써 배려와 존중의 마음, 즉 '인성'을 기르고자 하였다. 또한 제품디자인의 각 과정을 주도적으로 계획하도록 하여 자기주도적 학습능력을 향상하도록 할 수 있고, 완성한 제품을 제3자에게 설득력 있게 발표함으로써 발표력 향상까지 기대할 수 있다.

• 왜 제품디자인인가? - 21세기는 '개성을 만드는 아이디어 시대' 우리들은 모든 일상생활에서 '남다른 개성'을 찾으려는 노력이 생활화되어 있다. 제품을 디자인하려면 사용의 편리함에 더해 재미와 즐거움을 느끼게 하는 아이디어, 평범한 대중들이 생각하지 못한 기발한 아이디어가 반영되어야 한다. 장난감 로봇이 자동차로 변신하는 것쯤은 옛날이야기다. 거기에 전화와 리모컨 기능이 추가되고 새벽잠을 깨우는 알람 기능이 더해지는 것은 기본이다. 현대는 아이디어가 개성을 만들고 개성은 아이디어를 만드는 시대이다. 아이디어가 없으면 살아남기조차 어려운 시대에 우리는 살고 있다. 아이디어는 치열한 경쟁에서 살아남기 위한 '모든 분야에서의' 마지막 수단일는지 모른다. 이런 제품디자인의 수업을 통해 '창의적인 사고력'을 기르고 제품디자인 제작을 모둠에서 협력해서 만들면서 배려와 존중의 마음 등 '인성'을 기르고자 하였다.
• 창의적인 발상을 통해 아이디어 표현하기 - 여러 매체를 통하여 자료 수집과 분석을 통한 아이디어 구상을 하도록 하고, 발상하도록 하여, 제품 디자인에 대한 창의적인 표현능력을 신장시킨다. 제품디자이너 직업에 대한 경험을 통하여 실제적인 제품디자인 과정을 체험하도록 하여 직업교육이 이루어질 수 있다. 조별로 제품을 선정하여 디자인 각 과정을 주도적으로 계획하도록 하여, 자기주도적 학습능력의 향상과 완성한 제품을 제3자에게 설득력 있게 발표함으로써 발표력 향상까지 기대할 수 있다.

(5) 체험활동의 개요

이와 같은 주제 선정을 통해 개발한 체험활동의 개요를 살펴보면 다음과 같다. 본 수업 프로그램 운영을 위한 '활용 자원, 창의 · 인성 요소, 프로그램 목표, 학교급별 운영 방안’이 제시되어 있다. 각 학교는 해당 학교의 교육적 요구와 여건에 맞는 수업을 융통성 있게 편성할 수 있다.

<table>
<tr><td>프로그램명</td><td colspan="3">개성을 만드는 아이디어 시대, 세상을 바꾸는 우리들의 디자인</td></tr>
<tr><td>내용 영역</td><td colspan="3">☑ 과학기술 □ 인문사회 ☑ 예체능 □ 융합 □ 기타</td></tr>
<tr><td>관련 교과</td><td>과학, 기술, 미술</td><td>창의적 체험활동 영역</td><td>□ 자율 □ 봉사 ☑ 동아리 ☑ 진로</td></tr>
<tr><td>학교급</td><td>중학교</td><td>총 소요시간</td><td>6차시(270분)</td></tr>
<tr><td>활용 자원</td><td colspan="3">1. 프로그램 운영 관련 기관 담당자: 한국디자인진흥원 ‘한국청소년디자인전람회’ 담당자
2. 지원가능 인적/물적 자원
(1) 인적 자원: 기관연계인력풀(제품디자인 관련 교수, 강사 또는 제품 디자이너)
(2) 물적 자원: 컴퓨터, 파워포인트 프로그램, 인터넷, 프린터기, 연필, 지우개, 채색 도구</td></tr>
<tr><td>창의 · 인성 요소</td><td colspan="3">창의성 요소
- 인지적 요소: 제품디자인의 의미와 제품디자인의 제작과정과 굿 디자인의 조건을 이해하고, 자신이 제품디자인을 어떻게 만들지 자료를 분석하고, 구상을 하면서 문제해결력, 사고의 확장, 사고의 수렴 등을 기른다.
- 성향적 요소: 제품디자인 제작 과정을 통해 개별 책무 확인 및 모둠 역할 분담 등 을 경험함으로써 독립성, 개방성, 협동성 등을 기른다.
- 동기적 요소: 청소년이 좋아하는 제품디자인이라는 흥미 있는 소재를 빌려와 학습자의 흥미와 호기심을 자극할 수 있으며, 최신 스마트폰이나 자동차, 아이패드, 아이 팟, 닌텐도, PMP를 통해 제품디자인 제작에 몰입을 돕는다.

인성 요소
- 인간관계 덕목 요소: 제품디자인을 위한 개별 책임 완수 및 모둠 역할 분담 등의 과정을 통해 정직, 약속, 책임, 배려 등의 요소를 함양할 수 있다.
- 인성판단력 요소: 제품디자인 제작 경험을 통해 의사결정 능력과 행동실천력을 기를 수 있다.</td></tr>
<tr><td rowspan="3">프로그램 목표</td><td>학습목표</td><td colspan="2">제품디자인을 이해하고, 굿디자인에 맞는 제품을 개발하여 프레젠테이션 할 수 있다.</td></tr>
<tr><td>창의성 목표</td><td colspan="2">머릿속 아이디어를 시각적으로 표현하면서 독창적이고, 아름다우며 실용적인 제품을 디자인 할 수 있다.</td></tr>
<tr><td>인성목표</td><td colspan="2">제품을 제작하면서 행동실천력과, 제작한 제품의 공익성과 사용자의 편의성을 고려할 수 있다.</td></tr>
<tr><td rowspan="3">학교급별 운영 방안</td><td>초등학교</td><td colspan="2">주변에서 쉽게 구할 수 있는 폐품이나 재활용품을 이용한 실용품 만들기</td></tr>
<tr><td>중학교</td><td colspan="2">굿디자인의 조건에 맞는 제품디자인의 모형 만들기</td></tr>
<tr><td>고등학교</td><td colspan="2">굿디자인의 조건에 맞는 제품디자인을 실제 사이즈로 제작하기</td></tr>
</table>

(6) 프로그램 흐름도

이와 같은 수업 프로그램을 실제 수업에서 어떻게 발현될 수 있는가를 '사전활동, 체험활동, 사후활동'의 프로그램 활동별로 흐름도를 제시하면 다음과 같다.

<table>
<tr><td colspan="2">사전활동
(총 45분)</td><td>제품디자인의 개념 이해 및 제품 선정
• 제품디자인의 개념 이해
- 기본 개념 및 종류를 이해
- 제품디자인에 대한 동기 유발
• 디자인하고 싶은 제품 선정
- 5~6개의 모둠 조직
- 디자인할 제품을 선정
- '제작계획서'를 작성</td></tr>
<tr><td rowspan="2">체험활동</td><td>체험활동 1
(총 90분)</td><td>제작 체험(모둠활동)
1. 자료 조사 및 분석(45분)
- 동기 유발(한국청소년디자인전람회의 초 · 중 · 고 학생들의 우수제품디자인 작품 감상
- 자료 조사(국내, 국외, 시대별, 제조사별 등)
- 자료 분석: 제품의 기능, 성능, 역할, 소구대상, 디자인, 재료, 컬러, 가격 등
- 소구대상이 선호하고 원하는 것들에 대해 조사
2. 아이디어 스케치(45분)
- 1인당 3~5개 이상 아이디어 스케치
- 한 모둠에서 가장 창의적이고 아이디어가 좋은 스케치를 2~3개 선정
※ 소구대상(특정 소비자: 예-시각장애인, 노인, 유아, 청소년 남, 청소년 여, 20대 여성, 30대 남성, 40대 사업가 등…)</td></tr>
<tr><td>체험활동 2
(총 90분)</td><td>3. 렌더링 제작(45분)
- 아이디어가 좋은 스케치 2~3개 중 최종 1개를 선정
- 완성예상도인 렌더링을 그림
4. 프레젠테이션을 위한 파워포인트나 발표용 보드 제작(45분)
- 디자인의 주안점에 대해 발표 준비 (렌더링을 활용하여 디자인한 제품의 디자인 의도, 소구대상, 기능, 특징, 재료, 기존 제품과의 차이점, 인체공학이나 감성공학의 배려 등)
※ 렌더링은 투시도법에 입각하여 정확히 그리며 제3자에게 사물의 정확한 모양을 이해시키는 데 그 목적이 있음. 렌더링은 실제적인 입체 형태를 보여주기 위해 양감, 재질감 등이 표현되어야 함</td></tr>
<tr><td colspan="2">사후활동
(총 45분)</td><td>프레젠테이션 및 평가
• 제작 결과물 발표
- 렌더링, PPT자료나 발표용 보드를 활용한 프레젠테이션
• 학생의 자기평가, 동료평가 및 교사의 학생 평가
- 제작물 자체 및 프로젝트 수행 전반 과정 평가 · 과학발명품대회, 한국청소년디자인전람회 참가</td></tr>
</table>

(7) 창의 · 인성적 요소

이 프로그램을 통해 함양할 수 있는 창의 · 인성적 교육 요소는 다음과 같다. 창의성 요소로는 문제해결력, 확산적 사고, 시각화, 독립성, 흥미, 호기심, 몰입이 있고, 인성 요소로는 의사결정 능력, 행동실천력, 정직, 약속, 책임, 배려가 포함되어 있다.

체험활동단계		창의 · 인성 요소		
사전활동	동기 유발	흥미	문제 발견	감수성
	개념 이해	흥미	수렴적 능력	수렴적 능력
	모둠 구성	다양성	열정	협동
	제품 선정	문제 발견	상상력	확산적 사고
	계획 수립	열정	문제해결	논리/분석적 사고
체험활동	자료 조사	문제 발견	확산적 사고	수렴적 능력
	자료 분석	비판적 사고	논리/분석적 사고	문제해결
	아이디어 스케치	다양성	상상력	확산적 사고
	렌더링	시각화 능력	은유적 사고	책임, 배려
	발표 준비	시각화 능력	행동실천 능력	다양성
	학습활동	흥미	시각화 능력	확산적 사고
		다양성	책임, 약속	문제해결 능력
		상상력	개방성	행동실천 능력
사후활동	결과물 발표	용기, 책임	자신감	의사소통관계
	자기, 동료, 교사평가			
수업 중 규칙		공정	약속	행동실천 능력
자신의 역할		책임	협동	자신감
친구와의관계		배려	존중	공정

※용어설명

렌더링(rendering): 평면인 그림에 형태 · 위치 · 조명 등 외부의 정보에 따라 다르게 나타나는 그림자 · 색상 · 농도 등을 고려하면서 실감나는 3차원 화상을 만들어내는 과정 또는 그러한 기법을 일컫는다. 즉, 평면적으로 보이는 물체에 그림자나 농도의 변화 등을 주어 입체감이 들게 함으로써 사실감을 추가하는 컴퓨터그래픽상의 과정이 곧 렌더링이다.

(8) 체험활동 구체안

다음은 본 수업 프로그램에서 다루고자 하는 체험활동 구체안이다. 교수자는 '사전활동, 체험활동, 사후활동, 평가계획'의 단계에 걸쳐서 수업을 진행한다.

① 사전활동

활동목표	• 제품디자인을 이해하고, 굿 디자인의 조건을 말할 수 있다.
준비사항	• 자료 조사장비(인터넷이 가능한 컴퓨터 1인 1대, 프린터기)

활동과정 (시간)	체험활동	도움말	창의(✻)· 인성(✰) 요소
들어가기 (10분)	• 제품디자인에 관한 흥미와 관심 갖기 - 영화 속 제품디자인이나 공상 SF영화, 최신기계CF등 관련 영상 시청을 통해 흥미 갖기 [교사지도자료 1] • 영상 시청을 통한 활동 문제 알기 - 활동문제 영화 속에 나온 제품의 개수는 총 몇 개일까요? (제품의 개념과 종류를 알고 있는지 파악하는 문제)	- 제품디자인이 들어간 영상물 시청 후 적절한 발문으로 학생들의 흥미를 유발한다.	✻ 호기심과 흥미, 상상력, 논리적 사고, 수렴적 사고
활동하기 (30분)	1. 제품디자인의 이해 - 제품디자인 개념 및 종류와 굿디자인의 조건 5가지를 이해 [교사지도자료 2, 3, 4, 5] 2. 5개 모둠 조직 - 파워포인트 조작 가능, 인터넷 검색능력, 미술 표현능력 등 개인별 능력을 고려하여 조직 [학생활동자료 1] 3. 역할 분담 및 제품 제작계획 수립 - 개별로 '제작계획서'를 작성하고 자기가 원하는 역할에 체크한 후 협의하여 중복되는 역할은 조정 ※ 제품디자인 제작 순서 1. 역할 분담 2. 자료 조사 3. 아이디어 스케치 4. 렌더링 5. 파워포인트 제작 6. 프레젠테이션	- 제품디자인에 대한 설명으로 학생들이 개념을 알 수 있도록 한다. - '제작계획서'를 나눠주고 작성하도록 한다. - 책임감과 협동심을 가지고 모둠의 역할을 나누고 계획하도록 한다. - 논리적인 사고 체계를 가지고 계획을 세울 수 있도록 교사는 안내자의 역할을 한다.	✻ 확산적 사고, 상상력, 시각화 ✰ 책임감, 협동 ✻ 논리적 사고
나오기 (5분)	• 제작계획서 검토 및 역할 확인 - 모둠별로 제작계획서를 발표 - 역할 발표 - 멋진 작품을 만들기 위해 모둠원으로서 각오 발표	- 소감 발표 시 서로를 배려하고 공감하는 분위기를 조성해준다.	✻ 확산적 사고, 수렴적 사고 ✰ 공감, 배려

② 체험활동 1

활동목표	• 창의적이고, 아름다우며 실용적인 굿 디자인의 조건에 맞는 제품을 디자인 할 수 있다.
준비사항	• 아이디어 스케치나 완성을 위한 도화지, 연필, 지우개, 색연필 등 채색도구

활동과정 (시간)	체험활동	도움말	창의(✽)· 인성(✰) 요소
들어가기 (10분)	• 아이디어 좋은 작품 감상 - 한국청소년디자인전람회의 초 · 중 · 고 학생들의 우수제품 디자인 작품 등을 보고 흥미 갖기 - 제품의 기능, 성능, 역할, 소구대상, 디자인, 재료, 컬러, 가격 등 제품을 관찰 - 제품디자인 자료 조사와 분석에 흥미와 관심 [교사지도자료 6] • 감상을 통한 활동 문제 알기 - 활동문제 다른 학생들의 제품디자인 작품을 보니 우리도 할 수 있다는 자신감이 드나요?	- 작품 감상 후 검색 방법이나 작품 분석 방법에 대해 흥미를 가질 수 있도록 적절한 설명과 발문을 한다. - 참고자료는 '할 수 있다'는 자신감을 줄 수 있는 자료로 제시한다.	✽ 호기심과 흥미, 상상력, 논리적 사고, 수렴적 사고
활동하기 (65분)	1. 자료 조사 및 분석(30분) - 자신이 결정한 제품에 대해 인터넷으로 국내, 국외, 시대별, 제조사별 자료 조사 - 조사한 자료를 가지고 제품의 기능, 성능, 역할, 소구대상, 디자인, 재료, 컬러, 가격 등에 대해 분석 - 소구대상을 결정하고 제품디자인의 성능과 기능 등을 더 향상시키기 위해 소구대상이 선호하고 원하는 것들에 대해 조사 2. 아이디어 스케치(35분) - 아이디어 스케치 예시 감상 - 1인당 대략적인 묘사로 단순하게 3~5개 이상 아이디어 스케치 - 한 모둠의 모든 모둠원이 스케치를 모아 각자 스케치를 놓고 토의하여 가장 창의적이고 아이디어가 좋은 스케치를 2~3개 골라 좀 더 수정 보완해서 제품을 위해 정확하게 표현하는 스케치 [교사지도자료 7], [학생활동지도자료 1,2]	- 인터넷 검색을 효과적으로 할 수 있도록 검색 용어나 사이트에 대한 정보를 제공한다. - 기발한 아이디어와 상상력으로 제품을 구상할 수 있도록 자극한다. - 아이디어 스케치를 자신감 있게 할 수 있도록 참고자료를 제시한다. - 책임감을 가지고 1인당 3~5개의 아이디어를 내도록 독려한다.	✽ 분석적 사고, 논리적 사고 ✰ 책임감, 협동 상상력, 논리적 사고, 수렴적 사고
나오기 (15분)	• 모둠별 최종 아이디어 스케치 감상 - 각 모둠에서 토론하여 선정한 디자인 2~3개 중 최종 1가지를 선정	- 자신의 아이디어 스케치가 선택되지 못하더라도 실망하지	✽ 수렴적 사고

나오기 (15분)	- 선정된 최종아이디어 스케치를 협의하여 최 종으로 보안하고 다듬기 [교사지도자료 8]	않고, 공동의 멋진 작품을 만들 수 있도록 협력한다.	

③ 체험활동 2

활동목표	• 협동학습을 통해 협력하는 마음과 배려하는 마음을 가질 수 있다.
준비사항	• 렌더링 완성을 위한 도화지, 연필, 지우개, 포스터물감 등 채색도구 • 발표용 PPT 제작 컴퓨터와 소프트웨어(파워포인트나 한글2007등), 프린터기 • PPT 제작이 불가능한 모둠은 발표용 보드 제작을 위한 우드락 A1사이즈, 색지, 마커, 풀, 가위, 칼

활동과정 (시간)	체험활동	도움말	창의(✻)· 인성(✰) 요소
들어가기 (17분)	• 렌더링 완성작 감상 - 재료와 표현 방법을 이해 - 입체적으로 어떻게 표현할 것인가를 구상 [교사지도자료 9, 10] • 드라마속의 프레젠테이션 장면 감상 - 프레젠테이션 방법 이해 [교사지도자료 11], [교사지도자료 12] • 중학생들의 프레젠테이션 참고자료 감상 [교사지도자료 14, 15, 16]	- 렌더링 참고작 감상으로 학생들의 흥미를 유발한다. - 렌더링하는 방법과 재료사용법등을 설명한다. - 드라마 속의 프레젠테이션 장면을 감상시킨 후 프레젠테이션의 개념과 방법을 이해시켜 학생들의 흥미를 유발한다.	✻ 호기심과 흥미, 상상력, 논리적 사고, 수렴적 사고
활동하기 (70분)	1. 역할확인 및 각자 책임 다하기 - '작품계획서'를 보고 역할을 확인, 모둠별로 독창적인 프레젠테이션을 위한 토의, 발표 아이디어가 정리되면 바로 제작 2. 렌더링하기 - 모둠원 중 한 사람이 렌더링을 담당 3. ppt나 보드 중 택1 하여 제작 - 나머지 모둠원들은 발표용 자료를 ppt, 보드 중 택1 하여 제작 4. 프레젠테이션 발표 준비 - 발표자는 정확한 발음과 예의 바른 태도로 디자인한 제품을 설명하는 연습 - 광고나 상황 설정 등을 넣어 제품에 대한 이해와 재미를 주기로 한 모둠원은 연기 연습. 예:개발한 제품 광고 CF, 제품 사용법 상황극, 모형 제작 등 다양한 아이디어로 권장 [교사지도자료 17]	- 독창적인 프레젠테이션을 할 수 있도록 다양한 시도를 권고하고 독창적인 방법으로 프레젠테이션을 할 수 있도록 조언한다. - 각자 맡은 바 일을 잘 해주었을 때 비로소 하나의 멋진 작품이 탄생됨을 인식시켜주고 협동하여 책임감 있게 맡은 일을 할 수 있게 독려한다.	✻ 확산적 사고, 상상력, 시각화 ✰ 책임감, 협동

나오기 (3분)	• 프레젠테이션 준비를 마무리하면서 다음 차시에 있을 프레젠테이션에 대해 점검	- 주어진 시간에 끝내지 못하더라도 기타 시간을 모둠끼리 약속하여 체험활동이 지속될 수 있도록 독려한다.	✻ 수렴적 사고

④ 사후활동

활동목표	• 모둠이 개발한 제품에 대해 대표가 나와 자신 있게 프레젠테이션할 수 있다.
준비사항	• 발표용 PPT를 보여줄 스크린과 빔 프로젝터, 컴퓨터, 지휘봉, 발표원고 등.

활동과정 (시간)	체험활동	도움말	창의(✻)· 인성(✰) 요소
들어가기 (10분)	• 프레젠테이션 발표태도와 경청태도에 대해 알기 - 발표자는 자신감을 가지고 큰소리로 명확한 발음으로 발표 - 경청자는 주위를 집중하여 조용히 경청하고 발표가 끝나면 손을 들어 질문 - 서로 존중하는 태도를 갖고, 말이나 행동에 조심 - 다른 모둠의 작품도 소중히 생각해주고 존중해주는 태도를 갖되, 의문이 나거나 문제점이 보이면 발표자에게 질문하여 제품에 대한 관심을 보이고 그 제품의 발전에 도움이 되는 조언	- 프레젠테이션 발표 방법에 대해 설명하여 학생들이 진지한 태도로 발표에 집중하도록 한다.	✻ 논리적 사고, 수렴적 사고
활동하기 (30분)	1. 각 모둠별 프레젠테이션 - 각 모둠에서 순서대로 발표 - 발표자의 발표를 조용히 경청하며 '작품활동 평가보고서'에 체크나 기록을 하여 타 모둠을 평가 [평가자료 3] - 발표자가 발표를 끝내면 질문사항을 질문하고 자연스럽게 토론의 장 형성 - 인상적이고 독창적인 발표를 위해 광고나 상황극을 보여주어 재미있고 유쾌한 발표분위기 형성 예) 개발한 제품 광고CF, 제품 사용법 상황극, 모형제작 등 다양한 아이디어로 권장 2. 동료평가 ※ 배려하고 존중하는 마음으로 동료평가를 한다.	- 모둠에서 제작한 작품을 책임감을 가지고 발표한다. - 발표 순서는 희망자 순으로 하고 희망자가 없을 땐 다양한 방법으로 순서를 정한다. - '작품활동 평가보고 서'를 배부하여 발표와 동시에 모둠별 평가가 이루어질 수 있도록 한다. - 토론이 너무 길어지는 모둠은 교사가 적절히 조정을 한다.	✻ 논리적 사고, 수렴적 사고 ✰ 책임감, 협동

<table>
<tr><td>나오기
(5분)</td><td>• 자기 평가
- '작품활동 평가보고서'를 작성하고 마지막 칸인 감상 총평에 자기평가를 작성
• 우리들이 함께 만든 제품디자인을 소중히 하고, 과학 발명품 대회나 청소년 디자인 전람회 등에 관심을 갖고 참가해 보기
- 모둠 친구들과 함께 만든 작품을 소중히 생각하고 제품디자인의 모델링까지 제작하여 공모전이나 대회에 참가하는 것도 고려</td><td>- 정직하게 자기평가를 실시하고, 모둠 내의 구성원의 소중함과 각자 역할의 책임감에 대해 생각해볼 수 있는 기회를 준다.
- 관련 공모전이나 대회를 알려주며, 참가해볼 것을 권유한다.</td><td>☆ 정직, 책임감, 협동</td></tr>
</table>

⑤ 평가계획: 평가 관점 및 항목

<table>
<tr><th rowspan="2">평가 영역</th><th rowspan="2">평가 준거</th><th colspan="5">평가 척도</th><th rowspan="2">평가 계획</th></tr>
<tr><th>A</th><th>B</th><th>C</th><th>D</th><th>F</th></tr>
<tr><td rowspan="4">학습 목표</td><td>제품디자인의 개념과 종류를 이해했는가?</td><td></td><td></td><td></td><td></td><td></td><td rowspan="7">교사의 평가 계획서</td></tr>
<tr><td>굿 디자인의 조건을 말할 수 있는가?</td><td></td><td></td><td></td><td></td><td></td></tr>
<tr><td>필요한 자료를 검색하고, 자료를 분석할 수 있는가?</td><td></td><td></td><td></td><td></td><td></td></tr>
<tr><td>프레젠테이션 내용이 적절하였는가?</td><td></td><td></td><td></td><td></td><td></td></tr>
<tr><td rowspan="4">창의성 목표</td><td>역할 분담을 적절히 하여 맡은 바 책임을 다 하였는가?</td><td></td><td></td><td></td><td></td><td></td></tr>
<tr><td>동료의 의견을 수렴하고, 존중하는 태도는 가지고 있는가?</td><td></td><td></td><td></td><td></td><td></td></tr>
<tr><td>자신의 의견을 자신감 있게 말하고 전달할 수 있는가?</td><td></td><td></td><td></td><td></td><td></td></tr>
<tr><td>독창적인 프레젠테이션을 위해 다양한 아이디어를 내어 표현하였는가?</td><td></td><td></td><td></td><td></td><td></td><td>점</td></tr>
<tr><td rowspan="5">인성 목표</td><td>독창적인 발상으로 아이디어 스케치를 많이 했는가?</td><td></td><td></td><td></td><td></td><td></td><td rowspan="4">학생의 동료 평가서</td></tr>
<tr><td>적극적으로 토론에 참석하였는가?</td><td></td><td></td><td></td><td></td><td></td></tr>
<tr><td>정중한 태도로 질문하거나 질문에 답하였는가?</td><td></td><td></td><td></td><td></td><td></td></tr>
<tr><td>협력과 배려의 모습이 보였는가?</td><td></td><td></td><td></td><td></td><td></td></tr>
<tr><td>바른 태도와 적극적인 태도로 프레젠테이션하였는가?</td><td></td><td></td><td></td><td></td><td></td><td>점</td></tr>
<tr><td colspan="7"></td><td>총 점</td></tr>
<tr><td>기타 기록 사항</td><td colspan="7"></td></tr>
</table>

⑥ 자료 2(교사의 평가계획지)

아이디어 스케치 (개별점수)	모둠에서 디자인이 선정되었으며, 디자인 의도가 좋고 독창적이어서 발전 가능성이 보인다(굿 디자인의 조건에 부합됨).	A
	모둠에서 디자인이 선정되진 않았으나, 디자인 의도가 좋고 성실하여 좀 더 구상하면 가능성이 보인다.	B
	성실하게 스케치하였으나, 독창적이지는 않다.	C
	아이디어 스케치를 다하지 못함.	D
	미제출	F
렌더링 표현 (모둠점수)	입체감, 재질감, 색감 등이 모두 매우 우수하다.	A
	재질감, 색감 등은 우수하나 입체감이 약간 부족하다.	B
	색감은 우수하나 재질감, 입체감이 약간 부족하다.	C
	미적 표현이 모두 약하다.	D
	미제출	F
프레젠테이션 (모둠점수)	프레젠테이션 준비를 계획성 있게 하였으며, 발표태도와 내용이 모두 매우 우수하다.	A
	프레젠테이션용 보드를 계획성 있게 잘 준비하였으나, 발표태도와 내용이 미흡하다.	B
	발표 태도와 내용이 모두 매우 우수하였으나, 프레젠테이션용 보드의 내용이 미흡하다.	C
	프레젠테이션 준비나 발표 둘 중 한 가지를 아예 하지 못했다.	D
	프레젠테이션 준비나 발표 둘 다 아예 하지 못했다.	F
태도 및 준비성 (모둠점수)	수업 준비물 준비도와 수업태도를 매 수업시간마다 체크하여 준비도가 낮거나 수업 태도가 안 좋을 때마다 1점씩 차감한다. 수업태도가 눈에 띄게 바르거나, 수업 중 발표력이 좋은 학생은 +1씩 가산한다.	A+
		A
		B+
		B
		C+
		C
		D+
		D
		E

※ 평가는 모둠별로 하되 수업시간 중 질문에 답을 잘한 학생이나 프레젠테이션 수업 중 질문과 발표를 잘한 학생에게는 태도 및 준비성 점수에서 +1씩 가산점을 줄 수 있다(개별점수).

⑦ 학생의 동료, 자기 작품활동 평가지

( )학년 ( )반 ( )번 이름( ) 모둠이름( )						
타모둠(동료평가)		발표태도나 내용에 대한 평가	완성품에 대한 평가			
감상기록	작품1			상	중	하
			심미성			
			독창성			
			합목적성			
			경제성			
	작품2			상	중	하
			심미성			
			독창성			
			합목적성			
			경제성			
	작품3			상	중	하
			심미성			
			독창성			
			합목적성			
			경제성			
	작품4			상	중	하
			심미성			
			독창성			
			합목적성			
			경제성			
	작품5			상	중	하
			심미성			
			독창성			
			합목적성			
			경제성			
	작품6			상	중	하
			심미성			
			독창성			
			합목적성			
			경제성			
	작품7			상	중	하
			심미성			
			독창성			
			합목적성			
			경제성			
감상총평 (자기평가 포함)						

(9) 부록

본 수업 프로그램에서는 실제 수업에서 활용할 수 있도록 '학생활동자료, 교사지도자료'를 개발하였다. 이 중에서 대표적인 체험활동의 예시를 제시하면 다음과 같다.

① 교사지도자료

사후활동 교사지도자료 7	체험활동 1~2에서 보여줄 아이디어 스케치 감상자료

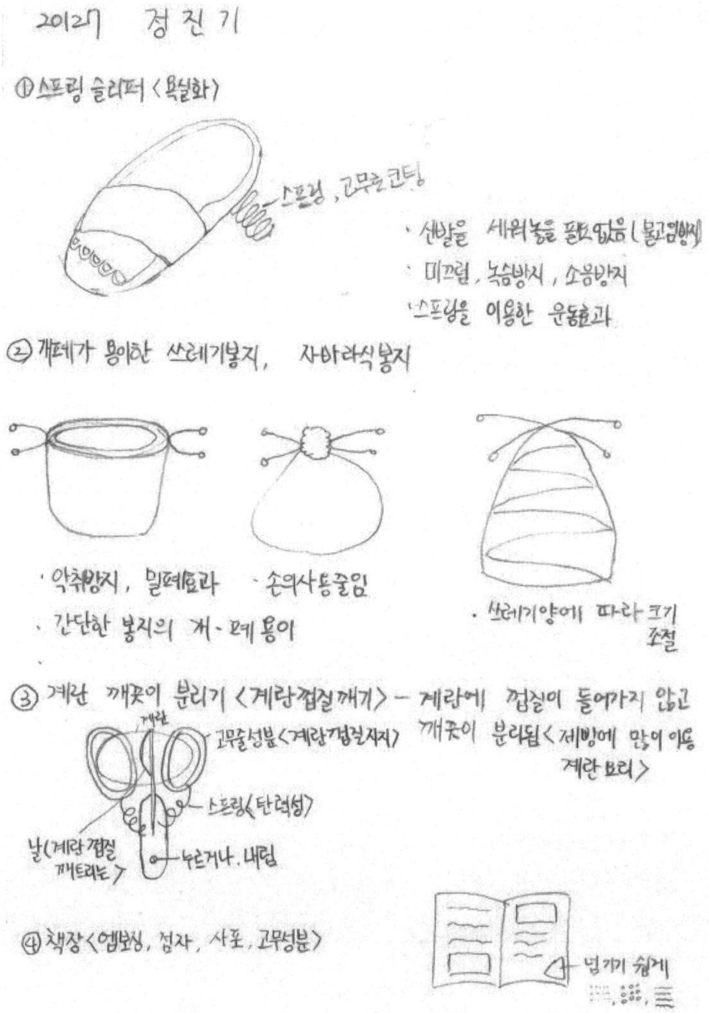

사후활동
교사지도자료 15

중학생이 만든 프레젠테이션용 보드 참고자료

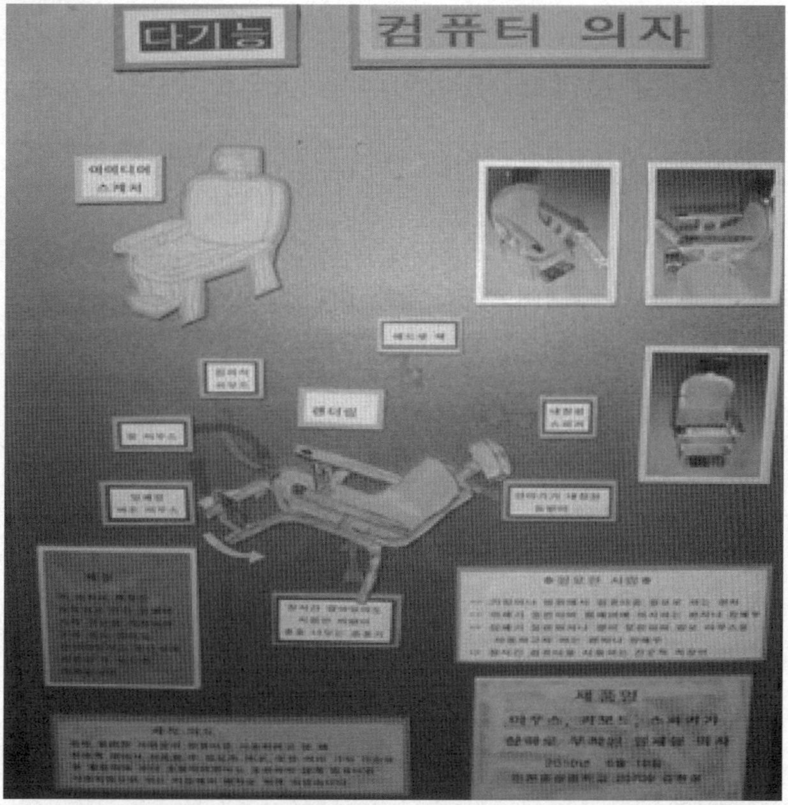

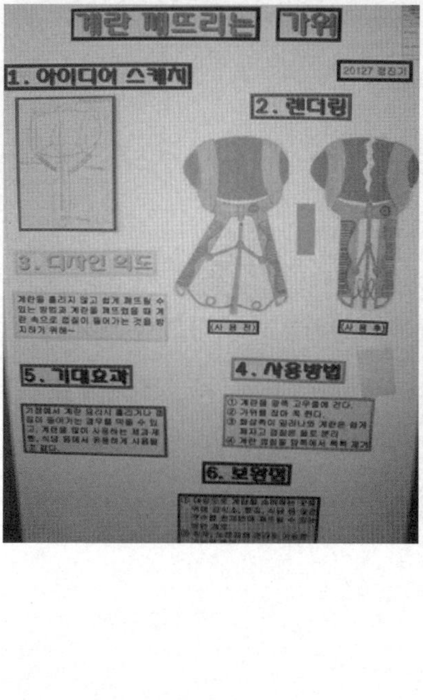

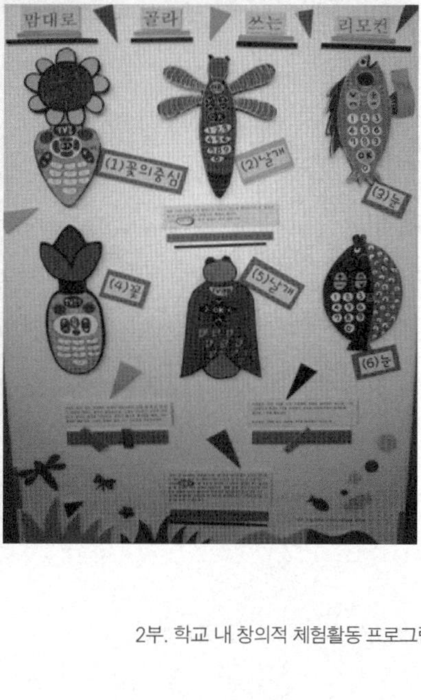

2. 사회 분야 창의적 체험활동 프로그램

1) 나는 우리 학교 홍보대사: 우리 학교 역사 홍보물 만들기

(1) 수업 프로그램의 개요

'나는 우리 학교 홍보대사' 프로그램은 우리 학교의 뿌리인 역사를 알게 함으로써 학생들의 흥미를 유발하고 나아가 학교를 사랑하는 마음을 기르게 하며 홍보하도록 하는 체험활동으로 구성되었다.

(2) 교육과정 및 영역

이 프로그램의 교육과정은 초등학교와 중학교에서 학년 구분 없이 비교과 교육 영역에 해당한다.

- **학교급**: 초 · 중
- **관련교과**: 비교과

(3) 활동 주제

이 프로그램에서 다루고자 하는 활동 주제는 '우리 학교 뿌리 찾기 활동으로 학교 홍보물 만들기'이다. 학생들은 다양한 학교 역사를 수집하고 홍보하는 방법을 토의하는 과정에서 학교에 대하여 생각해보는 시간을 가짐으로써 자부심을 갖게 될 것이다.

• 우리 학교 뿌리 찾기 활동으로 학교 홍보물 만들기

(4) 주제 선정의 이유

학교는 학생들이 가장 많은 시간을 보내는 곳이지만 정작 대부분의 학생들은 학교의 역사에 대해 무관심하다. 본 체험활동을 통해 학생들은 그동안 무심코 보아 넘겼던 학교 안의 다양한 전시물들과 물적 · 인적 자원의 다양한 자료들로 학교 역사를 재구성함으로써 우리 학교에 대하여 자부심을 가지고, 사소한 것에서도 의미를 찾아내는 경험을 할 것이다. 또한 모둠별 토의를 통해 결정하는 활동으로 학생들은 맡은 역할을 충실히 해 내는 책임감과 약속의 태도를 기를 수 있다.

• 왜 우리 학교 역사 홍보인가? 학교는 학생들이 가장 많은 시간을 보내는 곳이지만 정작 대부분의 학생들은 학교의 역사에 대해 무관심하다. 우리 학교의 뿌리인 역사를 알게 함으로써 학생들의 흥미를 유발하고 나아가 학교를 사랑하는 마음을 기르게 하며 홍보하도록 하는 체험활동이다. 학생들이 무심코 보는 학교 신문, 학교 안의 다양한 전시물들, 졸업앨범 등의 물적 자원과 교사, 졸업생과 이웃 등의 인적 자원 같은 다양한 자료들로 학교 역사를 재구성함으로써 우리 학교에 대하여 자부심을 가지고, 사소한 것에서도 의미를 찾아내는 경험을 제공할 것이다.
• 학교 뿌리 찾기에서 학교 역사를 홍보하는 홍보물 제작까지 한 걸음 더 우리 학교 역사를 홍보하기 위해 다양한 학교 역사를 수집하고 홍보하는 방법을 모둠별 토의를 통해 결정하는 활동으로 학생들이 맡은 역할을 충실히 해내는 책임감과 약속의 태도를 기를 수 있다.

(5) 체험활동의 개요

이와 같은 주제 선정을 통해 개발한 체험활동의 개요를 살펴보면 다음과 같다. 본 수업 프로그램 운영을 위한 '활용 자원, 창의 · 인성 요소, 프로그램 목표, 학교급별 운영 방안'이 제시되어 있다. 각 학교는 해당 학교의 교육적 요구와 여건에 맞는 수업을 융통성 있게 편성할 수 있다.

<table>
<tr><td>프로그램명</td><td colspan="4">우리 학교 역사 홍보물 만들기 -나도 기자-</td></tr>
<tr><td>내용 영역</td><td colspan="4">☐ 과학기술 ☑ 인문사회 ☐ 예체능 ☐ 융합 ☐ 기타</td></tr>
<tr><td>관련 교과</td><td colspan="2">비교과</td><td>창의적 체험활동 영역</td><td>☑ 자율 ☐ 봉사 ☑ 동아리 ☐ 진로</td></tr>
<tr><td>학교급</td><td colspan="2">초 · 중 · 고</td><td>총 소요시간</td><td>8차시(8시간)</td></tr>
<tr><td>활용 자원</td><td colspan="4">1. 인적 자원
- 교사, 이웃, 졸업생, 동급생, 오래 근무한 수위아저씨 등
2. 물적 자원
- 학교 신문, 졸업앨범, 학교 내 역대 교장선생님 사진, 전시된 상장 및 상패, 학교 역사박물관, 컴퓨터실</td></tr>
<tr><td>창의 · 인성 요소</td><td colspan="4">창의성 요소
- 인지적 요소: 학교 역사를 홍보하는 활동이므로 학교 홍보라는 문제를 발견해서 우리 학교 역사와 관련한 자료를 탐색하고 홍보할 내용을 정하여 다양한 방법으로 홍보하는 문제해결활동을 통해 문제해결력을 기른다. 다양한 학교 홍보 자료들에서 적절한 것을 분리해 내고 합리적인 자료를 수집해내는 논리/분석적 사고를 기른다.
- 성향적 요소: 친구들과 함께 자료를 수집하고 홍보물을 만드는 과정에서 다양한 의견을 수용하는 열린 마음인 개방성 중 다양성을 기른다. 학교 역사를 소중히 여기는 마음을 느끼는 개방성 중 감수성을 기른다.
- 동기적 요소: 학교 내의 다양한 전시물이나 졸업앨범 등 학생 주변의 사물에 끊임없는 관심을 갖는 성향인 호기심/흥미를 갖는다.

인성 요소
- 인간관계 덕목 요소: 학교를 위해 자신이 할 수 있는 일을 해내고 나아가 자신의 역할을 다해 세상에 기여하고자 하는 책임감을 기른다. 학교의 역사를 홍보할 내용을 수집하는 과정에서 자신에게 주어진 역할을 정확하게 이행하는 약속의 태도를 갖는다.
- 인성판단력 요소: 학교 역사를 자신이 만들어가는 역사의 일부로 받아들이고 인식할 수 있는 능력인 도덕적 예민성을 기른다.</td></tr>
<tr><td rowspan="3">프로그램 목표</td><td>학습목표</td><td colspan="3">다양한 학교 관련 인적 · 물적 자원에서 홍보 내용을 3가지 이상 수집하여 발표할 수 있다.</td></tr>
<tr><td>창의성 목표</td><td colspan="3">우리 학교 역사를 3가지 이상의 방법으로 홍보할 수 있다.</td></tr>
<tr><td>인성목표</td><td colspan="3">우리 학교 역사를 수집하는 과정에서 자신이 맡은 역할을 완수할 수 있다.</td></tr>
<tr><td rowspan="2">학교급별 운영 방안</td><td>초등학교</td><td colspan="3">학급 단위로 적용하여 운영한다.</td></tr>
<tr><td>중학교, 고등학교</td><td colspan="3">학급 단위로 적용이 어려울 경우 동아리 활동으로 변경하여 운영할 수 있다.</td></tr>
</table>

(6) 프로그램 흐름도

이와 같은 수업 프로그램을 실제 수업에서 어떻게 발현될 수 있는가를 '사전활동, 체험활동, 사후활동'의 프로그램 활동별로 흐름도를 제시하면 다음과 같다.

사전활동 (총 1차시)		• '나의 역사' 는? • 다양한 방법으로 '나의 역사' 발표하기 • 체험활동 안내하기 • 다른 학교 홍보 사례 살펴보기 - 다른 학교의 홍보 사례 살펴보기 - 잘된 점과 보충할 점 이야기하기
체험활동	체험활동 1 (3차시)	1. 학교 홈페이지를 통해 학교 정보 알기 - 우리 학교의 상징물(교표, 교화, 교목), 교육목표 알기 - 학교 상징물의 의미 관련 퀴즈하기 - 학교 상징물 관련 이야기꾸러미 만들기(storytelling) 2. 학교 안 자료 조사하기 - 역대 교장선생님 사진 및 교내 전시된 상패 조사하기 - 학교 설립년도 및 연도별 사건 알기 - 학교역사기념관 또는 박물관 방문하기(선택활동) 3. 홍보 계획하기 - 모둠별 홍보 주제 정하기 - 자료 수집 방법 토의하기 - 홍보 주제에 따른 인터뷰 질문 토의하기
	체험활동 2 (3차시)	1. 인터뷰하기 및 인터뷰 과제 발표하기 - 인터뷰 과제 수행 결과 발표하기 - 인터뷰 질문 다듬기 - 졸업생 초청하여 인터뷰하기 2. 우리 학교 역사 홍보물 만들기 - 홍보할 방법 토의하여 결정하기 - 우리 학교 역사를 홍보할 자료 재구성하기 - 역할 나누기 및 홍보물 제작하기
사후활동 (1차시)		• 우리 학교 역사 홍보물 발표하기 • 홍보물 발표하기 • 평가하기(PMI기법 활용) 및 느낀 점 발표하기 • 우리 학교 역사 홍보 대사 되어보기 • 인터뷰한 사람들에게 결과물을 보내기 • 결과물 전시 및 다양한 매체를 활용하여 홍보대사 되어보기

(7) 창의 · 인성적 요소

이 프로그램을 통해 함양할 수 있는 창의 · 인성적 교육 요소는 다음과 같다. 창의성 요소로는 문제해결력, 다양성, 감수성, 호기심, 흥미가 있으며, 인성 요소로는 책임감, 약속, 도덕적 예민성이 있다.

체험활동 수행단계		창의 · 인성 요소		
사전활동	'나의 역사' 홍보하기	확장적 사고	수렴적 사고	몰입
	타학교 홍보 사례 살펴보기	비판적 사고	논리/분석적 사고	
체험활동 1	학교 정보 조사하기	문제해결력	다양성	상상력
	학교 안 자료 조사하기	문제해결력	배려	책임
	홍보 계획하기	사고의 확장과 수렴	논리/분석적 사고	배려
체험활동 2	인터뷰하기 및 과제 발표하기	의사소통 능력	논리/분석적 사고	책임
	학교 역사 홍보물 만들기	사고의 확장과 수렴	논리/분석적 사고	배려
사후활동	홍보물 발표하기	의사소통 능력	독립성	
	우리 학교 역사 홍보대사 되어보기	의사소통 능력	책임	
수업 중 규칙		용서	약속	
자신의 역할		약속	책임	
친구와의 관계		약속	배려	

(8) 체험활동 구체안

다음은 본 수업 프로그램에서 다루고자 하는 체험활동 구체안이다. 교수자는 '사전활동, 체험활동, 사후활동, 평가계획'의 단계에 걸쳐서 수업을 진행한다.

① 사전활동

활동목표	• 우리 학교 역사 홍보의 중요성에 대해 말할 수 있다.
준비사항	• 교사 준비물: 우리 학교 역사 소개 학습지, 졸업앨범, 학교 신문(타교, 본교), 과제카드 • 학생 준비물: 어린 시절 사진, 필기도구 • 컴퓨터실 활용

활동과정(시간)	체험활동	도움말	창의(✻)·인성(✩) 요소
들어가기(5분)	• '누구일까?' 추측하기 - 친구들의 사진을 보고 누구일지 추측하여 발표하기	- 학생들의 어릴 적 사진(가져오게 하거나 나이스에서 다운받아 사용)을 실물화상기나 컴퓨터로 제시한다.	✻ 호기심, 흥미, 논리/분석적 사고
활동하기(30분)	• '나의 역사' 는? - 자신의 탄생부터 현재까지의 시간을 마인드맵 으로 표현해보기 <다른 표현방법 예시> -인생굴곡그래프 그려보기 -'나의 역사'를 한마디로 쓰고 발표하기 -'나의 역사'를 함축한 한 장의 사진과 설명 -다양한 형식으로 '나의 역사' 써보기(만화, 나 자신을 인터뷰하기, 시, 자서전 등) - '역사'의 의미에 대해 생각해보기 - '역사'를 아는 것의 중요함을 현재의 삶과 관련지어 생각해보기 • '우리 학교 역사' 홍보하기 체험활동 안내 - 기존에 알고 있는 학교 역사에 대해 발표하기 - 학교 역사를 아는 것이 왜 중요한지 발표하기 - 우리 학교 역사를 잘 알기 위한 방법 발표하기 - 우리 학교 역사 홍보 체험활동 안내하기	- '나의 역사' 홍보하기 활동은 '역사'의 개념을 쉽게 생각해보기 위해 도입한 단계이므로 짧게 다룬다. - 여건에 따라 타교과와 연계하여 미리 과제로 제시하여 결과물을 발표하게 하거나, 재량시간을 활용하여 '나의 역사' 홍보물을 만드는 활동을 할 수도 있다. - 학교 역사 발표활동은 학생들이 학교 역사에 무관심했음을 깨닫게 하는 데 목적이 있다.	✻ 사고의 확장과 수렴, 몰입

활동하기	• 다른 학교 홍보 사례 살펴보기  〈우리가 만들어가는 학교 역사 홍보〉 • 훌륭한 점, 아쉬운 점 발표하기	- 다른 학교의 홍보 사례를 인터넷으로 찾아보게 하거나, 학교 신문을 통해 살펴보고 분석해보도록 한다.	✻ 비판적 사고, 논리/분석적 사고
나오기 (5분)	• 차시 체험활동 안내 - 체험활동 계획 안내 - 체험활동에 필요한 준비물 확인		✻ 호기심, 흥미

② 체험활동 1

활동목표	• 다양한 우리 학교 역사 자료에서 홍보 내용을 3가지 이상 수집할 수 있다. • 수집한 자료를 분석하여 홍보 주제를 정할 수 있다.
준비사항	• 교사 준비물: 4절도화지, 학교 신문, 졸업앨범 • 학생 준비물: 가위, 색연필, 사인펜 등 • 컴퓨터실, 교내 각종 전시패

활동과정 (시간)	체험활동	도움말	창의(✻)· 인성(✩) 요소
들어가기 (5분)	• 활동 안내하기 • 활동책자 만들기 - 4절도화지로 책자 접기	- 4절 도화지를 이용하여 책자를 만들어 포트폴리오식으로 모든 활동 내용을 기록하도록 지도할 수 있다.	✻ 호기심, 흥미

활동하기 (110분)	• 학교 홈페이지 통해 학교 정보 알기 - 과제 수행하기 • 교표, 교화, 교목, 교육목표, 학교연혁, 교사현황 등 조사하기 - 학교 상징물 관련 퀴즈활동 - 학교 상징물 관련 이야기꾸러미 만들기(storytelling) 〈예시〉 교표: 원만함, 푸른 꿈 *나의 푸른 꿈 *** • 학교 안 자료 조사하기 - 역대 교장선생님 사진 및 교내 전시된 상패, 각종 전시액자 조사하기 - 학교역사기념관(박물관) 방문하여 새롭게 알게 된 내용 메모하면서 관람하기(선택활동) • 홍보 계획하기 - 우리 학교에 대해 자랑하고 싶은 것 생각해보기 - 모둠별 홍보 주제 정하기 〈예시〉 우리의 푸른 꿈과 함께한 **초등학교 - 자료 수집 방법 토의하기 - 홍보 주제에 따른 인터뷰 질문 토의하기, 발표	- 과제학습지를 준비하여 학교 홈페이지 탐색을 효율적으로 할 수 있도록 돕는다. [학생활동자료 1] - 스피드 퀴즈, 골든벨 형식의 퀴즈를 준비한다. - 학교역사기념관이 없을 경우, 학교 졸업앨범으로 대체 가능하다. - 활동지 [학생활동자료 2]	✻ 다양성, 문제해결력, 상상력 ✩ 책임 ✻ 문제해결력 ✩ 배려, 책임 ✻ 문제발견, 사고의 확장과 수렴, 논리/분석적 사고 ✩ 배려, 책임
나오기 (5분)	• 과제 안내 -교사, 이웃, 졸업생(형제자매), 동급생 등에게 인터뷰하고 정리해오기	- 인터뷰 활동지 [학생활동자료 3]	✩ 책임, 약속 ✻ 개방성, 독립성, 의사소통 능력

③ 체험활동 2

활동목표	• 인터뷰를 통해 필요한 정보를 얻을 수 있다. • 우리 학교 역사 홍보물을 만드는 과정에서 자신이 맡은 역할을 완수할 수 있다.
준비사항	• 교사 준비물: 졸업생 초청 • 학생 준비물: 필기도구 • 컴퓨터실(선택)

활동과정 (시간)	체험활동	도움말	창의(✻) · 인성(✩) 요소
들어가기 (10분)	• 활동 안내하기 • 모둠별 좌석 배치 • 졸업생 초청 인터뷰 질문 점검		✻ 호기심, 흥미

활동하기 (105분)	• 인터뷰 활동하기 - 졸업생 초청하여 인터뷰하기 - 인터뷰 내용 정리하기 - 인터뷰 결과 발표하기 • 교사, 이웃, 졸업생(형제자매), 동급생 인터뷰과제 수행 결과 • 졸업생 초청 인터뷰 • 우리 학교 역사 홍보물 만들기 - 다양한 홍보 방법의 예시 알려주기 - 홍보할 방법 토의하여 결정하기 - 우리 학교 역사를 홍보할 자료 재구성하기 - 역할 나누기 및 홍보물 제작하기	- 교사는 모둠별 질문 시간을 정하여 초청 인터뷰 활동이 계획한 시간 내에 끝날 수 있도록 한다. - 학생의 수준에 따라 홍보 방법의 예시를 알려줄 수 있다.	✻ 다양성, 의사소통 능력, 논리/분석적 사고 ✩ 배려, 책임 ✻ 사고의 확장과 수렴, 몰입, 논리/분석적 사고 ✩ 배려, 책임, 공정
나오기 (5분)	• 과제 제시 - 인터뷰한 사람들에게 홍보물 보여주고(방문, 이메일 등) 총평받기[자료 1] - 총평에 따라 홍보물 수정 보완해오기	- 활동지[학생활동자료 4의 1~4~①번]	✻ 독립성, 의사소통 능력, 문제발견 ✩ 약속

④ 사후활동

활동목표	• 제작한 우리 학교 역사 홍보물을 발표할 수 있다. • 우리 학교 역사를 3가지 이상의 방법으로 홍보할 수 있다.
준비사항	• 교사 준비물: 컴퓨터실, 학교 졸업앨범, 동문회 관련 기사 • 학생 준비물: 필기도구

활동과정 (시간)	체험활동	도움말	창의(✻) · 인성(✩) 요소
들어가기 (5분)	• 활동 안내하기		✻ 흥미
활동하기 (30분)	• 우리 학교 역사 홍보물 발표하기 - 모둠별 홍보물 발표하기 • 모둠원 소개 • 홍보 주제, 역할 분담, 자료 출처, 작업과정 소개하기 • 홍보물 발표하기 - 상호 평가하기 • 각 홍보물에 대한 느낌 발표하기	- 평가하기에 있어 우수한 하나의 결과물만 칭찬하지 않도록 한다.	✻ 의사소통 능력, 독립성 ✩ 책임, 배려

활동하기 (30분)	• 평가하기(PMI기법 활용) • 우리 학교 역사 홍보 대사 되어보기 - 인터뷰한 사람들에게 결과물을 보내기 - 결과물 전시 및 다양한 매체를 활용하여 홍보대사로 활동하기 (예) • 학교 홈페이지 및 소셜 네트워크에 탑재 • 지역 신문사에 보내기	- 활동지[학생활동자료 4의 4~②, 5번]-PMI 기법을 활용하여 다른 모둠의 결과물을 평가해보는 시간을 갖는다. - 과제로 제시할 수도 있다.	
나오기 (5분)	• 체험활동 소감 발표하기	- 포트폴리오 형식으로 기록한 책자는 교실에서 전시할 수 있다.	✻ 사고의 확장과 수렴

(9) 부록

본 수업 프로그램에서는 실제 수업에서 활용할 수 있도록 '학생활동자료'를 개발하였다. 이 중에서 대표적인 체험활동의 예시를 제시하면 다음과 같다.

① 학생활동자료

■ 우리 학교 조사하기

※ Tip. 아래의 질문은 예시일 뿐이며, 학교 상황에 따라 다양한 질문들을 구성할 수 있을 것이다. 질문을 구성할 때는 한 페이지에서 순차적으로 정보를 찾아 적지 않도록 질문을 섞어서 배열한다.

☆학교 홈페이지에서 정보를 찾아봅시다.

1. 우리 학교의 주소는?
   : 인천 서구 (　　　)동 (　　　)번지 (　　　　　)초등학교

2. 우리 학교의 개교일은?
   : (　　　)년 (　　)월 (　　)일

3. 우리 학교의 교표가 가진 뜻은?
   : ______________________________

4. 디지털 도서실은 언제 처음 만들어졌나?

: (　　　)년 (　　　)월 (　　　)일

5. 우리 학교가 받은 상은 어떤 상들이 있나?

: ______________________________

6. 2011년 현재까지 몇 회의 졸업식이 있었나? 그리고 나는 몇 회 졸업생이 될까?

: 총 (　　)회의 졸업식을 했고, 나는 (　　)회 졸업생이 될 것이다.

7. 제 1회 졸업식은 몇 년도에 했고, 졸업생은 몇 명?

: (　　　)년 ,(　　　)명

8. 우리 학교의 교목은? 그 뜻은?

: 교목은 (　　　　　　)이고, 그 의미는 (　　　　　　), (　　　　　　)이다.

9. 우리 학교 교사의 작사가, 작곡가는?

: 작사(　　　　　　), 작곡(　　　　　　)

10. 우리 학교의 교화는? 그 뜻은?

: 교화는 (　　　　　　)이고, 그 의미는 (　　　　　　), (　　　　　　)이다.

11. 우리 학교에 현재 근무하시는 선생님은 모두 몇 명?

: 총 (　　　　　　)명

12. 우리 학교 교가의 2절의 넷째 마디 가사는?

: ______________________________

13. 현재 우리 학교 교육목표는?

: ______________________________

■ 홍보 계획하기

모둠명: ______________________________

1. 학교 홈페이지와 학교 내 전시물들을 조사한 후, 우리 학교에서 자랑하고 싶은 것을 찾기

____

2. 우리 모둠의 홍보 주제 정하기

____

3. 홍보하려면 어떤 자료들이 필요할지 생각해보기

____

4. 홍보에 필요한 자료는 어디서 혹은 누구에게서 구할 수 있을지 생각해보기

____

5. 홍보 주제에 따른 인터뷰 질문을 토의하기

____

2) 독도 愛 빠지다

(1) 수업 프로그램의 개요

'독도 愛 빠지다' 프로그램은 학생 스스로가 발달한 정보통신기술을 활용하여 독도에 관한 자료를 수집하고, 정리한 내용을 바탕으로 자신의 생각과 주장을 해보는 청소년 포럼교육 체험활동으로 구성되었다.

(2) 교육과정 및 영역

이 프로그램의 교육과정은 고등학교 2학년에 해당하며 관련 교과는 범교과 교육 영역이다.

- **학교급**: 고등학교
- **관련교과**: 범교과

(3) 활동 주제

이 프로그램에서 다루고자 하는 활동 주제는 '독도 문제를 포럼활동을 통하여 역사적 인식과 감정에 치우치지 않고 찾아본다'이다. 학생들은 독도 문제에 대해 흥분하거나 진실을 외면한 채 감정을 상하게 하는 행동을 하기 쉽다. 본 체험활동을 통해 적절한 근거를 제시하면서 자신의 주장을 논리적으로 펼칠 수 있는 방법을 배울 수 있게 될 것이다.

- 독도 문제를 역사적 인식과 감정에 치우치지 않고 찾아보는 포럼활동

(4) 주제 선정의 이유

오늘날 사회는 정보통신기술의 발달로 누구나 쉽게 정보를 습득하고 대화를 나눌 수도 있다. 우리 학생들은 너무나 쉽게 인터넷에서 댓글을 달기도 하고, 그럴싸한 주장에 현혹되어 누리꾼을 따라 치명적인 욕을 함부로 하기도 한다. 시각매체의 발달로 인해 정보습득체계가 급박하게 바뀌는 요즘, 정보통신기술을 활용하여 더 나은 자료를 수집하고, 정리하여 자신의 이름을 걸고, 자신의 주장에 근거를 가지고, 뛰어난 생각과 주장을 해보는 경험을 제공하는 청소년 포럼교육이 반드시 필요하다. 더 나아가 현재 논쟁이 되고 있는 독도 문제에 대해 생각해보는 기회를 가질 수 있다.

- 자료를 조사하고 자기 이름을 밝혀 생각을 발표하는 말하기 교육

  오늘날 사회는 정보통신기술의 발달로 누구나 쉽게 정보를 습득하고, 대화를 나눌 수도 있다. 우리 학생들은 너무나 쉽게 인터넷에서 댓글을 달기도 하고, 그럴싸한 주장에 현혹되어 누리꾼을 따라 치명적인 욕을 함부로 하기도 한다. 특히, 독도와 같은 이웃 나라와의 역사, 정치적 문제가 얽힌 경우에는 더욱 흥분하기 쉽고, 진실을 외면한 채 감정을 상하게 하는 행동으로 치닫기 쉽다.

  시각매체의 발달로 인한 급박하게 바뀌는 요즘, 발달한 정보통신기술을 활용하여 더 나은 자료를 수집하고, 정리하여 자신의 이름을 걸고, 자신의 주장에 근거를 가지고, 뛰어난 생각과 주장을 해보는 경험을 제공하는 청소는 포럼교육이 반드시 필요하다.

• 청소년 포럼이란?
포럼(forum)은 공개 토론이라는 뜻으로, 고대 로마에서 행하던 토의 방식의 하나이다. 사회자의 지도 아래 한 사람 또는 여러 사람이 연설을 한 다음, 그에 대하여 청중이 질문하면서 토론을 진행한다. 전문가가 자신의 의견을 제시하고, 청중은 자유롭게 질문을 하는 방식으로 그동안 무책임할 만큼 아무렇게나, 근거 없이 말을 해오던 습관을 버릴 수 있을 것으로 기대된다.

(5) 체험활동의 개요

이와 같은 주제 선정을 통해 개발한 체험활동의 개요를 살펴보면 다음과 같다. 본 수업 프로그램 운영을 위한 '활용 자원, 창의 · 인성 요소, 프로그램 목표, 학교급별 운영 방안'이 제시되어 있다. 각 학교는 해당 학교의 교육적 요구와 여건에 맞는 수업을 융통성 있게 편성할 수 있다.

프로그램명	청소년 포럼 – 독도愛 빠지다		
내용 영역	☐ 과학기술 ☐ 인문사회 ☐ 예체능 ☑ 융합 ☐ 기타		
관련 교과	범교과	창의적 체험활동 영역	☑ 자율 ☐ 봉사 ☑ 동아리 ☐ 진로
학교급	고등학교	총 소요시간	10차시(10시간)
활용 자원	1. 지원가능 인적/물적 자원 (1) 인적 자원: 독도사랑을 실천하는 각계 인사(독도학회 신용하 교수, 독도 관련 인사) (2) 물적 자원: 컴퓨터, 발표자료, 각종 서적, 사진집, 학회지		
창의 · 인성 요소	창의성 요소 – 인지적 요소: 시사문제에 대한 관심을 가지고, 어른들도 풀지 못하는 어려운 문제를 다양한 각도에서 청소년의 시각으로 해석해봄으로써 문제해결력을 기른다. 정답이 없는 미래의 외교문제에서 참신한 상상력을 발휘할 수 있는 기회를 갖는다. – 성향적 요소: 우리나라와 외국의 입장을 서로 이해하는 경험을 통해 개방성을 배울 수 있고, 또한 시사문제에 대한 다른 사람의 의견을 찾고 듣는 동안 호기심과 열정을 배울 수 있다. – 동기적 요소: 독도에 대한 포럼활동으로 학습자의 흥미, 호기심을 자극할 수 있으며, 동아리 선택활동으로 몰입을 돕는다. 인성 요소 – 인간관계 덕목 요소: 학교의 기자재 활용면과 포럼에 참가하여 의견을 발표할 때, 다른 사람에게 피해를 주지 않고, 예의바른 행동과 질서 있는 활동이 필요하다는 것을 배울 수 있다.		

창의 · 인성 요소	- 인성판단력 요소: 나 혼자만의 생각을 다른 사람들 앞에서 발표해보는 경험을 통해 상대방을 존중하며 의사소통하는 능력을 기른다.	
프로그램 목표	학습목표	관련 사이트와 외국 사이트를 조사해봄으로써 다양한 학습 참여 기회를 가진다.
	창의성 목표	청소년 독도 포럼에 참가하여 포럼에서의 역할과 발표력, 문제해결력을 기른다.
	인성목표	포럼을 참가하는 과정에서 상대방을 존중하며 의사소통 능력을 기른다.
학교급별 운영 방안	초등학교	우리 국토에 대한 고마운 마음을 가질 수 있도록 다양한 영상자료 활용교육을 마련한다.
	중학교	국토 중에서도 분쟁이 발생하고 있는 독도에 관한 다른 사람의 의견을 찾아보고, 우리는 어떤 선택을 하는 것이 합리적인지에 대한 생각을 해보는 기회를 갖는다.
	고등학교	학회에서 활동하는 교수님이나, 사회지도자층의 학교 방문과 청소년 포럼행사를 준비하는 과정에서 창의 · 인성적 영역을 기를 수 있다.

(6) 프로그램 흐름도

이와 같은 수업 프로그램을 실제 수업에서 어떻게 발현될 수 있는가를 '사전활동, 체험활동, 사후활동'의 프로그램 활동별로 흐름도를 제시하면 다음과 같다.

사전활동 교과학습		• 흥미유발을 통한 '독도 알기' "독도는 우리땅" 노래 - 독도의 기본적인 정보와 중요성 알기 • 교과내용 / 시사문제에서 출발된 [영토와 영해] 학습 "우리나라의 주권이 미치는 범위 - 영토와 영해와 영공"
체험 활동 (6시간)	소양 교육 (2시간)	• 포럼 참가전: 독도에 대한 자료 수집 - 활동 1: 독도에 대해 바로 알기 - 우리나라의 주장 학습지 사이버 독도(www.dokdo.go.kr) 사이버 독도 사관학교(http://dokdo.prkorea.com.com/main.jsp) - 활동 2: 일본의 주장 바로 알기(외국사이트 자료 수집) - 활동 3: 기타 나라의 의견 알아보기
	동아리 활동 (2시간)	• 포럼 참가전: 독도관련 전문가 초청 강연 (택1 - 다수) - 경상북도 독도수호대책팀 권오영 팀장 초청 강연 - '동해 · 독도 수호대'인 해군 1함대사령부 김광석 사령관 - 경상북도 독도 연구기관 통합 협의체 이범관 회장 - 귀화한 한국인 호사카 유지 - 반크 박기태 단장 - 독도에 직접 다녀오신 선생님, 지역인사, 학교 선배

체험 활동 (6시간)	활동 (2시간)	• 청소년 독도 포럼 개최 - 독도에 직접 다녀온 분과 함께하는 시간 - 그동안 가져왔던 질문과 다양한 의견을 제시하는 시간 - 반대를 위한 반대가 아닌, 차세대 주역으로서의 대안을 제시하고 전문가의 의견을 들어보는 시간 - 다른 사람의 의견을 잘 듣고 더 좋은 생각으로 확산하기
사후활동 전일제 토요일 (4시간)		• 우리의 주장 교내 동아리 대회 - 주제: "독도 분쟁을 종식시키려면, 이렇게 해야 합니다."

(7) 창의 · 인성적 요소

이 프로그램을 통해 요구되는 창의 · 인성적 교육 요소는 다음과 같다. 창의성 요소로는 문제해결력, 상상력, 개방성, 호기심과 열정, 흥미, 몰입이 있고, 인성 요소로는 질서, 의사소통 능력이 있다.

프로젝트 수행단계		창의 · 인성 요소		
사전활동	교과학습	흥미	몰입	애국심
체험활동	소양교육(자료 수집)	호기심	배려	약속
	동아리 활동(초청강연)	몰입	공공질서	의사소통 능력
	청소년 독도 포럼활동	독창성	몰입	의사소통 능력
사후활동	우리의 주장 교내동아리대회	몰입	확산적 사고	배려, 약속
수업 중 규칙		공정	약속	정직
자신의 역할		책임	협동	자부심
친구와의 관계		배려	의사소통 능력	존중

(8) 체험활동 구체안

다음은 본 수업 프로그램에서 다루고자 하는 체험활동 구체안이다. 교수자는

'사전활동, 체험활동, 사후활동, 평가계획'의 단계에 걸쳐서 수업을 진행한다.

① 사전활동: "우리나라의 주권이 미치는 범위-영토와 영해와 영공"

활동목표	• 우리나라 영역의 범위를 말할 수 있다. • 우리나라 영역의 분쟁들의 사례를 찾을 수 있다.
준비사항	• 학생: 교과서/ 노트 준비 • 교사: ICT자료(영상물, 통계자료, 통계지도), 학습지1(교과학습 시간 50분) 준비

활동과정(시간)	체험활동	도움말	창의(✻)·인성(✩) 요소
들어가기 (5분)	• [독도]의 기본정보와 중요성 - '독도는 우리땅' 노래(동영상)와 함께 • [영토와 영해] 교과 학습 - 신문기사: 우리나라 어선 일본에 억류!!!	- 독도관련 노래와 신문기사를 통해 독도에 관한 흥미를 유발하고, 독도의 중요성에 대해 설명한다(NIE 권장).	
활동하기 (35분)	• 학습지 1: 우리나라의 영역 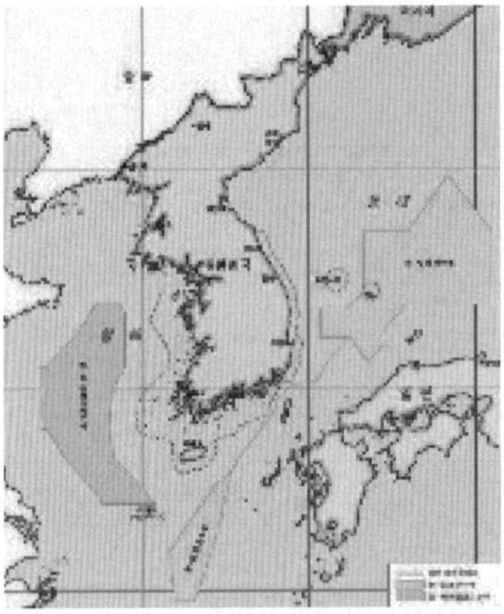 - 영토: 우리나라의 영토의 범위를 지도에 표시해 보세요. - 영해: 우리나라의 영토에 대한 것을 찾아볼까요? - 영공: 요즘 영공의 의미가 점점 커지고 있습니다. 그 이유로 적당한 것을 찾아 발표해봅시다.	- 경선과 위선을 중심으로 중학생들에게는 좀 딱딱한 부분이 될 수 있으나, 한국인으로서 영토, 영해, 영공에 대한 기본적인 생각을 '우리의 영토를 지켜야 한다' 라는 애국심으로 정착시킨다. - 외국과의 관계에서는 감정으로 일을 처리하지 않도록 주지시킨다.	✻ 흥미, 애국심 ✩ 도덕적 예민성
나오기 (10분)	• 형성평가 실시 • OX 퀴즈 문제를 풀어봅시다.		

② 체험활동 1: 조별탐구학습(자료 수집을 통한 소양교육)

활동목표	• 독도 문제의 중요성과 그 배경에 대한 이해를 높인다. • 독도관련 우리의 주장을 바로 알고, 더 좋은 방안을 마련한다. • 다른 나라의 입장에서 생각해보고, 분쟁의 원인과, 분쟁의 해결방안을 추론한다.
준비사항	• 학생: 필기구, 노트 • 교사: 인터넷 가능한 강의실 준비, 조별 PC 준비, 다국적 번역기, 학습지 2, 3

활동과정 (시간)	체험활동	도움말	창의(✻)·인성(✩) 요소
들어가기 (5분)	• 독도관련 사이트를 한번 찾아보세요. 몇 개나 찾을 수 있나 게임을 해볼까요? 시작 (5분 동안 찾은 사이트를 한곳에 모아 출력해보세요)	- 우리의 주장을 먼저 정리하고 상대방의 의견을 정리하는 절차를 거침으로써 논쟁 상황에서 주장을 펼치기 전에 양측의 입장을 모두 정확히 이해하는 것이 전제되어야 함을 알 수 있다. - 우리나라의 주장과 근거, 일본의 주장과 근거를 각각 비교 · 대조해 봄으로써 독도에 관해 감정에 치우친 주장이 아니라 타당한 근거를 지닌 논리를 전개할 수 있다. - 독도 분쟁에 관한 제3국의 시각을 알아보는 활동을 통해 우리나라가 독도를 지키기 위해 더 할 수 있는 일을 생각해볼 수 있다.	
활동하기 (40분)	• 찾은 사이트를 방문해서 독도에 관한 우리나라의 주장을 정리한 뒤 일본 측의 주장도 정리해 보세요. - 학습지 2: 인터넷을 활용하여 우리나라의 주장을 정리해보자. - 학습지 3: 일본의 독도 관련 사이트를 추가적으로 찾아보고 그들의 주장을 정리해보자. • 다음 글 속의 이 사람의 이름은 ? 일본이 1905년 독도를 일본 땅으로 편입을 시켰고, 1906년 한국은 그것을 알았지만, 항의를 안했다는 이유로 국제법상 묵인으로 인정돼 독도는 정식으로 일본땅이 되었다고 주장하는 것이 일본의 핵심적 논리인데, 이것을 조목조목 반박하고, 동해 · 독도 · 고지도 등을 통해서 반크와 김장훈씨와도 함께 일하는 사람은? • 한국과 일본 이외의 다른 나라에서 독도에 관해 언급한 이야기나 글, 혹은 기사 등이 있다면 찾아보세요. - 학습지 3-1: 학습지에 검색한 자료를 붙여보세요.		✻ 호기심 ✩ 배려, 약속
나오기 (5분)	• 오늘 조별활동한 것을 정리해서 제출하기	정답: 귀화한 한국인 '호사카 유지'	

③ 체험활동 2: 외부인사 초청 강의

활동목표	• 외부 초청강연 시의 태도와 자세를 배운다. • 독도 문제의 중요성과 그 배경에 대한 이해를 높인다. • 우리가 해야 할 일에 대해 고민한다.
준비사항	• 학생: 강의 기록장, 포럼발표 준비 • 교사: 강연하실 선생님의 약력과 기타 발표 준비

<table>
<tr><th>활동과정
(시간)</th><th>체험활동</th><th>도움말</th><th>창의(✻)·
인성(✫) 요소</th></tr>
<tr><td>들어가기
(5분)</td><td>• 초청 강연의 기본 예절에 대해 아시나요?
- 떠들어야 하나요?
- 자리에 일어나서 움직이면 되나요?
- 선생님의 강연 중 좋은 말씀은 어떻게 할까요?</td><td rowspan="3">- 보다 많은 참여를 유도하는 것이 중요하지만, 더욱 중요한 것은 자발적인 참여임을 잊지 말아야 한다.

- 나라를 위하는 것이 꼭 외교관이 되거나 장관이 되어야 하는 것이 아니라, 저마다의 자리에서 각자의 일에 충실하면서, 조금의 관심으로 바람직한 시민운동을 할 수 있다는 것을 인지하도록 해야 한다.

- 특히 독도 문제에 관심이 많은 학생들은 독도 관련 단체에 가입하거나 방문해보고 독도를 위한 기부 운동에 참여하는 등 능동적이고 주체적인 활동 참여를 할 수 있도록 독려한다.</td><td></td></tr>
<tr><td>활동하기
(40분)</td><td>• 초청 강연 : 택1 또는 다수(운영의 원칙)
- 섭외가 가능한 선생님을 모심
- 다양한 동아리별 소그룹 초청 강연이 좋음
- 독도를 다녀온 교사나 지역유명 인사를 활용
- 동영상이나 목소리 인터뷰도 가능(방송반 활동)
• 경상북도 독도수호대책팀 팀장 초청 강연, '동해·독도수호대'인 해군 1함대사령부 사령관, 경일대학교 독도·간도교육센터장 회장, 귀화한 한국인 호사카 유지, 사이버 외교 사절단 반크 단장 (http://www.prkorea.com)
- 초청강연이 성사되지 못했을 경우에는 다양한 시청물을 구해서 함께 시청하는 것도 좋다(KBS 다큐 방송, EBS 교육방송 다시보기 등).
- 요즘은 독도에 관련된 다양한 자료가 많기 때문에, 강연을 섭외하지 못한 경우에는 전시회를 실시하여도 좋다(사진전, 독도 사관학교 자료 검색한 결과물 전시 등).</td><td>✻ 흥미, 몰입

✫ 몰입, 공공질서, 의사소통 능력</td></tr>
<tr><td>나오기
(5분)</td><td></td><td></td></tr>
</table>

④ 체험활동 3: 청소년 독도 포럼활동

활동목표	• 독도 문제의 중요성과 그 배경에 대한 이해를 높인다. • 독도 관련 우리의 주장을 바로 알고, 더 좋은 방안을 마련한다. • 다른 나라의 입장에서 생각해보고, 분쟁의 원인과, 분쟁의 해결방안을 추론한다.
준비사항	• 학생: 토론 준비(수집한 자료, 질문지, 강의 기록장) • 교사: 포럼 장 준비(사회자 선정 및 사전교육, 사회자 시나리오 검토)

활동과정 (시간)	체험활동	도움말	창의(✻) · 인성(✰) 요소
들어가기 (5분)	• (사회자) 진행 안내 – 여러분 지정 좌석에 모두 앉아주십시오. – 동아리 대표님들은 동아리 회원출석 체크 – 발표자 발제 시 경청할 것 – 청중도 발언권을 얻으면, 1시간 이후에는 표할 수 있음을 안내		
활동하기 (90분)	• 독도에 직접 다녀온 분과 함께하는 시간 – (좌석배치) 앞쪽 단상에 전문가 선생님과 학생 토론자 마주보게 배치(배치 1~2중 선택) 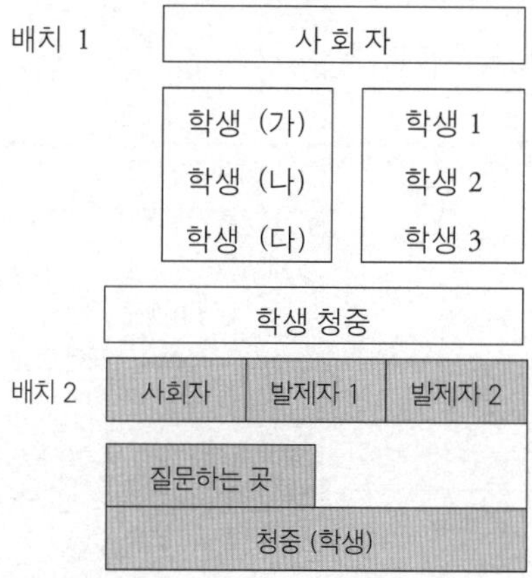 – (참석인원) 전문가 1명이상, 학생 토론자 5명 이하 – (사회자의 역할) 전문가 발제 → 토론자 발제 → 토론자/ 방청석 질문 → 전문가 답변 → 토론자/ 방청석 답변 여부 확인 → 최종 정리 – (토론자) 본인의 주장하는 것을 발언권을 얻어 발표함 – (관람석에 있는 학생의 발언권) 손을 들고 자신의 학교와 이름을 밝히고 자신의 의견을 말한다. (2~3 명 정도 발표)	- 훌륭한 민주시민은 작은 것에서부터 실천하는 것이 가장 중요하다는 것은 강조한다. - 다양하고, 참신한 아이디어가 나올 수 있도록 허용적인 분위기를 제공해준다. - 동아리 전원이 자발적으로 참여하도록 독려한다.	✻ 몰입, 확산적 사고 ✰ 의사소통 능력

나오기 (5분)	• (사회자) 포럼의 마침에 대한 안내 - 발제자, 청중에게 감사 - 포럼의 마침을 선언 - 포럼장 뒷정리(의자, 기타 물건 챙기기)		

⑤ 사후활동 독도는 우리 땅 주장하기

활동목표	• 다양한 분야에서 다양한 유형의 활동을 해봄으로써 나라 사랑의 마음을 제고한다. • 생활과 밀접한 문제들을 다루어봄으로서 문제해결력과 고등사고력을 기른다.
준비사항	• 학생: 참여에 필요한 준비물 • 교사: 다양한 행사 준비

활동과정 (시간)	체험활동	도움말	창의(✻)· 인성(✰) 요소
들어가기 (15분)	• 전체 교내 방송 '독도 愛 빠지다' 교내 주장 펼치기 대회 개최하겠습니다. 학생들은 모두 강당(운동장)으로 모이세요.		
활동하기 (160분)	• 다양한 작품을 제작하기 - 참가팀 신청하기 • 독도 홍보 리플렛 만들기 • 독도 홍보 엽서 만들기 • 독도 홍보 영자 신문 만들기 • 독도 홍보 동영상 UCC 만들기 • 독도 소개 노랫말을 영어로 개사하여 부르기 • 독도 홍보 퀴즈 대회 • 독도 홍보 만화 대회 • 독도 홍보 광고 만들기 • 각자 동아리별 교실로 이동하기 • 각 담당 교사의 안내에 따라 진행 • 참가팀은 각각 제작 장소 지정 • 시상은 당일 결정함 제작 과정(50%) + 결과물의 완성도(50%) 심사: 담당 교사(100점) + 교장선생님(100점) + 참가팀 심사(100점)	- 다양하고, 참신한 아이디어가 나올 수 있도록 허용적인 분위기를 제공해준다. - 소재, 방법 등은 학생들의 합의에 의해서 결정된 것을 존중해준다. - '교외 체험학습'으로 활용 예: 경상북도 독도, 연구소 방문, 울릉도/독도, 현장 체험학습 - '교내 체험학습'으로 활용 예: 사이버 외교관 반크 독서 토론 대회	✻ 몰입, 시각화 ✰ 배려, 약속

나오기 (25분)	• 전체 교내 방송 '독도 愛 빠지다' 를 알릴 교내 주장 펼치기 대회 모두 마치겠습니다. 학생들은 모두 강당(운동장)으로 모이세요. 시상을 하도록 하겠습니다.		

(9) 부록

① 학생활동자료

■ 독도에 관한 우리나라의 주장

학습지 2. 독도에 관한 우리나라의 주장

( )반 ( )번 ( )

★ 독도에 관한 우리나라의 주장을 기록하여 제출하세요.

동아리명		동아리 구성원	
활동일자			
1. 독도는 신라시대에 울릉도와 더불어 우산국을 형성하였으며, 우산국은 신라 지증왕 13년(512년) 신라에 귀순하여 왔다.			
2. 고려와 조선을 거쳐 현재까지도 우리나라의 관리 하에 있다.			
3. 일본이 1905년 도근현시 40호 행정초지를 취한 것은 독도가 일본의 고유영토가 아님을 실증하는 것이다.			
4. 도해면허는 외국 땅에 월경해서 어로활동을 해도 된다는 허가서이므로 일본 스스로가 독도가 외국의 땅이라는 것을 인정한 것 이다 .			
5. 우리 영토인 울릉도에서 독도까지의 거리는 48해리인데, 일본 오키도에서는 82해리이다. 따라서 지정학적으로 가까운 우리나라에 포함되어야 한다.			
6. 「포츠담선언」, 「카이로선언」을 보면 폭력과 강요에 의해 취득한 모든 영토를 돌려준다는 구절이 있다.			
7. 일본은 「포츠담선언」을 통해 「카이로선언」을 전적으로 수용할 것을 선언하였으므로, 폭력과 강요에 의해 빼앗겼던 독도를 일본은 당연히 포기해야 한다.			

★ 오늘 찾아낸 우리나라의 다양한 주장과 근거들을 정리해봅시다.

★ 오늘 활동 중에 발견한 의문점이 있다면, 기록하세요(포럼 시간에 질문).

____

____

■ 독도에 관한 일본의 주장

학습지 3. 독도에 관한 일본의 주장

(　　)반 (　　)번 (　　　　　)

★ 독도에 관한 우리나라의 주장을 기록하여 제출하세요.

동아리명		동아리 구성원	
활동일자			
1. 1905년 2월 22일 시마네 현에서 독도를 일본영토로 편입했다는 고시 제40호가 있음			
2. 일본 측은 울릉도가 조선조의 "공도정책"으로 450년 동안 무인화해 있는 사이에 오타니 등이 울릉도를 "발견", 그곳에서 벌목에 종사하면서 독도에서 어로활동을 한 것을 중시한다.			
3. 막부에서 내준 어로활동 허가서 「도해면허」가 있음			
4. 근세 초기 이래 독도는 일본 영토였고 영토편 입 직전까지 오랫동안 일본이 "실효적 경영"을 했다			
5. 영토편입 당시 독도는 주인 없는 돌섬이었으므로 "무주물선점"을 한 것이라는 두 가지 논리로 집약될 수 있다.			

★ 다음 글의 내용을 읽고, 반박의 증거를 찾아 반박하시오.

일본은 제2차 세계대전의 결과를 마무리하기 위해 연합국과 일본 사이에 맺어진 「대일평화조약(Treaty of Peace with Japan)」에 실려 있는 제2조 (a)항 일본은 한국의 독립을 인정하고, 제주도, 거문도 그리고 울릉도를 포함하는 "한국에 대한 모든 권리(right), 권원(title)과 청구권(claim)을 포기한다."의 세 섬에 대한 해석에 있어서 우리나라와 일본은 큰 의견 차이를 보이고 있다. 우리나라는 이 세 섬의 한국의 영토에 포함되는 중요한 섬의 예로서 언급된 것이며, 따라서 울릉도에 딸린 섬인 독도는 당연히 한국의 영토에 포함된다고 보고 있다. 반면에 일본은 이 세 섬은 한국 영토의 가장 바깥쪽에 있는 외곽선을 표시하는 섬들이며, 따라서 독도는 한국 영토에서 제외된다고 주장하고 있다. 따라서 독도는 한국 영토에서 제외된다고 주장하고 있다.

[나의 주장] ____

____

____

② 교사지도자료

■ 독도 정보와 중요성

- '독도는 우리땅' 노래를 통해 알 수 있는 독도에 대한 정보와 중요성에 대해 이해한다.

울릉도 동남쪽 뱃길 따라 이백 리
외로운 섬 하나 새들의 고향
그 누가 아무리 자기네 땅이라고 우겨도
독도는 우리땅 ▶ 독도에 관한 기본적인 정보

경상북도 울릉읍 도동산 육십삼
동경 백삼십이 북위 삼십칠
평균기온 십이도 강수량은 천삼백
독도는 우리땅 ▶ 독도에 관한 지리적인 정보

오징어 꼴뚜기 대구명태 거북이
연어알 물새알 해녀대합실
십칠만 평방미터 우물하나 분화구
독도는 우리땅 ▶ 독도의 중요성 (수산자원)

지증왕 십삼년 섬나라 우산국
세종실록 시리즈 오십페이지 셋째줄
하와이는 미국땅 대마도는 일본땅
독도는 우리땅 ▶ 독도가 우리땅인 역사적 근거

러일전쟁 직후에 임자 없는 섬이라고
억지로 우기면 정말 곤란해
신라장군 이사부 지하에서 웃는다
독도는 우리땅 ▶ 독도 분쟁의 시발점

■ NIE를 활용한 방법

NIE란 Newspaper In Education의 약어로서 '신문을 가르치고 신문으로 가르치자'는 교육적 시도이다. 즉 '신문을 친숙하게 하고 학습에 활용하여 교육적 효과를 높이는 프로그램'이 바로 NIE다. 이는 살아 있는 교과서(living textbook)인 신문을 활용하여 열린 교육, 21세기에 걸맞은 정보화 교육을 하자는 뜻으로, NIE란 용어를 한마디로 정의하기에는 많은 어려움이 있지만 신문을 학습에 활용하여 신문을 친숙하게 하고 교육적 효과를 높이는 프로그램'으로 간단히 말할 수 있다.
국제신문발행인협회(FEIJ)는 NIE를 '학교에 유용한 보조교재와 교수방법을 제공하는 수단으로 이해하는 것이 가장 공통적이다'라고 하고 있다.

* NIE의 활용법	- 신문기사를 그대로 쓰는 방법 - 신문을 소재로 이용하는 방법 - WORK BOOK 형태를 이용하는 방법 - NIE가 실린 신문의 지면을 이용하는 방법 - 수업지도안을 활용하는 방법

예시〉

[경향신문-2014. 1.23] 중학생용-['여적'으로 공부하기] 독도와 손자를 사랑하는 법
[강원도민일보-2014. 2.12] 독도 지킨 이사부 장군 세계에 알린다
[국제신문-2014. 3.04] '부산과 세계' '가야사 여행' '독도의 이해'… 지역대학, 이색 교양과목 눈길
[경향신문-2014. 4.10] 우리 대사관 홈피에 독도가 없어요
[마이데일리-2014. 5.13] '독도 가수' 정광태, 독도서 팬사인회 개최
[경향신문-2014. 6.01] 더 멀어지는 한 · 일 국민감정
[티브이데일리-2014. 6.05] 조재현-서경덕 '독도 뉴스' 유튜브 배포… 전 세계에 '독도는 우리땅'
[매일신문-2014. 7.18] '독도는 한국땅' 말하는 일본 자료들… 경주엑스포공원 상설 전시
[매일신문-2014. 7.24] 독도에서의 1박 2일, 영원히 잊지 못할 감동
[아시아경제-2014. 7.30] 다 함께 외쳐요 '독도는 우리 땅'
[서울신문-2014. 8.07] 이런 '깡통 함정'으로 지킨다고?… 독도가 울고 있다!
[국민일보-2014. 8.15] 광복절 맞아 독도서 잇단 문화행사 · 체험활동
[소년한국일보-2014. 8.17] 나라사랑 한마음으로 외친 "독도는 우리 땅!"
[미주중앙일보-2014. 8.22] "독도는 우리땅" 플래시몹

일본은 역사적 · 국제법적으로 명백한 우리 영토인 독도에 대해 영유권을 주장하며 2005년 3월 16일 시마네현 의회의 조례로 매년 2월 22일을 '다케시마(독도)의 날'로 제정하였다. 한국과 일본의 독도 문제는 오래되고도 민감한 것으로 한 · 일 양국의 관계에 많은 영향을 미친다. 이러한 사안의 중요성에 따라 우리나라의 신문은 독도 문제를 자주 다루고 있다.
독도가 역사적 · 국제법적으로 명백하게 우리 영토임을 나타내는 증거에도 불구하고 일본이 틈만 나면 자국 땅이라고 주장하는 이유와 우리의 대응 자세, 독도의 가치 등을 공부한다.

▶ 독도의 지리와 가치 = 독도는 경북 울릉군 울릉읍 독도리 산1~96(울릉도 동남쪽 90km 해상)에 딸린 화산섬이다. 넓이는 187,554m²이며, 동도(해발 98.6m)와 서도(해발 168.5m) 및 36개의 바위섬으로 이뤄져 있다.
동도와 서도 사이의 형제굴, 동도의 천장굴 등과 같이 강한 파도에 의한 해식 동굴이 발달했다. 강한 바람과 적은 흙으로 인하여 식물이 자라기 어려운 환경이다. 바다제비, 슴새, 괭이갈매기 등 희귀 조류가 서식한다. 정부는 1982년 11월 독도 전체를 천연기념물 제336호로 지정해 이들을 보호하고 있다.
독도 주변은 한류와 난류가 교차해 연어와 오징어 등 어족 자원이 풍부하다. 주변 해역엔 천연가스의 일종으로 고체화된 메탄가스인 하이드레이트가 다량 부존한다. 또 「유엔해양법협약」에 따라 독도를 기점으로 12해리의 영해와 200해리의 배타적 경제수역을 가질 수 있다. 군사적으로도 요충지며, 기후 관측에 필요한 해양과학기지 역할도 하고 있다.
*1해리는 위도 1도의 60분의 1로 약 1852m
*배타적 경제수역은 모든 자원에 대해 독점적 권리를 행사할 수 있는 수역

▶ 우리 땅인 이유 = 『삼국사기』에 기록된 바에 의하면 512년 신라 지증왕 때 이사부(異斯夫) 장군이 당시 우산국 정복을 통하여 신라에 귀속되었음이 나타나고 있다.
『세종실록지리지』 『동국여지승람』 『성종실록』 『숙종실록』 등의 문헌에 의하면 독도는 조선 초부터 우산도 또는 삼봉도로 불리며 울릉도와 함께 강원도 울진현에 속해 있었다. 특히 한 · 일 간 울릉도 영유권 문제가 있던 1696년에는 안용복(安龍福)의 외교 활동으로 일본이 울릉도와 독도를 한국 영토로 인정했다. 그러나 1904년 8월 한 · 일 협약을 체결한 뒤 이듬해 일본은 독도를 시마네현에 강제로 편입시켰다. 이후 1945년 광복과 함께 독도는 우리 영토로 귀속되었고 같은 해 7월 '포츠담선언'에 입각한 연합군의 지령도 독도를 일본의 속도로 인정하지 않는다. 포츠담 선언은 미 · 영 · 중 3개국 수뇌가 제2차 세계대전을 일으킨 일본에 항복을 권고하고 전후 일본의 처리 방침을 논의한 뒤 발표한 선언이다.

▶ 일본 주장의 허구성 = 1952년 1월 18일 우리 정부가 '인접 해양의 주권에 관한 대통령 선언'으로 독도를 포함한 영토 범위를 분명히 하자 일본이 이에 항의해 독도 영유권을 주장하며 갈등이 시작됐다. 일본 학자들은 제2차 세계대전 종료를 위해 1951년 연합국과 일본이 맺은 「대일 강화조약」에서 우리나라의 독립에 관해 규정할 때 독도를 한국 영토에 언급하지 않았다는 이유로 일본령이라고 주장한다. 하지만 일본은 포츠담 선언을 받아들일 때 1943년에 이루어진 연합국의 카이로 선언을 전폭 수용했으므로 독도에 대한 권리가 없다. 카이로 선언엔 폭력과 강요로 빼앗은 영토를 모두 돌려준다는 구절이 있다.

3) 재능으로 기부하다

(1) 수업 프로그램의 개요

'재능으로 기부하다' 프로그램은 기부문화를 통해 지나친 경쟁 자본주의로 인한 격차와 분열을 보완하고 재능기부를 통해 사회적 존재감과 주인의식을 함양시킬 수 있는 체험활동으로 구성되었다.

(2) 교육과정 및 영역

이 프로그램의 교육과정은 초, 중, 고등학교의 구분 없이 범교과 교육 영역에 해당한다.

- **학교급:** 초· 중· 고
- **관련교과:** 범교과

(3) 활동 주제

이 프로그램에서 다루고자 하는 활동 주제는 '기부의 의미와 필요성을 알고, 재능기부 활동을 실천해보면서 사회성과 공동체 시민의식을 기른다'이다. 학생들은 기부에 대해 생각해보는 시간을 가지며, 이를 통해 사회적 존재로서의 자기 자신에 대한 자존감을 높일 수 있게 될 것이다.

- 기부의 의미와 필요성을 알고, 재능기부 활동을 실천해보면서 사회성과 공동체 시민의식을 기른다.

(4) 주제 선정의 이유

산업혁명과 자본주의의 발달과정 속에서 인류는 단기간에 엄청난 물질적 풍요를 얻게 되었다. 그러나 이 과정에서 발생한 심각한 격차의 문제는 다수의 소외된 계층을 만들었다. 기부문화는 이러한 사회적 격차에 대한 보완방법이 될 수 있다. 본 체험활동을 통해 학생들은 기부의 실천을 통해 참여하는 시민의식을 갖게 되며, 우리 사회 구성원으로서의 주인정신을 기르게 될 것이다.

- 기부문화를 통해 지나친 경쟁 자본주의로 인한 격차와 분열을 보완한다.
  경쟁을 통해 자원을 배분하는 자본주의의 방식은 엄청난 효율을 나타내며, 산업혁명과 자본주의의 발달과정 속에서 인류는 단기간 엄청난 물질적 풍요를 얻게 되었다. 그러나 이 과정에서 발생한 심각한 격차의 문제는 다수의 소외된 계층을 만들었다. 기부문화는 이러한 사회적 격차에 대한 보완방법이 될 수 있다.
- 재능기부를 통해 사회적 존재감과 주인의식을 함양한다.
  현대 사회의 거대한 조직 속 개개인의 삶은 과거에 비해 존재감과 정체성이 상실되고 있다. 개개인은 독립된 주

체로서의 자신감을 잃고, 주인의식과 목표의식을 발휘하지 못하는 경우가 많다. 재능기부를 통해 사회 속에서 스스로에 대한 정체성과 자신감을 회복하고, 자존감을 높일 수 있으며 이를 통해 시민의식의 신장을 이룰 수 있다.
• 재능기부를 어떻게 활동에 활용할 것인가? - 기부 인증제 기부인증제는 이웃돕기 성금 기부액이나 기부 횟수 등에 따라 기부자에게 특별한 자격을 부여하는 제도다. 기부인증제가 실시되면 일회성 기부나 반강제적 기부에서 벗어나 자발적 기부 욕구를 유발, 건전한 나눔 문화를 확산시키는 계기가 되어 누구나 기부자가 될 수 있다. 남달리 많이 가진 사람들만 기부를 할 수 있다는 고정관념을 깨고, 우리 모두가 누구나, 무엇으로도 기부를 실천할 수 있음을 알게 한다. 이를 통해 사회적 존재로서의 자기 자신에 대한 자존감을 높일 수 있고, 우리 사회 구성원으로서의 주인정신과 시민의식을 기른다. 아울러 기부의 실천을 통해 참여하는 시민의식을 갖게 된다.

(5) 체험활동의 개요

이와 같은 주제 선정을 통해 개발한 체험활동의 개요를 살펴보면 다음과 같다. 본 수업 프로그램 운영을 위한 '활용 자원, 창의 · 인성 요소, 프로그램 목표, 학교급별 운영 방안'이 제시되어 있다. 각 학교는 해당 학교의 교육적 요구와 여건에 맞는 수업을 융통성 있게 편성할 수 있다.

프로그램명	재능으로 기부하다.		
내용 영역	☐ 과학기술 ☐ 인문사회 ☐ 예체능 ☑ 융합 ☐ 기타		
관련 교과	범교과	창의적 체험활동 영역	☐ 자율 ☑ 봉사 ☑ 동아리 ☐ 진로
학교급	초· 중· 고	총 소요시간	3차시 - 4차시
활용 자원	1. 지원가능 인적/물적 자원 (1) 인적 자원: 재능기부 경험자 (2) 물적 자원: 다양한 재능기부 사례자료		
창의 · 인성 요소	창의성 요소 - 인지적 요소: 기부란 특정한 수준의 경제력을 갖춘 사람들이 돈으로 하는 활동이라는 인식의 틀을 깨고, 누구나 무엇으로든 모두에게 할 수 있는 것이라는 기부의 의미에 대한 확산적 사고력을 기른다. - 성향적 요소: 나눔과 기부, 도움이 필요한 상황과 상대방에 대한 다양한 상황을 이해하고 살피면서 개방적 사고력을 기른다. - 동기적 요소: 내가 잘할 수 있고, 가지고 있는 무언가를 활용해 기부를 실천하는 과정을 통해 기부활동과 자기의 역량 및 능력 분야에 대한 흥미를 갖는다.		

창의 · 인성 요소	인성 요소 - 인간관계 덕목 요소: 도움이 필요한 주변의 다양한 상황을 살피고, 실제로 행동으로 옮기는 과정에서 행동실천력을 기른다. - 인성판단력 요소: 자신의 능력을 활용하여 세상에 기여함으로서 사회적 책임의식을 높인다.	
프로그램 목표	학습목표	기부의 의미를 이해하고, 다양한 주변의 상황과 스스로의 역량을 파악하여 나름의 재능을 기부하는 활동을 실천할 수 있다.
	창의성 목표	기부의 의미를 이해하고, 다양한 상황과 여건에 맞추어 스스로의 재능을 활용하면서 확산적 사고력을 기를 수 있다.
	인성목표	도움이 필요한 주변의 상황을 인지하고 나의 역량을 활용하여 행동실천력을 기를 수 있다.
학교급별 운영 방안	초등학교	도움이 필요한 사람이나 상황에 대해 알고 다양한 도움방법을 찾는다. 저학년은 동화책 속 이야기를 소재로, 고학년은 드라마나 주변의 실제 사례를 소재로 어떤 도움이 필요한지 다양하게 생각해보도록 한다.
	중학교	체험학습, 동아리 활동, 자율활동에 마니또 놀이처럼 자신이 맡게 된 특정 학생에게 생활 속에서 다양한 방법으로 도움을 주는 방법으로 활용해본다.
	고등학교	현재 가지고 있는 재능뿐만 아니라 앞으로 능력을 키워 기부하고픈 재능을 설계하게 함으로써, 진로지도의 방안으로 활용해본다.

(6) 프로그램 흐름도

이와 같은 수업 프로그램을 실제 수업에서 어떻게 발현될 수 있는가를 '사전활동, 체험활동, 사후활동'의 프로그램 활동별로 흐름도를 제시하면 다음과 같다.

사전활동 (2차시)	• 기부의 의미와 사회적 필요성에 대한 사전학습 • 받는 이의 입장에서 기부를 바라보고 기부를 재해석 • 다양하고 창의적인 '재능기부' 사례조사 • 세상에 필요한 것과 내가 할 수 있는 것을 찾아 세상과 함께 사용하는 방법을 찾아본다. - 나의 재능기부계획 작성 - 기부의 사회적 의미와 필요성을 역사적 사례를 통해 학습 '노블레스 오블리주', '록펠러 재단 이야기' 등 - 기존에 있었던 기부사례를 골라 받는 입장에서 다시 살펴보는 방법을 사용 - 친구를 정해 그 친구에게 어떤 기부를 받고 싶은지 무기명으로 적어서 보내주어, 받는 이가 스스로의 재능과 기부 방법에 대한 참고로 활용 (과제) 개인별 재능기부 활동 수행

체험활동 (1~2차시)	• 학생 사례 발표 - 어떤 도움이 필요한 사람에게 나는 무슨 도움을 주고자 했는지? - 실천해본 결과가 어떠하였는지 계획과 실천 내용을 간략히 발표(학급의 규모나 활동의 규모에 따라 차시 조정)
사후활동 (2차시)	• 자신이 작성한 재능기부 실천서와 실천한 사례에 대해 발표하는 시간을 갖는다. • 다른 학생들이 발표한 다양한 재능기부 실천사례를 보고, 친구의 기부를 통해 무엇을 배웠는지 정리한다. • 재능기부가 주는 장점에 대해 안다.

(7) 창의 · 인성적 요소

이 프로그램을 통해 요구되는 창의 · 인성적 교육 요소는 다음과 같다. 창의성 요소로는 확산적 사고력, 개방성, 흥미가 있으며, 인성 요소로는 행동실천력, 책임의식이 있다.

프로젝트 수행단계		창의 · 인성 요소		
사전활동	개념 이해 학습	확산적 사고	시각화 능력	책임
	사례 분석	문제발견	상상력	다양성
	나의 재능 찾아보기	흥미	감수성	독창성
체험활동 (재능기부 활동)	재능기부계획서 만들기	확산적 사고	문제발견	문제해결
	재능기부 활동	배려	책임	행동실천력
	활동 내용 정리 및 발표	분석적 사고	용서	다양성
사후활동	되돌아보기	다양성	자율성	책임
	기부인증	논리적 사고	비판적 사고	소유
사회적 존재로서 자신의 역할		용기	책임	행동실천력
주변 사람과 상황에 대한 관심		배려	다양성	도덕적 판단력

(8) 체험활동 구체안

다음은 본 수업 프로그램에서 다루고자 하는 체험활동 구체안이다. 교수자는

'사전활동, 체험활동, 사후활동, 평가계획'의 단계에 걸쳐서 수업을 진행한다.

① 사전활동: 기부의 의미와 사회적 필요성

활동목표	• 기부의 사회적 필요성을 이해한다. • 재능기부의 의미와 유용성을 설명할 수 있다.
준비사항	• 교사: 기부의 의미와 발전과정과 관련한 재능기부 관련 수업자료(학습지 등) • 학생: 교과서, 필기구

활동과정(시간)	체험활동	도움말	창의(✻)·인성(✰) 요소
들어가기(5분)	•기부란 무엇인가? - 기부의 뜻을 학생들이 직접 생각할 수 있도록 시간을 주고 기부에 대한 개념을 알도록 지도한다.	- 록펠러가(家), 최귀동 할아버지 사례 등 구체적 사례 활용	✻ 확산적 사고
활동하기(35분)	•기부가 왜 필요한가? - 기부의 사회적 필요성 •받는 이의 입장에서 기부를 생각해보자. •재능기부란 무엇인가? - 기부를 해본 적 있는가? - 기부는 주로 누가, 무엇으로, 어떻게 하는가? - 나는 무엇을 기부할 수 있는가? •기부의 조건 - 받는 이에게 도움이 되는가? - 내가 하는 이 일이 다른 이에게 도움이 될 수 있는가? •재능기부 사례조사 - 어떤 재능기부 사례가 있는지 조사해본다. •나는 무엇을 할 수 있는가? - 나는 무엇을 할 수 있는가? - 나의 재능기부계획 세우기 ① 재능기부란 무엇이라고 생각하나요? ② 나의 재능을 무엇이 있는지 생각해보고, 다른 이에게 도움이 될 수 있는 재능을 적어봅시다. ③ 친구들과 내가 할 수 있는 재능기부에 대해 이야기해봅시다. ④ 재능기부를 실천할 수 있도록 한다.	- 받는 이의 입장에서 기부를 바라보게 하는 연습을 활동과 함께 짤막하게 실시하기를 권장(기부를 행동으로 옮기는 기초 작업으로 유용함) - 재능기부 사례활용: 제주 올레길, 꿈 날개를 달다 등 - 재능기부란 어렵지 않음을 사례를 통해 제시하고, 학생들이 할 수 있는 재능기부를 생각할 수 있도록 한다. - 나의 재능을 기부할 수 있는 계획을 세운다. 계획을 세울 시에는 상황과 능력을 고려하여 실현 가능하게 세우도록 안내한다. 다음 시간에 직접 실행하는 과정이 있음을 예고한다.	✻ 문제 발견, 확산적 사고 ✻ 다양성, 자율성 ✰ 용기

나오기 (5분)	• 기부는 실천이다. – 계획대로 자기 재능을 세상과 함께 사용해보자 • 과제 제시 – 계획서와 실천 내용 정리	– 스스로 목표한 기부를 실천해보고, 이와 관련하여 다음 학습을 진행함	

② 체험활동

활동목표	• 나름대로의 재능을 활용해 기부를 실천할 수 있다.
준비사항	• 교사: 발표에 활용될 기자재 준비 • 학생: 전시학습 과제물, 학습지

활동과정 (시간)	체험활동	도움말	창의(✻)· 인성(✰) 요소
들어가기 (5분)	• 자신의 재능을 실제로 기부해보았습니까?(전시학습 확인) – 기부의 의미와 재능기부의 의미 확인 기부는 누가, 무엇으로, 어떻게 하는 것인지를 확인하고, 모두가 기부의 대상과, 주체가 될 수 있음을 확인. 기부의 사회적 필요성 확인	– 전시 학습의 사례자료를 재활용하는 것도 유용함	✻ 논리적 사고, 확산적 사고
활동하기 (80분)	• 나의 재능기부 소개 – 내가 할 수 있는 재능기부에 대해 발표하는 시간을 갖는다. • 자신의 재능기부 실천사례 소개 – 자신의 재능을 기부한 실천 내용 정리 발표 • 나의 재능 알아보기 – 자신의 재능은 무엇이 있었는지 생각해보고, 나의 재능이 다른 사람에게 어떤 도움을 주었는지, 어떤 느낌이 들었는지 정리하여 발표하는 시간을 갖는다. • 학생 수준에 따라 – 초급: 주변에 어떤 기부 대상이 있는지를 관심을 갖고 찾아내거나 또는 기부 대상을 찾는 범위를 학급 내 또는 학교 내로 한정하고 가까운 주변을 다양하게 살펴보도록 하는 방법을 활용할 수 있다. (특히, 기부가 나보다 못한 대상을 찾는 것이 아니라 다만, 현재 도움이 필요하고, 내가 도울 수 있는 동등한 인격적 수준임을 놓치지 않도록 주의한다) – 중급: 입장을 바꾸어 본인에게는 어떤 기부가 필요할지 생각해보고, 이를 바탕으로 기부의 자세와 활동에 대해 이해한 후, 대상을 찾아 각자의 재능기부 활동을 계획하고 실행에 옮겨본다.	– 학생들이 찾아낸 기부 소재를 통해 기부에 대한 시각과 눈높이를 꼭 확인할 필요가 있다. 많은 경우 기부의 대상은 나보다 어렵고 못한 경우라고 보는 수직적 시각을 갖는 경우가 있으므로, 특히 유의하여 그 부분을 지적하고 고쳐줄 필요가 있다. – 학생들이 가지고 있는 재능은 어느 곳에서 쓰일 수 있는지, 또 어떤 영향을 미치는지 설명해준다. – 사회적 기업의 사례 소개	✻ 다양성, 감수성, 복합적 성격

활동하기 (80분)	- 고급: 기부활동을 통해 알게 된 사회 상황의 영향을 고찰해보고, 어떤 방향의 사회적 노력이 필요한지 앞으로의 사회 발전을 위한 제언을 덧붙여본다.		
나오기 (15분)	• 차시 예고 - 반성: 나의 기부 활동을 되돌아보자. - 친구들의 활동을 통해 배운 점들을 활용해 나의 기부를 반성해본다.		

③ 사후활동

활동목표	• 모두가 누군가를 위한 기부자가 될 수 있음을 이해하고, 늘 주변을 위해 뜻있는 기부를 실천할 수 있는 마음을 갖춘다.
준비사항	• 학생: 자신이 작성한 재능기부 계획서와 실천한 사진 등의 자료

활동과정 (시간)	체험활동	도움말	창의(✻)· 인성(✰) 요소
들어가기 (5분)	• 재능기부를 실천하고 스스로에게 나타난 변화 - 재능기부 실천을 통해 스스로 얻게 된 것이 있는지 발문해 본다. (재능기부의 의의에 대해 긍정적인 방향으로 바라볼 수 있도록 교사가 시각의 환기를 유도한다. 학습 상황에 따라 개별 사례에 대하여 구체적 내용을 지적해줄 수 있으면 보다 효과적이다)	- 기부활동을 통한 긍정적 변화를 상기시킴으로서, 활동에 대한 자부심과 앞으로의 지속적 참여 및 활동에 대한 의지를 높여줄 수 있다.	✻ 확산적 사고, 흥미
활동하기 (35분)	• 기부인증제란? -기부인증제는 이웃돕기 성금 기부액이나 기부 횟수 등에 따라 기부자에게 특별한 자격을 부여하는 제도다. 기부인증제가 실시되면 일회성 기부나 반강제적 기부에서 벗어나 자발적 기부 욕구를 유발, 건전한 나눔문화를 확산시키는 계기가 되어 누구나 기부자가 될 수 있다. 남달리 많이 가진 사람들만 기부를 할 수 있다는 고정관념을 깨고, 우리 모두가 누구나, 무엇으로도 기부를 실천할 수 있음을 알게 한다. 이를 통해 사회적 존재로서의 자기 자신에 대한 자존감을 높일 수 있고, 우리 사회 구성원으로서의 주인정신과 시민의식을 기른다. 아울러 기부의 실천을 통해 참여하는 시민의식을 갖게 된다. • 재능기부 인증 - 자신이 계획했던 재능기부계획서와 그에 맞춰 실시한 사례를 발표하고, 자신의 재능을 기부함으로써 느낀점을 친구들과 나누는 시간을 갖는다.	- 재능기부한 사례 는 '누가, 언제, 어디서 무엇을' 등의 요소를 통해 구체적으로 발표할 수 있도록 지도한다. - 재능기부 릴레이 - 교사지도자료를 참고하여 학생들이 재능기부 릴레이에 대해 다양한 생각을 할 수 있도록 지도한다.	✻ 논리적 사고력 ✰ 정직

활동하기 (35분)	• 재능기부 릴레이 - 재능기부 릴레이에 대한 설명을 듣고 내가 생각하는 재능기부 릴레이와 효과적인 실천 방법에 대해 말하는 시간을 갖는다.		
나오기 (10분)	• 여러분 모두 기부를 하였습니다. 모두 기부자이고 기여자입니다. - 기부의 사회적 의미와 연결하여 학생 활동의 사회적 유의미성을 환기시킨다.	- 사회적 존재로서 얼마나 유의미한 활동을 하였는지 인식하고, 앞으로도 이어갈 수 있는 자신감을 준다.	✻ 상상력 ✩ 용기, 책임

(9) 부록

① 학생활동자료

■ 자신의 재능 알아보기

: 자신의 재능이 어떤 것이 있고 어디에 쓰일 수 있는지 적어보는 활동이다.

자신의 재능	재능기부 활동
수학을 잘한다.	친구가 수학 문제를 풀며 어려워할 때 어떻게 푸는지 설명해줄 수 있다.
피아노를 잘 친다.	악기를 다룰 수 있는 친구들과 함께 모여 연주회를 열어 듣는 사람들을 기쁘게 해줄 수 있다.

■ 재능기부 계획서

재능기부계획서
• 재능기부란? 재능기부란 개인이 지닌 재능을 개인의 이익이나 개술개발에만 사용하지 않고 이를 활용해 사회에 기여하는 새로운 기부형태를 일컫는다. 즉 개인이 가진 재능을 사회단체 또는 공공기관 등에 기부하여 사회에 공헌하는 것이다.

사진	인적사항				
	이름	생년월일	소속	핸드폰	E-Mail

기부 활동			
연령	날짜	장소	기부 내용
10대	5월	□□ 노인정	예: 노래 ××를 연습하여 음악에 맞춰 친구 ○○이와 △△는 춤을 추고 나는 노래를 불러 할머니 할아버지들을 기쁘게 해준다.
20대	6월	□□ 장애인복지관	예: 장애인복지관에 가서 눈이 안 보이는 시각장애인에게 원하는 책을 또박또박 읽어준다.
30대	9월	□□ 보육원	예: 초등학교에 입학하는 아이들에게 구구단을 가르쳐준다.
40대	2월	□□ 복지회관	예: 요리 솜씨를 살려 부침개 등의 간단한 음식을 어르신 분들께 대접한다.
50대	10월	□□ 복지회관	예: 독거노인 분들의 말동무가 되어준다.

재능기부 계획을 세우면서 느낀점

② 교사지도자료

■ 관련 신문기사

제주 올레 재능기부 사례: '꼬닥꼬닥' 3년을 걸었다… 한국인이 바뀌었다.

- 2010. 10. 6 헤럴드경제

제주올레	2010년에만 60만 명 이상이 다녀갔다. 국내 걷기 열풍을 주도했다. 전국에 도보코스가 개발되었다. 재능기부로 나눔정신 확산의 대표적 사례가 되었다.

▶ 2007년 9월부터 시작된 제주 올레는 2014년 현재 20개의 도보 코스를 통해 제주도를 한 바퀴 돌 수 있다. 이 길에 다녀간 사람만 벌써 100만 명에 가깝다.

▶올레의 기적… 따뜻한 나눔

제주 올레는 서명숙 사단법인 제주 올레 이사장이라는 한 개인으로부터 시작됐지만, 어느 시점인가부터 방문객들에 의해 탄력을 받아 마치 살아 있는 유기체처럼 스스로 성장을 거듭해나갔다. 또한 십시일반의 재능기부로 모인 커다란 힘은 제주 올레에 관심 없었던 사람들마저 고무시켰다.

이를테면 제주 올레의 상표등록은 제주 올레에 다녀간 변리사가 해줬고, 제주 올레의 상징인 간세다리 로고 디자인은 제주 올레의 뜻에 동참한 현대카드가 무료로 해줬다. 모두가 주인의식을 가지고 있지만 누구도 소유하지 않는 것. 제주 올레는 근대 한국 사회가 낳은 소유의 경쟁을 누그러뜨리고 나눔과 공유의 미덕을 확산시키는 의식의 혁명이기도 했다.

= 제주 올레는 단순히 외지인들을 위한 걷기 코스를 마련하는 데 그치지 않았다. 올레꾼의 증가로 별다른 혜택을 입지 않는 평범한 제주농민들을 위해서도 또 다른 기적을 만들어냈다. 제주 올레 사무국은 기업과 제주 올레 코스를 연결하는 '1사(社) 1올레' 결연을 도왔다. 이를 통해 총 12개의 기업이 12개의 마을에 장학금을 기부하고 도서관에 책을 기증하는 등 긍정적인 에너지를 나눠가졌다. 특히 11코스에 위치한 작은 마을 무릉리의 경우 공기청정기 제조사인 벤타코리아와 결연을 맺음으로써 특별한 사건을 낳았다. 벤타코리아가 무릉리 농민들에게 '무릉외갓집'이라는 농산물 브랜드와 홈페이지 등을 만들어 연간회원을 모집할 수 있게 도와준 것. '무릉외갓집'의 연간회원으로 가입하면 무릉리 사람들이 현지에서 생산한 청정 농산물을 다달이 택배로 부쳐주는 산지 직거래 시스템이다. '무릉외갓집'은 2009년 12월 오픈한 뒤 이미 회원 수 500명을 넘었다. 무릉리 자체 생산량으로는 더 이상의 회원을 받을 수 없게 되자 제주 올레는 앞으로 이 같은 시스템을 제주 전체로 확대하기로 했다.

꿈 날개를 달다(http://ondol.welfare.seoul.kr)

'꿈 날개를 달다'는 2010년 우리의 이웃이 어려운 환경 속에서도 좌절하지 않고 꿈을 이룰 수 있도록 응원하자는 취지로 서울시와 인터넷 포털 nate가 함께 한 희망나눔 캠페인이다.

저소득층의 어려움을 지원하기 위해 누구나 참여할 수 있는 다양한 나눔의 방법과 기회를 제공하였다.

희망온돌(http://ondol.welfare.seoul.kr)

우리 동네 어려운 이웃을 위한 복지 네트워크!

'희망온돌'은 우리 주변의 어려운 이웃들을 돕기 위한 복지 네트워크이다. '꿈 날개를 달다' 캠페인과 달리 어려운 이웃에 대한 지속적인 나눔을 실천할 수 있도록 네트워크로 구축하여 지속가능한 나눔을 실천할 수 있게 하였다.

우리 고유의 온돌이 상징하는 따스함과 지역사회의 기부, 나눔을 활성화하여 어려운 이웃에게 따스한 기부, 나눔의 온정을 전달하고자 하는 취지를 갖고 있다.

자원봉사 신청 코너를 통해 노래 부르기, 전기기술, 도배, 장판 등의 개인적 재능에 대한 나눔을 실천할 수 있다.

■ 사회적 기업 소개

사회적 기업: 영업활동을 통한 사회적 이익 실현

빈민을 위한 소액 신용대출 - 그라민 은행

방글라데시의 빈민을 위한 무담보 소액대출은행. 절대빈곤에 시달리는 다수의 사람들이 빈곤에서 벗어날 아주 작은 종잣돈조차 구할 수 없는 현실에서 착안하여 극빈자에게 150달러 안팎의 소액을 담보 없이 신용으로만 빌려주는 일을 하였다. 극빈층에게 자립의 기회를 주고 사회적 발전을 이끌어낸 공로로 그라민은행과 설립자 무하마드 유누스는 2006년 노벨평화상 공동수상자가 되었다.

고용을 위해 빵을 판다 - 루비콘

미국 캘리포니아 주 리치먼드에서 소외계층에게 일자리를 제공하기 위한 목적으로 설립되었다. '고용을 위해 빵을 판다'는 구호처럼 처음에 빵을 팔기 시작했으며, 이는 제빵이 비교적 많은 일자리를 제공하는 사업이었기 때문이었다. 정신 장애우와 빈곤층, 노숙자들에게 직업 훈련을 시켜 일자리를 제공하고, 이들이 만든 빵을 팔아 수익을 올렸다. 이후 루비콘은 제빵에서 손을 떼고 조경으로 사업을 전환해 역시 저소득층의 일자리 창출에 기여하고 있다.

폐현수막이 멋진 가방으로 - 터치포굿

폐현수막, 폐자전거 튜브 등 버려지는 것들을 재활용해 새로운 가치를 담아 솜씨(Touch) 있게(for) 좋은 제품(Good)을 만들어 환경 문제해결에 이바지하고 버려지는 것들의 가치를 높이는 업사이클링(Upcycling) 제품을 제작해 수익을 창출하는 사회적 기업이다. 영업을 통해 얻은 이익은 각종 환경보호 활동에 재투자하고 있다.

이 외에도 재활용품을 수거하고 판매하는 '아름다운 가게' 정신지체장애우가 만드는 우리밀 과자를 생산하는 '위캔', 장애인 모자 생산업체 '동천모자', 유기농 식재료를 사용하고 소외된 사람들을 위한 저렴한 점심을 제공하는 '문턱 없는 밥집' 페타이어 등 재활용품을 활용한 악기를 통해 소외계층을 위한 공연을 하는 '노리단' 등 많은 사회적 기업이 운영되고 있으며, 계속해서 확산되어가는 추세이다.

3부

기관연계 창의적 체험활동 프로그램 개발

오영훈(인하대학교), 정소민(인천신현북초등학교), 조영철(인천한누리학교),
김창아(서울강신초등학교), 정재만(인천강화고등학교), 최영선(인천광역시교육청),
홍정훈(충남삼성고등학교)

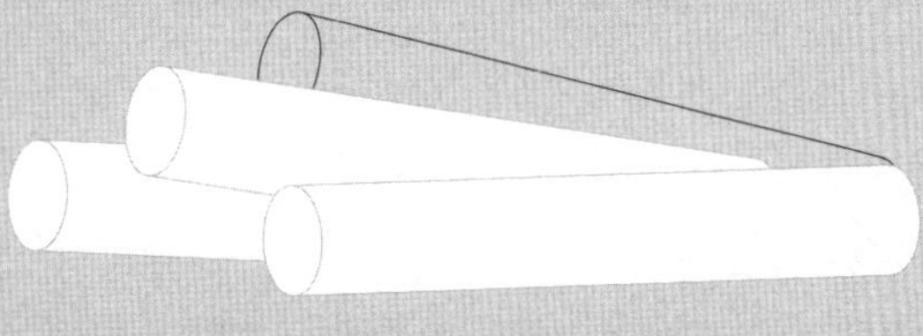

1
기관연계 창의적 체험활동 프로그램 개발의 방향

이 장에서는 창의적 체험활동의 기관연계 프로그램으로 인문 분야 프로그램 2개, 사회 분야 프로그램 2개를 소개하고자 한다. 기관연계 프로그램은 교육과정 및 영역, 활동의 주제, 주제선정의 이유, 체험활동의 개요, 프로그램 흐름도, 창의 · 인성 요소, 체험활동 구체안으로 구분하였으며, 관계 정부부처 및 공공기관 소개를 추가로 제시하였다. 또한 이를 잘 이해할 수 있도록 길라잡이 역할을 하는 별첨자료를 부록으로 제시하였다.

먼저 인문 분야의 기관연계 프로그램은 다음과 같다.

첫 번째, '책 읽어주는 사람들과 떠나는 교실 밖 문학 여행' 프로그램은 책 읽어주는 공연을 통해 문학작품에 대한 이해의 폭을 넓히는 프로그램이다. 오늘날 사회는 정보통신기술의 발달로 누구나 쉽게 정보를 습득할 수 있다. 하지만 우리 학생들은 책 읽기와 글쓰기의 환경에서는 점점 멀어지고 있다. 독서 및 독후활동은 지식 습득의 기능뿐 아니라 인성, 사고력, 창의력 향상과 연계되어 있다는 측면을 고려할 때, 현재 대중화된 시각 문명은 독서를 통한 인성의 강화와 창의력 향상에는 바람직하지 못하게 작용하고 있다. 따라서 문학 퍼포먼스는 시각 문화에 익숙한 학생들에게 독서를 시각화하여 공연함으로써 책 읽기에 흥미를 유발하고 문학적 사고를 기르는 한편 공연문화를 통해 학교 공동체 문화를 형성하는 데 기여하고자 구안된 프로그램이다. 창의성 요소로는 논리적 사고, 수렴적 사고, 상상력, 시각화, 확산적 사고, 감수성, 독립성, 개방성, 흥미, 호기심과 몰입이 있고, 인성 요소로는 의사결정 능력, 행동실천력, 약속, 책임, 배려, 소유가 있다.

두 번째, '커리어넷을 통한 나의 꿈, 진로 찾기' 프로그램이다. 이는 객관적 검사와 진로·직업 설계 능력을 함양시키는 체험활동 프로그램이다. 진로는 모든 행동의 목표 지향점을 제시해주는 기준으로 행동의 일관성, 학습 참여 동기의 기본 전제가 된다. 그러나 요즘 아이들은 자신이 무엇을 하고 싶은지, 어떤 노력을 해야 하는지에 대한 고민을 하지 않는 경우가 너무도 많다. 물질적으로 풍족해지고 직업군이 다양해졌지만 핵가족화, 출산률 감소 등의 이유로 과잉보호가 일반적인 현상이 되었다. 이에 따라 자신이 무엇을 해야 할지, 어떤 교육을 받아야 할지에 대한 구체적 인식을 갖지 못하는 니트족의 확산은 사회적으로 큰 문제를 야기하고 있다. 진로인식의 부재는 생산성 약화로 이어지고 있어 시급한 해결이 요구된다. 무엇보다 개인의 인생 설계라는 차원에서 진로인식은 중요한 의미를 갖는다. 이 프로그램을 통해 요구되는 창의성 요소는 논리적 사고, 수렴적 사고, 책임감, 개방성, 흥미와 몰입이 있으며, 인성 요소로는 의사결정 능력, 행동실천력, 의사소통 능력, 협동력이 있다.

한편, 사회 분야의 기관연계 프로그램은 다음과 같다.

첫 번째, '때리지도 않았는데 죄가 되나요?'는 사이버 법교육센터와 연계한 프로그램이다. 다양한 학생들이 모여 단체생활을 하는 과정에서 크고 작은 학생 간 갈등 사태가 일어나는 것은 다만 특정 시기의 문제가 아니다. 이는 다양한 사람이 모여 살아가는 사회생활 속에서도 마찬가지이다. 안정되고 발전하는 사회가 유지되기 위해서 사람들 간의 이러한 충돌을 어떻게 바라보고, 대처해야 하는지에 대한 고민과 더불어 이에 관한 효과적인 교육과정이 꾸준히 지속되어야 할 것이다. 또한 재판과 이에 따른 법률 행위는 개인의 입장을 넘어 우리 사회와 공동체의 전체적인 가치관과 기준을 살펴보는 과정이다. 법률적 판단은 개인의 유무죄와 형량의 판결을 넘어 사회적 차원에서 객관적으로 상황을 바라봄으로써 우리 공동체가 가야할 방향과 공동체 구성원으로서 개개인의 역할을 학습할 수 있는 기회를 제공할 수 있다. 이 프로그램에서 창의성 요소로는 비판적 분석, 자율성, 흥미가 있고, 인성 요소로는 도덕적 판단력, 의사결정 능력, 용서가 포함되어 있다.

두 번째, '요람에서 무덤까지 내 인생은 나의 것!' 프로그램은 한국은행과 연계한 프로그램이다. 재무설계를 통해 돈은 '얼마를 버느냐'뿐만 아니라 '어떻게 관리하느냐'도 중요하다는 사실을 깨달을 수 있으며, 이를 통해 이번 단계에서 할 일과 다음 단계에서 필요한 것들을 예측하고 그에 따라 행동 계획을 수립하고 실천할 수 있게 된다. 창의성 요소로는 논리분석적 사고, 문제해결력, 자율성, 호기심, 흥미가 포함되어 있으며, 인성 요소로는 정직, 약속, 배려와 사회적 책임의식, 실천의식이 내재된 프로그램이다.

2
기관연계 창의적 체험활동 프로그램

1. 인문 분야 창의적 체험활동 프로그램

1) 책 읽어주는 사람들과 떠나는 교실 밖 문학 여행(문학 퍼포먼스)

(1) 프로그램의 개요

'책 읽어주는 사람들과 떠나는 교실 밖 문학 여행' 프로그램은 책 읽어주는 공연을 통해 문학작품에 대한 이해의 폭을 넓히고, 책 읽기에 흥미를 유발하고 문학적 사고를 기르는 한편, 공연문화를 통해 학교 공동체 문화를 형성할 수 있도록 하는 체험활동으로 구성되었다.

(2) 교육과정 및 영역

이 프로그램의 교육과정은 중학교 1학년에 해당하며 관련 교과는 국어, 음악, 미술 교육 영역이다.

- **학교급**: 중학교
- **관련교과**: 국어, 음악, 미술

(3) 활동 주제

이 수업 모형에서 다루고자 하는 활동 주제는 '책 읽어주는 공연을 통한 문학작품의 이해의 폭 넓히기'이다. 학생들은 독서를 시각화한 문학 퍼포먼스 공연을 통해 책 읽기에 대한 흥미 유발과 문학적 사고를 기를 수 있을 것이다.

- 책 읽어주는 공연을 통한 문학작품의 이해의 폭 넓히기

(4) 주제 선정의 이유

오늘날 사회는 정보통신기술의 발달로 누구나 쉽게 정보를 습득할 수 있다. 하지만 우리 학생들은 책 읽기와 글쓰기의 환경에서는 점점 멀어지고 있다. 독서 및 독후활동은 지식 습득의 기능뿐 아니라 인성, 사고력, 창의력 향상과 연계되어 있다는 측면을 고려할 때 현재 대중화된 시각 문명은 독서를 통한 인성의 강화와 창의력 향상에는 바람직하지 못하게 작용하고 있다. 본 체험활동을 통해 학생들에게 독서에 대한 홍미를 유발할 뿐 아니라 향후 학생들의 독후활동의 폭을 넓힐 수 있다.

• 왜 문학 퍼포먼스인가? – 시각 문명의 대중화로 독서환경 악화 오늘날 사회는 정보통신기술의 발달로 누구나 쉽게 정보를 습득할 수 있다. 하지만 우리 학생들은 책 읽기와 글쓰기의 환경에서는 점점 멀어지고 있다. 독서 및 독후활동은 지식 습득의 기능뿐 아니라 인성, 사고력, 창의력 향상과 연계되어 있다는 측면을 고려할 때 현재 대중화된 시각 문명은 독서를 통한 인성의 강화와 창의력 향상에는 바람직하지 못하게 작용하고 있다. – 독서를 시각화하여 공연함으로써 책 읽기에 대한 흥미 유발 문학 퍼포먼스는 시각 문화에 익숙한 학생들에게 독서를 시각화하여 공연함으로써 책 읽기에 대한 흥미를 유발하고 문학적 사고를 기르는 한편 공연문화를 통한 학교 공동체 문화를 형성하는 데 기여하고자 구안된 프로그램이다.
• 새로운 형태의 독서를 통한 독후활동의 폭 넓히기 – 책 읽어주는 공연은 무대에 배우들이 올라가 청중에게 소설을 읽어주는 형태로 일종의 문학 퍼포먼스이다. 동일한 책이라도 구연자인 성우의 목소리와 표현의 정도가 다르기 때문에 학생들은 마치 문학작품에 생명이 있는 것처럼 느낄 수 있다. – 문학 작품이 시각화된 형태로 표현되는 것을 접할 기회를 제공함으로써 독서에 대한 흥미를 유발할 뿐 아니라 향후 학생들의 독후활동의 폭을 넓힐 수 있다.

(5) 체험활동의 개요

프로그램명	책을 읽어주는 사람들과 떠나는 교실 밖 문학 여행		
내용 영역	☐ 과학기술 ☑ 인문사회 ☑ 예체능 ☐ 융합 ☐ 기타		
관련 교과	국어, 음악, 미술	창의적 체험활동 영역	☑ 자율 ☐ 봉사 ☐ 동아리 ☐ 진로
학교급	중학교	총 소요시간	6차시
활용 자원	1. 프로그램 운영 관련 기관 담당자: ㈳교육사랑 21산하 '책을 읽어주는 사람들' 2. 지원가능 인적 · 물적 자원 (1) 인적 자원: 문학 퍼포먼스 공연 제작진 및 성우 (2) 물적 자원: 무대, 무대 장치(조명, 배경, 음향 등)		
창의 · 인성 요소	창의성 요소 – 인지적 요소: 공연 관람 사전활동을 수행하는 과정에서 논리적 사고, 수렴적 사고 등을 함양하고, 공연 작품과 관련된 동아리 선택 체험활동을 수행하는 과정 속에서 상상력, 시각화 능력, 확산적 사고 등을 기른다. – 성향적 요소: 공연 작품 관람을 통해 감수성을 함양하고, 모둠 선택활동 수행과정에서 책무 확인 및 모둠 역할 분담 등을 경험함으로써 독립성, 개방성 등을 기를 수 있다.		

창의 · 인성 요소	- 동기적 요소: 책 읽어주는 공연이라는 문학 퍼포먼스 형식을 활용함으로써 학습자의 흥미와 호기심을 자극할 수 있으며, 새로운 공연 관람에의 몰입을 경험할 수 있다. 인성 요소 - 인성 판단능력 요소: 선택활동을 결정하는 경험을 통해 의사결정 능력을 함양할 수 있으며 모둠 선택활동의 수행 과정에서 행동실천력을 기를 수 있다. - 인간관계 덕목 요소: 모둠활동 중 역할 분담과 수행의 과정에서 약속, 책임, 배려, 소유 등의 덕목을 함양할 수 있다.	
프로그램 목표	학습목표	책 읽어주는 사람들의 공연을 관람하고 모둠 선택 체험활동을 통해 대상 작품의 줄거리와 주제를 발표한다.
	창의성 목표	문학 퍼포먼스 관람을 통해 문학적 감수성을 향상시키고, 이를 다른 형식으로 독창성 있게 표현한다.
	인성목표	타인을 배려하며 문학 퍼포먼스를 관람한 후, 책임감을 가지고 모둠활동에 참여한다.
학교급별 운영 방안	초등학교	30분 내외의 책 읽어주는 공연 관람 후 역할극으로 표현
	중학교	1시간 내외의 책 읽어주는 공연 관람 후 다른 장르로 표현
	고등학교	책 읽어주는 공연 관람 후 논술 등의 심화된 활동 체험

(6) 프로그램 흐름도

이와 같은 프로그램을 실제 수업에서 어떻게 발현될 수 있는가를 '사전활동, 체험활동, 사후활동'의 프로그램 활동별로 흐름도를 제시하면 다음과 같다.

사전활동 (1차시)		책 읽어주는 공연 보다 먼저 만나는 문학 작품 • 사전활동 선택 및 모둠 구성 - 사전활동 선택하기 - 동일한 사전활동을 선택한 학생끼리 모둠 구성하기 - 모둠 이름 만들기 및 역할 분담 • 모둠 선택활동 수행 및 결과물 전시 - 모둠별 선택활동 수행 - 결과물 전시
체험활동	체험활동 1 (2차시)	새로운 형태의 독서, 문학 퍼포먼스 1. 책 읽어주는 공연 관람 - 공연 예절 알아보기 - 책 읽어주는 공연 관람

체험활동	체험활동 1 (2차시)	2. 관람 공연 작품에 대한 생각 이어가기 & 생각 확장하기 – '생각 이어가기' 활동 – 공연 배우와의 대화 및 소감 발표
	체험활동 2 (2차시)	새로운 형태로 재탄생하는 공연의 감동 3. 체험활동 선택 및 모둠 구성 – 체험활동 선택하기 – 동일한 사전활동을 선택한 학생끼리 모둠 구성 – 모둠 이름 만들기 및 역할 분담 4. 모둠 선택활동 수행 및 초대장 만들기 – 모둠별로 선택한 활동 실행 – 수행 결과물 공연 및 전시에 초대장 만들기
사후활동 (1차시)		함께 나누는 감동 • 선택 체험활동 결과물 공연 및 전시 – 연극, 문학 퍼포먼스 등 공연 – 모둠 협동화, 모둠 협동 안내장 등 전시 • 체험활동에 대한 평가 및 정리 – 공연 관람 및 선택활동에 대한 설문지 작성

(7) 창의 · 인성적 요소

이 프로그램을 통해 함양할 수 있는 창의 · 인성적 교육 요소는 다음과 같다. 창의성 요소로는 논리적 사고, 수렴적 사고, 상상력, 시각화, 확산적 사고, 감수성, 독립성, 개방성, 흥미, 호기심과 몰입이 있고, 인성 요소로는 의사결정 능력, 행동실천력, 약속, 책임, 배려, 소유가 있다.

프로젝트 수행단계		창의 · 인성 요소		
사전활동	표지로 만나는 『어린왕자』	은유 · 유추적 사고	감수성	소유
	사전활동 선택 및 모둠 구성	자율성	시각화 능력	소유
	선택활동 수행 및 발표	몰입	독창성	약속 · 책임
체험활동 1	공연 관람 예절 교육	공공질서	배려	약속
	공연 관람	상상력	감수성	배려
	생각 이어가기 & 확장하기	개방성	의사소통능력	소유

체험활동 2	체험활동 선택 및 모둠 구성	자율성	시각화 능력	소유
	모둠 선택활동 수행	몰입	독창성	문제해결력
	초대장 만들기	흥미 · 호기심	상상력	시각화 능력
사후활동	전시	호기심	시각화 능력	소유
	공연	독창성	몰입	약속 · 책임
수업 중 규칙		책임	약속	정직
자신의 역할		책임	행동실천력	소유
친구와의 관계		배려	용서	협동

(8) 관계 정부부처 및 공공기관 소개

본 체험활동은 관계 정부부처 및 공공기관과 학교가 협력하여 교육과정을 운영해나가는 프로그램이다. 원활한 수업진행을 위해 지역별 연계 가능 기관인 '(社)교육사랑 21' 소개를 다음과 같이 제시하였다.

명칭	(社)교육사랑 21
주요 활동	청소년 자전거 하이킹 및 가족 단위 트레킹, 전통문화 체험 교실, 독서 장려 운동 '책을 읽어주는 사람들' 학교 순회공연 등 문화예술교육 지원 사업을 시행
연계 가능 활동	• 성우가 책을 읽어주는 라이브 라디오 드라마 형식의 퍼포먼스를 학생들에게 제공하고 차후 다양한 독후활동과 연계하여 활용. • 공연 내용을 녹화하여 차후 학교 독서교육에 활용.
지역별 연계 가능 기관	• 본부에서 각 지역의 활동 성우와 연결하여 지원(전 지역 지원 가능) • 연락처: 032~810~1004

(9) 체험활동 구체안

① 사전활동

활동목표	• 공연 대상 문학 작품에 대한 정보를 검색하여 만화, 노래, 만화, 그림 등으로 표현한다.

준비사항	• 공연 대상 작품의 도서 표지를 수집하여 동기 유발 자료로 활용한다. • 모둠별 활동에 필요한 그림 제작 도구 등을 사전에 준비 한다. • 모둠별로 정보를 검색할 수 있는 컴퓨터가 최소 1대 이상 확보되는 공간을 조성한다.

활동과정 (시간)	체험활동	도움말	창의(✻)·인성(✩) 요소
들어가기 (5분)	• 표지로 만나는 문학작품 (예시: 『어린 왕자』) [교사지도자료 1] - 다양한 『어린 왕자』 표지들의 공통점과 차이점 찾아보기 - 책 표지를 보고 작품 제목을 붙이기 • 희망하는 활동 선택하기[교사지도자료 2] 〈활동 예시〉 - 도서 협동 마인드맵 만들기 (도서 정보를 검색하여 마인드맵으로 표현) - 공연 협동 마인드맵 만들기 (공연 작품을 원작으로 공연된 연극, 뮤지컬 등에 대한 정보를 검색하여 마인드맵으로 표현) - 모둠 협동 노래 만들기 (공연 대상 작품을 검색하여 노래로 재구성) - 8컷 만화로 표현하기 (공연 대상 작품에 대한 정보를 검색하여 줄거리를 중심으로 8컷 만화로 표현) - 모둠 협동 캐릭터 만들기 (주인공 및 등장인물을 캐릭터로 표현하기) • 모둠 구성하기 - 동일한 사전활동을 선택한 학생들로 모둠 구성	• 사전활동의 예시를 5가지 정도 안내하고 학생들이 원하는 활동을 사전활동에 포함 시킨다. • 희망하는 선택활동이 집중되어 모둠 구성원의 수가 지나치게 차이 날 경우 학생들 간의 타협을 통해 조정한다.	✻ 은유·유추적 사고, 감수성 ✻ 다양성, 용기, 자율성, 독창성 ✩ 소유 ✩ 약속, 용서, 배려, 소유
활동하기 (35분)	1. 모둠 이름 만들고 역할 분담하기 [학생활동자료 1] - 모둠 이름 만들기 - 선택 사전활동을 수행하기 위한 역할 분담 2. 모둠 선택활동 수행하기 [학생활동자료 2][교사지도자료 3, 4, 5] - 모둠 선택활동을 역할 분담에 따라 수행 - 사전 선택활동 결과물 전시 안내	• 모둠 이름을 책상에 부착하여 시각화한다. • 선택활동 수행 결과물은 교실 내에 전시한다.	✻ 다양성, 자율성, 독창성 ✩ 책임, 소유 ✻ 몰입, 다양성, 자율성, 독창성, 시각화 능력 ✩ 약속, 책임
나오기 (5분)	• 차시 체험활동 알아보기 [교사지도자료 6] - 공연 방법 및 작품을 학생들의 사전활동과 관련하여 알기		✻ 호기심, 흥미, 감수성

② 체험활동 1

활동목표	• 공연 예절을 준수하며 '책 읽어주는 공연'을 관람한다.
준비사항	• 공연 1주일 전에 가정 통신문을 발송한다. [교사지도자료 7] • 사전에 공연장 예절 교육에 관한 자료를 제작하여 학생에게 안내한다. • 공연 내용을 녹화하여 활용할 수 있도록 공연 팀의 사전 동의를 얻는다. • 학생들이 관람 소감을 간단하게 표현할 수 있도록 입구에 도화지가 부착된 이젤들을 준비한다.

활동과정 (시간)	체험활동	도움말	창의(✻)·인성(✩) 요소
들어가기 (10분)	• 공연 관람 예절을 알아보기 [교사지도자료 8] - 타인을 배려하고 질서를 지킬 수 있도록 공연관람 예절 알기 • 공연 작품 알아보기 - 책을 읽어주는 사람들 공연 배우(성우) 알아보기 - 공연 작품(예시: 『어린 왕자』) 알아보기	• 사전 선택활동 결과 물을 공연장 앞에 전 시하여 전시학습과 연관하여 흥미가 유발될 수 있도록 조력한다.	✩ 도덕적 예민성, 배려 ✻ 흥미, 호기심, 상상력
활동하기 (60분)	1. 책 읽어주는 공연 관람 - 성우가 무대에서 학생들에게 『어린 왕자』를 읽어주는 공연 시연 - 예절을 준수하며 공연 관람 2. 관람 작품에 대한 생각 이어가기 [학생활동자료 3][교사지도자료 9] - '생각 이어가기' 활동지 완성 - '공통 생각 과제'에 대한 발표(2~3명)	• 공연을 녹화하여 체험활동 2의 동기 유발 자료로 활용한다.	✻ 몰입, 상상력, 감수성 ✩ 배려 ✻ 확산적 사고, 독창성, 자율성 ✩ 의사결정력, 배려
나오기 (20분)	• 공연 배우와의 대화 - 공연 작품에 대한 학생과 공연 배우의 질의응답 • 공연 관람 소감 표현하기[학생활동자료 4] - 공연장을 나가면서 입구에 설치된 표현지(이젤에 부착)에 관람 소감을 글과 그림으로 표현	• 학생들이 관람 소감을 간단하게 표현할 수 있도록 입구에 도화지가 부착된 이젤을 준비한다.	✩ 용기, 다양성, 자율성 ✻ 시각화 능력 ✩ 배려, 소유

③ 체험활동 2

활동목표	• 모둠 구성원들과의 협동을 통해 문학 퍼포먼스 공연을 다른 형식으로 독창적으로 표현한다.
준비사항	• 공연의 주요 장면을 캡처하여 음악과 함께 제시하는 PPT를 사전에 제작하여 동기 유발 자료로 활용한다. • 학생들의 활동 내용을 녹화 · 편집하여 차후 사후활동의 동기 유발 자료로 활용한다.

활동과정 (시간)	체험활동	도움말	창의(✻)·인성(✰) 요소
들어가기 (25분)	• 공연의 감동을 다시 만나보기 - 공연의 주요 장면을 녹화 · 편집한 자료를 보며 기억 상기하기 • 희망하는 활동 선택하기[교사지도자료 10] 〈활동 예시〉 - 협동화 그리기 (모둠 원들의 '생각 이어가기' 활동지의 내용을 중심으로 협동화 제작) - 공연 내용의 일부를 역할극으로 표현하기 (20분 분량 역할극) - 모둠 협동 브로슈어 만들기 - 모둠 story 만들기 (공연 대상 문학 작품의 줄거리를 점토로 표현) - 다른 문학 작품의 일부를 '책 읽어주는 공연'으로 표현하기 (20분 분량의 문학 퍼포먼스) - 점토로 표현하기 • 모둠 구성하기 및 역할 분담 [학생활동자료 1] - 동일한 사전활동을 선택한 학생들로 모둠 구성 - 동아리 이름 만들기 - 동아리 별로 선택한 사전활동을 수행하기 위한 역할 분담	• 공연 주요 장면을 캡처하여 음악과 함께 제시하는 동영상을 사전에 제작하여 동기 유발 자료로 활용한다. • 예시된 선택활동 이외에 학생들이 희망하는 활동을 체험활동에 포함시킨다.	✻ 다양성, 용기, 자율성, 독창성 ✰ 소유 ✻ 다양성, 자율성, 독창성 ✰ 책임, 소유
활동하기 (60분)	1. 관람 공연과 관련한 동아리 선택활동 수행 - 모둠별로 선택한 체험활동 수행 2. 초대장 만들기 - 선택활동 결과물 공연 및 전시회에 대한 초대장 만들기(초대 대상: 선생님, 부모님, 친구들 등)	• 학생들의 활동 내용을 녹화하여 차후 사후활동의 동기 유발 자료로 활용한다. • 초대장을 활용하여 사후활동에 지인들을 초청할 수 있도록 안내한다.	✻ 몰입, 다양성, 자율성, 독창성, 시각화 능력 ✰ 약속, 책임
나오기 (5분)	• 사후활동 알아보기 - 모둠 선택 체험활동에 대한 공연 및 전시		✻ 호기심, 흥미 ✰ 책임, 약속

④ 사후활동

활동목표	모둠 선택활동 수행 결과물을 효과적으로 전시 · 공연한다.
준비사항	• 체험활동 2의 학생 활동 내용을 녹화 · 편집한 자료를 동기 유발 자료로 활용한다. • 전시와 공연이 이루어질 수 있도록 교실 환경을 조성한다.

활동과정(시간)	체험활동	도움말	창의(✻) · 인성(✩) 요소
들어가기 (2분)	• 체험활동 짚어보기 – 체험활동 2의 모둠 체험활동을 녹화 · 편집한 동영상 자료를 보며 기억을 상기	• 각 동아리의 체험활동 장면을 캡처하여 동영상을 사전에 제작하여 동기 유발 자료로 활용한다.	✻ 감수성
전개 (40분)	• 동아리별로 선택하여 수행한 결과물 발표 – 동아리 협동화, 동아리 협동 브로슈어: 전시 – 역할극 및 문학 퍼포먼스: 공연		✻ 호기심, 몰입, 독창성, 다양성 시각화 능력, ✩ 배려, 책임, 약속
나오기 (3분)	• 체험활동에 대한 평가 및 정리 [학생활동자료 5] – 공연 관람 및 선택한 체험활동에 대한 설문지 (자기 점검) 작성	• 학생들이 작성한 설문지는 체험활동에 대한 피드백 자료로 활용한다.	✩ 정직, 소유

⑤ 평가계획

평가 영역	평가 기준	평가 척도					평가 방법
		매우잘함	잘함	보통	미흡	미완성	
		5	4	3	2	1	
학습 목표	공연 대상 작품의 줄거리를 이해하는가?						관련 교과의 평가 문항에 반영
	공연 대상 작품의 주제를 말할 수 있는가?						
	공연 대상 작품의 공간적 배경의 변화 과정을 말할 수 있는가?						
창의성 목표	공연 관람 및 선택활동에 몰입하였는가?						전시 및 공연 결과물 평가
	공연 대상 작품을 다른 형식으로 표현했는가?						
	모둠 선택활동 결과물이 독창적으로 산출되었는가?						

인성 목표	개인의 의사와 능력에 적합하게 역할이 분담되었는가?						역할 분담 활동지의 적절성 평가
	모든 구성원의 역할 분담과 활동이 결과물에 충분히 반영되었는가?						
기타	체험활동 과정에 기타의 창의 · 인성적 요소가 있는가?						체험활동 관찰 평가

(10) 부록

① 학생활동자료

사전활동 학생활동자료 3	생각 이어가기 활동지 - '나는 생각한다. 고로 나는 존재한다.'

생각 이어가기

"공연 소감을 짧은 글이나 그림으로 표현해보세요"

선택 과제 다음 질문 중 하나를 선택하여 답하세요.

• 『어린왕자』의 내용 중 여우와의 대화에서 '길들인다'의 의미는 무엇일까요?

____

____

• 지구의 한 정원에서 키우는 5천 그루의 장미에서도 찾아내지 못하는 것을 단 한 송이의 장미에서 찾을 수 있다고 했는데 그것은 무엇일까요?

____

____

• 어린왕자는 사막과 별의 아름다움이 무엇 때문이라고 했나요?

____

____

생각 확장하기

공통 과제 다음 질문에 답하세요.

어린왕자와 여우의 대화 중 "마음으로 보지 않으면 정확하게 볼 수 없다. 가장 중요한 것은 눈에는 보이지 않는다"라는 말이 나옵니다. 내게 있어 마음으로 보아야 할 가장 중요한 것은 무엇인가요?

____

____

____

____

사후활동 학생활동자료 5 체험활동 정리를 위한 유인물 –「자기생각 점검」

'책 읽어주는 사람들' 공연 관람 및 선택 체험활동에 대한
자기 생각 점검

(　　)학년 (　　)반 (　　)번 (　　　　　)

Ⅰ. 활동 후, 자기 점검

※ '책 읽어주는 사람들' 공연 관람 및 선택 체험활동을 마친 후, 자신의 활동 상황과 생각의 변화에 대해 알아봅시다. 해당되는 질문에 ☑ 또는 서술형으로 답하시오.

구분	번호	내용	응답 수준 (내용)				
			1	2	3	4	5
			매우 아니다	약간 아니다	보통	약간 그렇다	매우 그렇다
1	공연 작품에 대한 이해도	나는 생텍쥐페리의 『어린왕자』의 줄거리를 이해하고 있다.					
2		나는 생텍쥐페리의 『어린왕자』의 주제를 말할 수 있다.					
3		나는 생텍쥐페리의 『어린왕자』를 짧은 글이나 그림으로 재구성할 수 있다.					

4	활동 참여도	나는 공연 관람 전 선택 체험활동에 적극적으로 참여하였다.					
5		나는 '책을 읽어주는 사람들 공연'을 관람하는 동안 공연에 몰입하였다.					
6		나는 공연 관람 후 선택 체험활동에 적극적으로 참여하였다.					
7	활동의 효과	나는 이번 '책을 읽어주는 사람들' 공연 관람을 통해 독서에 관심을 갖게 되었다.					
8		나는 이번 공연 관람과 선택 체험을 통해 자기주도적인 독서 및 독후활동을 지속하고자 하는 의욕이 생겼다.					
9	앞으로의 계획	나는 '책을 읽어주는 공연' 관람에 참여하지 못한 다른 친구들에게 참여를 권장할 것이다.					
10		나는 앞으로도 독서 및 독후활동과 관련된 체험활동에 적극적으로 참여할 것이다.					
합 계(총점: / 50점)							

② 교사활동자료

사전활동 교사지도자료 3	도서 정보, 공연 정보를 검색할 수 있는 사이트

도서 검색 사이트 〉〉

국립중앙도서관	http://www.nl.go.kr
네이버 책 검색	http://book.naver.com
다음 책 검색	http://book.daum.net
교보문고	http://www.kyobobook.co.kr
대교 리브로	http://www.libro.co.kr
예스 24	http://www.yes24.com
영풍문고	http://www.ypbooks.co.kr
반디앤루니스	http://www.bandinlunis.com
알라딘	http://www.aladin.co.kr
인터파크 도서	http://book.interpark.com
도서 11번가	http://book.11st.co.kr

공연 검색 사이트 〉〉

서울 연극 센터	http://www.e-stc.or.kr
다음 공연 정보	http://movie.daum.net/play
티켓 링크	http://www.ticketlink.co.kr
플레이 디비	http://www.playdb.co.kr
인터파크 티켓 예매	http://ticket.interpark.com

2) 커리어넷을 통한 나의 꿈, 진로 찾기(진로 체험 프로그램)

(1) 프로그램의 개요

'커리어넷을 통한 나의 꿈, 진로 찾기' 프로그램은 객관적인 진로검사를 통해 학생들의 진로를 찾고, 이를 바탕으로 자신의 정체성을 확립하고 직업 설계 능력을 함양시키는 체험활동으로 구성되었다.

(2) 교육과정 및 영역

이 프로그램의 교육과정은 중학교 3학년에 해당하며 관련 교과는 진로와 직업에 해당하는 전교과 교육 영역이다.

- **학교급**: 중학교
- **관련교과**: 전교과(진로와 직업)

(3) 활동 주제

이 수업 모형에서 다루고자 하는 활동 주제는 '객관적 검사와 진로 · 직업 설계 능력 함양'이다. 학생들은 자신이 원하는 진로와 직업이 무엇인지 객관적 검사를 통해 확인하고 달성해야 할 목표를 알게 됨으로써 체계적인 계획의 수립이 가능해질 수 있으며, 자신과 유사한 진로의식을 갖고 있는 친구들과 함께 모둠활동을 진행하며 정보를 공유하고 자신감을 얻게 될 것이다.

- 객관적 검사와 진로 · 직업 설계 능력 함양

(4) 주제 선정의 이유

진로는 모든 행동의 목표 지향점을 제시해주는 기준으로 행동의 일관성, 학습 참여 동기의 기본 전제가 된다. 그러나 요즘 아이들은 자신이 무엇을 하고 싶은지, 어떤 노력을 해야 하는지에 대한 고민을 하지 않는 경우가 너무도 많다. 물질적으로 풍족해지고 직업군이 다양해졌지만 핵가족화, 출산률 감소 등의 이유로 과잉보호가 일반적인 현상이 되었다. 이에 따라 자신이 무엇을 해야 할지, 어떤 교육을 받아야 할지에 대해 구체적으로 인식하지 못하는 니트족의 확산은 사회적으로 큰 문제를 야기하고 있다. 진로인식의 부재는 생산성 약화로 이어지고 있어 시급한 해결이 요구된다. 무엇보다 개인의 인생 설계라는 차원에서 진로인식은 중요한 의미를 갖는다. 본 체험활동을 통해 학생들은 자신의 특성과 적성을 이해하고, 이를 바탕으로 정확한 진로 탐색과 자신만의 직업 설계 능력을 함양하고 생각해보는 기회를 가질 수 있다.

- **진로 · 직업 탐색의 필요성**
  - 무엇을 해야 할지 모르겠어요.

    진로는 모든 행동의 목표 지향점을 제시해주는 기준으로 행동의 일관성, 학습 참여 동기의 기본 전제가 된다. 그러나 요즘 아이들은 자신이 무엇을 하고 싶은지, 어떤 노력을 해야 하는지에 대한 고민을 하지 않는 경우가 너무도 많다.
  - 진로인식은 꼭 필요해요.

    물질적으로 풍족해지고 직업군이 다양해졌지만 핵가족화, 자녀출산의 감소 등의 이유로 과잉보호가 일반적인 현상이 되었다. 이에 따라 자신이 무엇을 해야 할지, 어떤 교육을 받아야 할지에 대한 구체적 인식을 갖지 못하는 니트족의 확산은 사회적으로 큰 문제를 야기하고 있다. 진로인식의 부재는 생산성 약화로 이어지고 있어 시급한 해결이 요구된다. 무엇보다 개인의 인생 설계라는 차원에서 진로인식은 중요한 의미를 갖는다.

- **객관적 검사를 통한 진로의식의 함양**
  - 진로 목표는 달성하기 위해서는 진로에 대한 인식이 정확히 이루어져야 한다. 자신이 원하는 진로와 직업이 무엇인지 객관적 검사를 통해 확인할 수 있다. 달성해야 할 목표를 알게 됨으로써 체계적인 계획의 수립이 가능해진다. 그뿐만 아니라, 자신과 유사한 진로의식을 갖고 있는 친구들과 함께 모둠활동을 진행하며 정보를 공유하고 자신감을 얻을 수 있게 된다.

(5) 체험활동의 개요

<table>
<tr><th>프로그램명</th><td colspan="4">커리어넷을 활용한 나의 꿈, 진로 찾기</td></tr>
<tr><th>내용 영역</th><td colspan="4">☐ 과학기술 ☐ 인문사회 ☐ 예체능 ☐ 융합 ☑ 기타</td></tr>
<tr><th>관련 교과</th><td>전교과(진로와 직업)</td><th colspan="2">창의적 체험활동 영역</th><td>☐ 자율 ☐ 봉사 ☐ 동아리 ☑ 진로</td></tr>
<tr><th>학교급</th><td>중학교</td><th colspan="2">총 소요시간</th><td>6차시</td></tr>
<tr><th>활용 자원</th><td colspan="4">1. 프로그램 운영 관련 기관 담당자: 한국직업능력개발원 교육사업 담당자
2. 지원가능 인적 · 물적 자원
(1) 인적 자원: 한국직업능력개발원 인력, 각 지역별 노동청 인력
(2) 물적 자원: 커리어넷 웹 자료, 한국직업능력개발원 직업 안내 자료</td></tr>
<tr><th>창의 · 인성 요소</th><td colspan="4">창의성 요소
- 인지적 요소: 커리어넷의 직업 탐색 프로그램을 통해 다양한 직업 영역을 이해하고 체험하는 과정에서 논리적 사고와 다른 영역에 대한 수렴적 사고를 기를 수 있다.
- 성향적 요소: 자신이 선택한 진로에 대한 책임감이 커진다. 폭넓은 진로 탐색은 개방성을 향상시켜 줄 수 있다.
- 동기적 요소: 진로 · 직업 체험을 통해 다양한 영역의 진로에 대한 흥미가 형성되고 자신이 선택한 진로에 대한 몰입이 가능해진다.

인성 요소
- 인성판단력 요소: 진로 탐색 경험을 통해 의사결정 능력을 키우고, 진로 목표 실천과정에서 행동실천력을 기를 수 있다.
- 인간관계 덕목 요소: 진로 성향이 유사한 동료들과 공동으로 진로 · 직업 체험활동을 통해 의사소통 능력의 향상과 협동능력을 기를 수 있다.</td></tr>
<tr><th rowspan="3">프로그램 목표</th><td>학습목표</td><td colspan="3">진로 탐색 프로그램을 통해 자신의 진로계획을 세우고 발표한다.</td></tr>
<tr><td>창의성 목표</td><td colspan="3">진로 체험활동을 통해 자신의 진로계획을 세우고 다른 진로의 가치를 공감하여 표현한다.</td></tr>
<tr><td>인성목표</td><td colspan="3">진로 체험활동을 통해 자신의 진로에 대한 긍정적 인식과 친구들 사이의 협동능력의 결과를 표현한다.</td></tr>
</table>

학교급별 운영 방안	초등학교	체험활동 1을 상대적으로 쉬운 직업흥미검사로 적용
	중학교	모둠활동에 흥미 있는 내용을 상황에 맞게 활용
	고등학교	체험활동 2를 대학의 전공과 연관시켜 적용

(6) 프로그램 흐름도

사전활동 (1차시)		진로검사를 통한 나의 진로 찾기 • 진로에 대한 현재 나의 생각 - 자신의 미래에 대한 생각을 구체적으로 표현하기 - 친구들과 나의 꿈 나누기 • 객관적 검사의 적용 - 검사의 필요성 이해하기 - 진지한 자세로 검사에 참여하기 - 검사 결과 확인 방법 이해하기
체험활동	체험활동 1 (2차시)	친구들과 함께 꿈 나누기 1. 진로 유형에 따른 모둠 편성 - 사전활동 내용 결과를 중심으로 모둠 나누기 - 모둠 이름 정하고 활동 계획하기 2. 진로 목표 달성을 위해 필요한 내용 정리 - 모둠활동을 통해 필요한 내용 찾기 - 인터넷, 도서자료 정리하기
	체험활동 2 (2차시)	나만의 롤모델 찾기 3. 롤모델 선정 - 롤모델의 구체적인 모습 표현하기 - 10년, 20년 후 나의 모습 계획하기 4. 모둠별 활동 - '미래의 나' 상황극으로 만들기 - 나만의 명함 만들기
사후활동 (1차시)		함께 나누기 • 활동 내용 발표 - 모둠별 활동 내용 발표하기 - 활동 결과물 전시하기 • 평가 및 이후 활동계획 - 모둠활동에 대한 평가하기 - 지속적인 활동이 이루어질 수 있도록 온라인 커뮤니티 만들기

(7) 창의 · 인성적 요소

이 프로그램을 통해 함양할 수 있는 창의 · 인성적 교육 요소는 다음과 같다. 창의성 요소로는 논리적 사고, 수렴적 사고, 책임감, 개방성, 흥미와 몰입이 있으며, 인성 요소로는 의사결정 능력, 행동실천력, 의사소통 능력, 협동능력이 있다.

프로젝트 수행단계		창의 · 인성 요소		
사전활동	진로인식의 중요성 찾기	사고의 확장	개방성	몰입
	검사 참여하기	몰입	정직	
	또 다른 활동 알아보기	사고의 확장	호기심/흥미	개방성
체험활동 1	모둠 나누기	배려	책임	약속
	상황극 만들기	상상력	감수성	사고의 확장
	나만의 명함 만들기	상상력	개방성	소유
체험활동 2	롤모델의 의미 확인하기	사고의 확장	지식	호기심/흥미
	롤모델 찾기	몰입	독창성	행동실천력
	특성 정리하기	흥미 · 호기심	상상력	시각화 능력
사후활동	모둠별 상황극	개방성	시각화 능력	행동실천력
	상호 평가하기	사고의 수렴	비판적 사고	도덕적 판단력
수업 중 규칙		공정	약속	정직
자신의 역할		책임	협동	자부심
친구와의 관계		정직	배려	소유

(8) 관계 정부부처 및 공공기관 소개

본 체험활동은 관계 정부부처 및 공공기관과 학교가 협력하여 교육과정을 운영해나가는 프로그램이다. 원활한 수업 진행을 위해 지역별 연계 가능 기관인 '한국직업능률개발원' 소개를 다음과 같이 제시하였다.

명칭	한국직업능률개발원
주요 활동	직업에 관한 다양한 정보 제공, 미래의 유망 직종 소개, 각종 온라인 직업검사, 학교별 진로교육 실천사례 제공, 진로 · 직업교육 지원
연계 가능 활동	• 온라인 자료를 활용한 객관적 진로 · 직업 검사 • 직업 안내 자료의 활용 및 진로지도를 위한 강사 지원
지역별 연계 가능 기관	• 커리어넷 온라인 자료를 활용하거나 한국직업능률개발원의 자원 활용 • 연락처: http://www.careernet.re.kr 온라인 문의

(9) 체험활동 구체안

① 사전활동

활동목표	• 구체적인 진로인식 형성을 위해 객관적 검사에 실제로 참여한다.
준비사항	• 온라인으로 참여가 가능한 컴퓨터실, 오프라인으로 참여할 경우 검사지를 준비한다. • 검사에 대한 충분한 설명이 이루어질 수 있도록 검사에 관한 정보를 준비한다.

활동과정 (시간)	체험활동	도움말	창의(✻) · 인성(✰) 요소
들어가기 (10분)	• 진로인식의 중요성 찾기 [교사지도자료 1] - 제시된 인물의 공통점 찾기 - 진로인식의 중요성 확인하기 • 현재 나의 진로인식 확인하기 [학생활동자료 1] - 자신이 생각하는 진로에 대한 생각 정리하기 - 친구의 발표를 듣고 자신의 진로에 대한 생각이 얼마나 구체적인지 스스로 평가하기 • 객관적 검사의 필요성과 주의사항 확인하기 - 검사의 취지와 목적 확인하기 - 검사 참여에 있어 주의해야 할 점이 무엇인지 확인하기	• 진로인식의 중요성에 초점을 맞춰 인물의 공통점을 찾을 수 있도록 안내한다. • 3~4명의 발표를 통해 진로에 대해 자신이 갖고 있는 생각을 확인한다. • 일반적인 시험과는 성격이 다르다는 점을 주지시켜 적극적이고 진솔한 자세로 참여할 수 있게 한다.	✻ 사고의 확장, 개방성 ✰ 도덕적 예민성

활동하기 (30분)	• 검사 참여하기 [학생활동자료 2] - 커리어넷의 프로그램을 활용하여 진로 검사하기 - 이해가 가지 않는 부분은 질문을 통해 확인하기 - http://www.careernet.re.kr 자료 활용	• 컴퓨터 조작에 어려움을 겪는 경우 도움을 준다. • 체험활동 전에 결과를 산출해 제시할 수 있어야 한다.	✻ 몰입 ✩ 정직
나오기 (5분)	• 차시 체험활동 안내하기 - 또 다른 검사에는 어떤 활동이 있는지 알아보기 [교사지도자료 2] - 차시 활동이 무엇인지 확인하기 - 준비물이 무엇인지 확인하기	• 준비물을 구체적으로 안내하여 원활한 활동이 이루어질 수 있게 한다. (그리기 도구)	✻ 호기심, 흥미, 사고의 확장, 개방성

② 체험활동 1

활동목표	• 객관적 검사 결과를 통해 유사한 진로별로 모둠을 만들고, 모둠별 특성에 맞는 활동을 통해 진로에 대한 인식 내용을 정리한다.
준비사항	• 모둠 편성이 원활히 이루어질 수 있도록 객관적 검사 결과를 종합한다. • 활동에 어려움을 겪는 모둠을 위해 지원할 수 있는 정보를 수집한다.

활동과정 (시간)	체험활동	도움말	창의(✻)· 인성(✩) 요소
들어가기 (10분)	• 검사 결과 확인하기 - 사전활동에서 실시한 검사 결과가 무엇을 의미하는지 이해하기 • 모둠 나누기 - 진로 성향이 비슷한 친구끼리 모둠 나누기 - 모둠별로 진로를 반영할 수 있는 이름 정하기	• 검사의 결과를 쉽게 이해할 수 있도록 설명하고 자신이 어느 모둠에 속하게 되는지 명확히 알려준다.	✻ 배려, 책임, 약속
활동하기 (60분)	1. 진로를 찾기 위한 자료 검색하기 - 도서자료를 통해 자신의 진로와 관련된 내용 찾기 - 인터넷 자료를 통해 진로 특성 찾기 2. 진로 목표 달성을 위해 필요한 내용 정리하기 - 검색 내용을 바탕으로 모둠별로 정리하기	• 단순한 내용 나열이 아닌 시기별로 체계적인 정리가 이루어져야 한다.	✻ 몰입, 상상력, 감수성, 사고의 확장 ✩ 배려 ✻ 확산적 사고, 상상력, 개방성 ✩ 소유, 배려
나오기 (20분)	• 모둠별 발표하기 - 진로의 특성과 필요한 내용 발표하기 • 활동 내용 평가하기 - 어느 모둠의 발표가 가장 인상적인지 평가하기	• 흥미 있게 진행될 수 있도록 편안한 분위기를 조성함	✩ 용기, 다양성, 자율성

③ 체험활동 2

활동목표	• 자신의 진로와 관련된 다양한 자료를 바탕으로 롤모델을 찾고 진로에 맞는 활동을 통해 진로인식을 구체화한다.
준비사항	• 효과적인 활동이 이루어질 수 있도록 6개의 모둠 대형을 만든다.

활동과정 (시간)	체험활동	도움말	창의(✻)·인성(✩) 요소
들어가기 (10분)	• 롤모델의 의미 확인하기 [교사지도자료 3] - 일화, 작품 내용을 통해 롤모델의 의미와 중요성 이해하기 • 이전 활동 떠올리기 - 자신의 진로 목표 달성을 위해 필요한 것이 무엇인지 확인하기	• 수준과 흥미를 고려하여 다양한 자료를 통해 인생의 롤모델이 중요함을 이해할 수 있게 한다.	✻ 사고의 확장, 지식, 호기심, 흥미
활동하기 (60분)	1. 롤모델을 찾기 위한 자료 검색하기 - 도서자료를 통해 자신의 진로에서 이상으로 삼을 수 있는 롤모델 찾기 - 인터넷 자료를 통해 롤모델 찾기 2. 롤모델의 특성 정리하기 [학생활동자료 3] - 자신이 찾은 롤모델의 특성 정리하기 3. '미래의 나' 상황극 만들기 - 진로목표를 달성한 '미래의 나'는 어떤 모습인지 상황극으로 만듦 - 실제 상연이 가능할 수 있도록 대본을 작성함 [학생활동자료 4] 4. 나만의 명함 만들기 [학생활동자료 5] - 직업을 구체적으로 알 수 있는 자신만의 명함 만들기	• 특정 인물을 찾기 어려운 경우 가상의 인물을 만들어 보는 방법도 활용할 수 있다. • 사후활동에서 실제로 공연이 이루어짐을 알려준다. • 명함은 개인적으로 만들 수 있도록 하되 모둠 내에서 협력이 이루어질 수 있다.	✻ 몰입, 다양성, 자율성, 독창성 ✩ 행동실천력 ✻ 확산적 사고, 상상력, 개방성 ✩ 소유, 배려
나오기 (20분)	• '미래의 나' 소개하기 - 만든 명함을 나누어주며 자신을 소개하기 • 활동 내용 평가하기 - 누구의 명함이 가장 인상적인지 평가하기	• 흥미 있게 진행될 수 있도록 편안한 분위기를 조성한다.	✩ 용기, 다양성, 자율성

④ 사후활동

활동목표	• 체험활동의 결과를 발표하고 정리하며, 자신의 진로계획을 구체화하여 정리한다.
준비사항	• 체험활동 1의 상황극을 공연할 수 있도록 교실 환경을 조성한다. • 명함, 롤모델 등의 결과물을 전시할 수 있는 공간을 확보한다.

활동과정 (시간)	체험활동	도움말	창의(✻)·인성(✩) 요소
들어가기 (5분)	• 체험활동 짚어보기 - 지금까지의 내용을 다시 확인하고 모둠별로 준비한 상황극을 발표할 준비	• 지금까지의 활동이 하나의 맥락에서 이루어졌음을 이해하게 한다.	✻ 사고의 수렴
전개 (20분)	• 모둠별 상황극 발표와 상호 평가하기 - 진로별 상황극 발표 - 활동 결과에 대한 평가 [학생활동자료 6]	• 객관적 평가가 이루어질 수 있도록 평가 항목과 척도에 대해 제시한다.	✻ 호기심, 몰입, 독창성, 다양성 시각화 능력 ✩ 배려, 책임, 약속
나오기 (20분)	• 차후 활동을 위한 온라인 커뮤니티 만들기(과제) [교사지도자료 4] - 지속적으로 진로 탐색 활동이 이루어지고 정보공유가 가능하도록 온라인 커뮤니티를 함께 만듦	• 활동이 지속될 수 있도록 활동 결과를 주기적으로 커뮤니티에 올릴 수 있도록 유도한다.	✻ 비판적 사고, 사고의 수렴 ✩ 도덕적 판단력

⑤ 평가계획

평가 영역	평가 기준	평가 척도					평가 방법
		매우잘함	잘함	보통	미흡	미완성	
		5	4	3	2	1	
학습 목표	진로의 필요성에 대해 구체적으로 말할 수 있는가?						
	객관적 검사의 필요성을 알고 성실히 참여했는가?						
	자신의 진로를 구체적으로 밝히고, 목표 달성을 위해 어떤 것이 필요한지 정리할 수 있는가?						
창의성 목표	진로 탐색 활동에 흥미를 갖고 몰입하였는가?						
	나의 진로에 대해 개성 있게 표현할 수 있는가?						
	앞으로 진로 목표 달성을 위해 노력하겠다는 동기가 형성되었는가?						

인성 목표	모둠활동은 적절히 이루어지고 활발한 의사소통이 이루어졌는가?						
	모든 구성원의 역할 분담과 활동이 결과물에 충분히 반영되었는가?						

(10) 부록

① 학생활동자료

사전활동 학생활동자료 2	커리어넷 활동 안내

1단계 진로심리검사 들어가기	2단계 진로심리검사 시작
3단계 진로심리검사 실시	4단계 진로심리검사 실시 후 결과 확인
내가 하게 될 검사는?	

체험활동 학생활동자료 5	나만의 명함 만들기

명함 샘플	명함에 들어갈 수 있는 내용
 (앞) 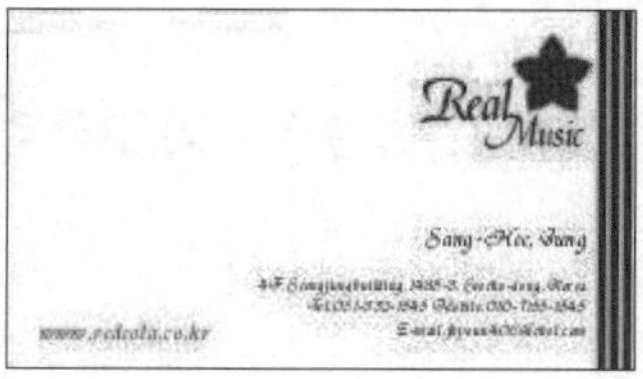 (뒤)	① 이름 ② 소속 ③ 직책 ④ 연락처 ⑤ 사진 또는 그림
나의 명함	명함 설명

② 교사활동자료

사전활동 교사지도자료 1	다음 인물의 공통점은?

김수환 추기경의 일화 - 김수환 추기경은 어린 시절 보통학교(지금의 초등학교)에 입학할 때부터 어머니의 권유와 순교자 집안이라는 가정환경의 영향으로 일찍부터 성직자의 길을 꿈꾸었다. - 그는 성직자로의 꿈을 소유하고 계속해서 신학자로서의 학업을 이어갔고, 중간에 일제치하 환경 속에 항일투쟁에의 관심을 갖기도 했지만 1951년 성직자로 서품이 된 후 영적 지도자로서의 행보를 이어갔다.
스티브 잡스(Steven Paul Jobs, 1955년 2월 24일 - 2011년 10월 5일)는 애플의 CEO로, 현재 컴퓨터 산업과 엔터테인먼트 산업의 중요한 인물 가운데 한 사람이다. 그는 1976년 스티브 워즈니악, 로널드 웨인과 함께 애플을 공동 창업했다. 애플 2를 통해 개인용 컴퓨터를 대중화하였다. 또한, GUI와 마우스의 가능성을 처음으로 내다보고 애플 리사와 매킨토시에서 이 기술을 도입하였다. 1985년 경영분쟁에 의해 애플에서 나온 이후 NeXT 컴퓨터를 창업하여 새로운 개념의 운영체제를 개발했다. 어린 시절부터 컴퓨터에 대한 관심을 갖고 계속 노력하였다.

▶ 두 인물의 공통점은 어린 시절부터 확실한 진로의식을 갖고 추진하여 자신의 분야에서 최고가 되었다는 점이다.

2. 사회 분야 창의적 체험활동 프로그램

1) 때리지도 않았는데 죄가 되나요? - 학교폭력 방관자 모의재판

(1) 프로그램의 개요

'때리지도 않았는데 죄가 되나요?' 프로그램은 사이버 법교육 센터와 연계하여 운영하는 것으로, 학생들에게 법 학습의 필요성을 인식시키고 모의재판을 통해 우리 공동체가 가야 할 방향과 공동체 구성원으로서 개개인의 역할을 학습할 수 있는 기회를 체험하는 활동으로 구성되었다.

(2) 교육과정 및 영역

이 프로그램의 교육과정은 초, 중, 고등학교의 구분 없이 사회, 법과 사회 교육 영역에 해당한다.

- 학교급: 초, 중, 고
- 관련교과: 사회, 법과 사회

(3) 활동 주제

이 수업 모형에서 다루고자 하는 활동 주제는 '학교폭력 현장을 방관한 학생에 대한 모의재판을 통해 재판 과정을 이해하고, 학교폭력에 대처하는 우리의 자세를 반성해본다'이다. 학생들은 재판 과정을 이해하고 학교폭력에 대하여 생각해보는 시간을 가짐으로써 공동체가 가야 할 방향과 그동안의 자세에 대해 반성하는 시간을 갖게 될 것이다.

• 학교폭력 현장을 방관한 학생에 대한 모의재판을 통해 재판 과정을 이해하고, 학교폭력에 대처하는 우리의 자세를 반성해본다.

(4) 주제 선정의 이유

사람이 모여 사는 곳에서는 상대적인 강자와 약자가 불가피하게 공존하고 있다. 이러한 상황 하에서 약자에 대한 부당한 행위가 일어나는 것을 방지하는 방법으로 제3자들의 관심과 사회적 시선의 변화를 일으키는 것이 하나의 대안이 될 수 있다. 본 체험활동을 통해 학생들은 사회적 · 도의적 책임에 대해 생각해보고, 학교폭력을 예방하기 위한 모두의 인식 변화를 기대할 수 있다.

• 왜 학교폭력인가? - 학교폭력은 교육 현장에서 지속적으로 제기될 수밖에 없는 소재이다. 다양한 학생들이 모여 단체생활을 하는 과정에 크고 작은 학생 간 충돌 사태가 일어나는 것은 다만 특정 시기의 문제가 아니다. 이는 다양한 사람이 모여 살아가는 사회생활 속에서도 마찬가지이다. 안정되고 발전하는 사회가 유지되기 위해서 사람들 간의 이러한 충돌을 어떻게 바라보고, 대처해야 하는지에 대한 고민과 효과적인 교육과정이 꾸준히 지속되어야 할 것이다. - 재판은 우리 사회의 공식적인 질서와 규칙을 가장 명확하게 알게 해준다. 재판과 이에 따른 법률 행위는 개인의 입장을 넘어 우리 사회와 공동체의 전체적인 가치관과 기준을 살펴보는 과정이다. 법률적 판단은 개인의 유무죄와 형량의 판결을 넘어 사회적 차원에서 객관적으로 상황을 바라봄으로써 우리 공동체가 가야 할 방향과 공동체 구성원으로서 개개인의 역할을 학습할 수 있는 기회를 제공한다.
• 방관자의 책임 유무를 판단하면서 무엇을 배울 수 있는가? - 사람이 모여 사는 곳에서는 상대적인 강자와 약자가 불가피하게 공존하고 있다. 이러한 상황 하에서 약자에 대한 부당한 행위가 일어나는 것을 방지하는 방법으로 제3자들의 관심과 사회적 시선의 변화를 일으키는 것이 하나의 대안이 될 수 있다. 우리는 공동체의 구성원으로서의 개인의 생활과 함께 사회의 안정과 유지를 위한 우리의 사회적 · 도의적 책임을 살펴보고, 학교폭력을 예방하기 위한 모두의 인식 변화를 기대해보고자 한다.

(5) 체험활동의 개요

이와 같은 주제 선정을 통해 개발한 체험활동의 개요를 살펴보면 다음과 같다. 본 프로그램 운영을 위한 '활용 자원, 창의 · 인성 요소, 프로그램 목표, 학교급별 운영 방안'이 제시되어 있다. 각 학교는 해당 학교의 교육적 요구와 여건에 맞는 수업을 융통성 있게 편성할 수 있다.

<table>
<tr><td>프로그램명</td><td colspan="3">학교폭력 방관자 모의(배심) 재판
"때리지도 않았는데 죄가 되나요?"</td></tr>
<tr><td>내용 영역</td><td colspan="3">☐ 과학기술 ☑ 인문사회 ☐ 예체능 ☑ 융합 ☑ 기타</td></tr>
<tr><td>관련 교과</td><td>사회, 법과 사회</td><td>창의적 체험활동 영역</td><td>☑ 자율 ☑ 봉사 ☐ 동아리 ☐ 진로</td></tr>
<tr><td>학교급</td><td>초, 중, 고</td><td>총 소요시간</td><td>3차시 – 4차시</td></tr>
<tr><td>활용 자원</td><td colspan="3">1. 프로그램 유관 기관: 법무부 사이버 법교육센터(http://www.lawedu.go.kr)
2. 지원가능 인적/물적 자원
(1) 인적 자원: (법교육 초청 강의 강사지원)
(2) 물적 자원: 사이버 법교육센터의 온라인 콘텐츠</td></tr>
<tr><td>창의 · 인성 요소</td><td colspan="3">창의성 요소
- 인지적 요소: 학교폭력 상황에서 발생하는 당사자들의 다양한 입장과 상황을 비판적으로 분석해낼 수 있다.
- 정의적 요소: 법률적 해석과 판단과정을 통해 판단능력과 자율성을 높일 수 있다.
- 동기적 요소: 주변의 현상의 숨겨진 뒷면과 영향에 대하여 흥미를 갖고 바라볼 수 있다.

인성 요소
- 인간관계 덕목 요소: 서로 다른 의견에 대한 열린 마음을 갖게 됨으로서 용서하는 능력을 기를 수 있다.
- 인성판단력 요소: 학교폭력과 같은 상황에 대한 도덕적 판단력과 의사결정 능력을 기를 수 있다.</td></tr>
<tr><td rowspan="3">프로그램 목표</td><td>학습목표</td><td colspan="2">학교폭력 상황에서 제3자인 학생들 또한 상황의 관련자가 될 수 있음을 알 수 있다.</td></tr>
<tr><td>창의성 목표</td><td colspan="2">현실 상황의 다양성과 복합적 성격을 이해할 수 있고, 판결에 이르는 과정에서 비판적 사고력과 문제해결력을 기를 수 있다.</td></tr>
<tr><td>인성목표</td><td colspan="2">학교폭력과 관련한 모의재판 과정을 통해 학교폭력 당사자의 서로 다른 입장을 이해하고, 도덕적 판단력을 높일 수 있다.</td></tr>
<tr><td rowspan="2">학교급별 운영 방안</td><td>초등학교</td><td colspan="2">구체적인 재판의 형식(원고, 피고, 배심 등)은 최소화하고 상황을 서로 다른 측면에서 살펴보고, 옳고 그름을 구분해보도록 한다.</td></tr>
<tr><td>중학교</td><td colspan="2">학교폭력 관련자의 다양한 상황을 역할 구분하여 재현해보면서, 현실 상황의 복합적 성격을 이해하고 비판적으로 분석하여 하도록 한다.</td></tr>
</table>

학교급별 운영 방안	고등학교	학교폭력에 대한 복합적 상황을 이해하고, 현행 사법 제도의 틀 속에서 장기적 · 사회적 관점을 가지고 구체적인 판결을 내리도록 한다.

(6) 프로그램 흐름도

이와 같은 프로그램을 실제 수업에서 어떻게 발현될 수 있는가를 '사전활동, 체험활동, 사후활동'의 프로그램 활동별로 흐름도를 제시하면 다음과 같다.

사전활동 (총 1시간)	• 재판 진행절차에 대한 간략한 이해 • 관련 법률 지식을 찾아가는 방법 및 사례 제시 - 법제처 사이트 등 출연연의 다양한 온라인 자료를 찾아가는 방법과 이를 통해 이후 다른 법적인 문제해결에 도움을 얻을 수 있는 활용 예시를 제시한다. • 체험활동 주제 소개: 학교폭력 방관자에 대한 판단 - 체험활동 주제에 관련한 자료를 제시한다. 영상물 시청의 경우, 연기자의 연기 상황 등 특정 입장에서 해석되는 경우가 있으므로 영상물을 보여주면서 동시에 상황에 대한 관적 자료를 명시적으로 제시할 필요가 있다. - 체험활동 역할 선정 (원고측, 피고측, 배심원단) 학습자의 수준에 따라 역할을 부여하지 않는 방법도 좋다. 주제에 대해 다양한 측면에서 활동을 준비하고 체험활동 시간에 입장을 바꾸어 변론하게 하는 방법도 있다. 이와 같은 발표 수업의 경우 발표력과 설득력이 있는 학생의 입장으로 전체적인 논의가 기울어지는 것을 방지하는 측면에서는 좋으나, 학습자의 부담이 증가하는 단점이 있다.
체험활동 (총 2~3시간)	• 모의재판 준비시간(1시간) • 1차 재판 실시: 원고와 피고의 입장, 반론, 재반론(30분) (휴회) 입장을 정리하고, 다시 반론할 수 있는 시간 제공(30분) • 2차 재판 실시: 양측의 주장 및 최후변론(25분) • 배심원 회의(30분) • 배심원 표결 및 발표(5분)
사후활동 (총2시간)	• 못다 한 이야기 및 활동 평가 • 향후 문제 예방을 위한 효과적인 방안 논의 법은 문제 발생 이후의 사회적 조치라는 한계를 갖는다. 관련 사례를 살펴본 후 문제 발생 자체를 해결할 수 있는 예방을 위한 효과적인 방안을 고려해보는 활동을 덧붙여보는 것도 좋다.

(7) 창의 · 인성적 요소

이 프로그램을 통해 함양할 수 있는 창의 · 인성적 교육 요소는 다음과 같다. 창의성 요소로는 비판적 분석, 자율성, 흥미가 있고, 인성 요소로는 도덕적 판단력, 의사결정 능력, 용서가 포함되어 있다.

(프로그램 1) 체험활동 수행단계		창의 · 인성 요소		
사전활동	법 학습의 필요성	시각화 능력	확산적 사고	약속
	법과 재판의 개념적 이해	확산적 사고	논리적 사고	비판적 사고
	체험활동 역할 배정	감수성	호기심	약속
체험활동 (모의재판)	분쟁 상황 재현	복합적 성격	감수성	책임
	분쟁 내용 분석 및 명확화	비판적 사고	문제발견	자율성
	재판 절차	비판적 사고	자율성	책임
	배심원 표결 및 평결	비판적 사고	도덕적 판단력	의사결정 능력
사후활동	활동 내용 정리 및 평가	비판적 사고	복합적 성격	도덕적 판단력
	법률적 해결 이외의 방법 논의	확산적 사고	감수성	독창성

(8) 관계 정부부처 및 공공기관 소개

본 체험활동은 관계 정부부처 및 공공기관과 학교가 협력하여 교육과정을 운영해나가는 프로그램이다. 원활한 수업진행을 위해 지역별 연계 가능 기관인 '사이버 법교육 센터' 소개를 다음과 같이 제시하였다.

명칭	사이버 법교육 센터 (http://www.lawedu.go.kr)
주요 활동	법교육 출장강연, 사이버 견학 시스템 운영 모의재판의 운영 절차 및 활용 내용 소개 다양한 생활법률 사례 동영상 제공 및 법률 해설 제공 중고등학교 교과 내용 중 법률 관련 학습 내용에 대한 보조자료 제공
연계 가능 활동	모의재판 활용 수업의 절차 소개 다양한 법률 상황에 관한 사례 동영상 활용 법 집행 절차 및 법률 행위의 제도적 절차에 대한 온라인 체험 학습

지역별 연계 가능 기관	전국 각 지방법원 (지방법원의 홈페이지를 통해 법원 견학 및 재판 참관 신청, 찾아가는 법교육 강의 등 지원)

(9) 체험활동 구체안

① 사전활동

준비사항	• 교사: 법, 법률행위의 의의, 법 학습의 필요성, 재판의 의의와 간략한 진행과정, 재판 참여자들의 역할에 대한 수업자료

활동과정 (시간)	체험활동	도움말	창의(✻)·인성(✩) 요소
들어가기 (5분)	• 활동 동기 유발 및 문제 제기 - 활동 동기 유발 • 법 학습의 필요성 / 법적 해결 능력의 필요성 - 문제제기 • '학교폭력'이 발생한 상황을 모의재판을 통해 다양한 각도에서 살펴보고, 합리적인 법적 해결책을 찾아가보자.	• 사회 운영원리로서의 법의 역할을 이해하고, 사회 성원으로서의 법적 해결 능력의 필요성을 이해하도록 한다. • 법제처를 비롯한 다양한 법률 관련 기관에서 사회생활과 법 지식의 유용성에 대한 효과적인 자료를 온라인 사이트를 통해 제공하고 있다.	✻ 흥미, 호기심, 문제발견 ✻ 도덕적 예민성
활동하기 (40분)	• 재판의 진행에 관한 학습 - (배심) 재판 관련 개념학습 • 민사, 형사, 원고, 피고, 고소, 기소, 배심제도 - 재판의 진행에 관한 학습 • 민사 재판의 진행 과정에 대한 학습 - 이후 모의재판의 진행 방식을 전달	• 실제 법률 분쟁에서 실시되는 재판과 본 수업의 재판은 약간의 차이가 있음을 이해하도록 한다. • 수업이라는 제한적 상황에 맞도록 실제 내용을 조정하여 사용하고 있음을 주지시킨다.	✻ 논리/분석적 사고 ✻ 확산적 사고
	• 관련 법률 정보 찾기 - 필요한 법률 정보 찾아가보기 • (출연연) 법제처(www.moleg.go.kr) • 기타 다양한 법률 정보 찾기 사례 법무부 법교육 (http://lawedu.go.kr) 청소년폭력예방재단(www.jikim.net) 한국청소년상담복지개발원(http://www.kyci.or.kr)	• 언제든 해결해야 할 법률 문제가 발생하였을 때 적절한 대처 능력을 기를 수 있도록 한다.	✩ 확산적 사고, 용기, 독창성 ✩ 책임

나오기 (5분)	• 쟁점의 소개 및 모의재판 역할 배정 - 모의재판 사건 내용 및 쟁점 소개 - 모의재판 역할 배정: 원고측, 피고측, 배심원단	• 사건의 내용은 프린트물 등을 통해 전달하는 것이 좋다. 영상 또는 교사의 설명에 의한 내용 전달은 학생의 주의 집중력에 따라 전달에 오류가 생길 수 있다.	✩ 약속

② 체험활동

준비사항	• 교사: 분쟁 내용에 관한 수업자료 • 재판 진행 관련 소품들
사전 준비사항	• 수업 내용에 따른 교실 자리배치 • 간략한 재판의 진행과정과 재판 참여자의 역할에 대한 이해, 사건의 쟁점에 대한 이해

활동과정 (시간)	체험활동	도움말	창의(✻) · 인성(✩) 요소
들어가기 (5분)	• 활동의 간략한 소개 및 사건 개요 확인 - 모의재판 활동의 주제와 진행과정 소개 • (교사) 재판의 주제와 진행과정 소개 - 사건의 개요와 쟁점 소개 • 사건의 내용과 재판의 쟁점 확인	• 재판과정에서 주의해야 할 사항들에 대한 공지: 시간활용, 정숙, 재판과정에서 일어날 수 있는 일 등	
활동하기 1 (60분)	• 모의재판 준비시간 - 재판을 위한 자유 준비시간 • 조별 활동을 정리하고, 자료를 찾고, 재판과정에서 어떻게 주장을 효과적으로 전달할지 등 여러 가지를 고려하여 재판을 준비할 수 있는 마무리 시간을 준다.	• 개별 학교의 수업 상황에 따라 생략할 수 있는 과정이다. • 역할을 미리 배정하지 않고 현장에서 알려주는 경우 꼭 포함시킬 필요가 있다.	✻ 확산적 사고, 비판적 사고 ✩ 책임
활동하기 2 (90분)	1차 재판, 휴회, 2차 재판 • 1차 재판 - 원고측 주장, 증거제출 및 증인신청 - 원고측 증인 심문 - 피고측 주장, 증거제출 및 증인신청 - 피고측 증인 심문 (※ 1차 재판, 휴회, 2차 재판을 각각 30분씩 배정) • 휴회선언 - 휴회 시간 및 2차 재판 시작 일정 공지 - 1차 재판을 토대로 2차 재판 방법과 전개에 대해 보완 적용	• 중간 휴회시간은 1차 재판을 통해 새롭게 바라보게 된 상황에 대한 다시 판단할 수 있는 시간이 됨과 동시에 주어진 상황에 대한 또 다른 해결법을 모색하며 한 단계 논의를 발전시킬 수 있는 기회로 활용할 수 있다. • 미리 역할을 배정하지 않고 재판 당일에 역할을 배정한 경우 1차와 2차 재판에 원고-피고의 입장을 달리해서 재판을 진행하도록 하는 방법도 좋음.	✻ 논리/분석적 사고, 독창성, 다양성

활동하기 2 (90분)	• 2차 재판 - 1차 재판과 진행은 동일하고 마무리에 최후 변론의 기회 제공	단, 이 방법은 학습자들의 이해와 준비 정도가 일정 수준 이상일 경우 진행	✩ 용서, 도덕적 판단력
활동하기 3 (30분)	배심원단 회의와 결과 발표 • 배심원단 회의 - 배심원단의 재판 안건에 대한 총평을 최종 결론과 함께 간략하게 발표할 수 있도록 미리 정리자를 정하고, 회의 내용을 간추리도록 한다. - 배심원에게 판단의 내용을 명확히 제시하기 위해 배심원용 체크리스트를 주어 활용한다.	• 배심원단은 필요한 경우 재판운영진(교사)에게 관련한 법률의 해석 및 재판의 진행 절차에 대하여 문의를 할 수 있다. • 재판의 논점을 명확히 하고, 배심원의 논리적 사고를 보조하고자 배심원용 체크리스트를 주고 활용해보는 것도 좋음(이 체크리스트는 배심원의 판단이 감정적으로 기울지 않고 논리적이고 공정한 판단을 하도록 돕는 데 유용함)	✻ 비판적 사고, 확산적 사고, 문제해결 ✩ 도덕적 판단력, 의사결정 능력
나가기 (5분)	배심원단의 최종 결론 • 배심원단 표결 및 결과 발표 - 배심원단의 최종 표결 - 배심원단 표결 결과 발표와 배심원단 회의 내용에 대한 정리 및 확인 - 배심원단의 판단 내용 및 최종 결론	• 배심원용 체크리스트를 사용한 경우라면 배심원들의 체크리스트를 다시 회수하여 향후 수업의 방향을 결정하는 교사용 피드백 자료로도 활용할 수 있음(체크리스트는 학생 성명을 기록하는 것과 하지 않는 것에 장단점이 있으므로, 관련 주제와 학생 상황을 고려하여 교사의 판단에 따라 활용함)	✩ 용서, 정직

③ 사후활동

준비사항	• 교사: 학교폭력의 현황, 다양한 대응방안, 해결사례에 관한 자료 제시 • 학생: 재판 내용 및 자신의 역할과 소견 정리
사전 준비사항	• 학교폭력의 현황, 다양한 대응 방안, 해결사례에 관한 자료 제시

활동과정 (시간)	체험활동	도움말	창의(✻) · 인성(✩) 요소
들어가기 (20분)	• 비(非)법적 해결 방법 모색 - 학교폭력과 관련한 법률 지식 확인 - 법정을 통한 해결 이외에 어떠한 해결방법이 있을지 찾아본다.		✻ 확산적 사고, 독창성, 책임

활동하기 (25분)	• 관련 활동 정리 및 평가 - 재판과 배심원 평결 과정에 대한 자기평가서 작성 - 활동 이후 시각의 변화 - 나와 다른 의견에 대한 정리 및 다양한 시각에 대한 이해 • 후배들을 위한 조언 - 학교폭력 없는 학교를 위한 선배로서의 조언 • '학교폭력' 문제와 관련하여 학습한 내용을 바탕으로 후배를 위한 조언지를 작성해본다.	• 학습 내용 정리를 겸하여 '후배들을 위한 조언'을 작성하도록 한다. 수동적인 정리 학습지보다 활용의 용도가 추가로 있는 학습지가 책임감과 적극성을 더욱 기대할 수 있다. 모든 학생, 가해자, 피해자에 대한 선배로서의 조언을 적어봄으로써 학습 내용 정리하고, 학습자의 인식을 확고하게 하는 데도 효과가 있다.	✻ 자율성, 독창성 ✰ 책임, 행동실천력
나가기 (5분)	• 교사의 총평과 앞으로의 과제 - 학교폭력의 근본 원인은 폭력에 대한 무관심임을 알고, 폭력에 대응하는 자세를 바꾸어보자.		

(10) 부록

① 학생활동자료

■ 체험활동: 학교폭력 방관자 모의재판 - 배심원용 체크리스트

학교폭력 현장에 함께 있던 학생! 처벌하여야 하나?
"때리지도 않았는데 죄가 되나요?"

사건의 핵심	사실	ㅁㅁㅁ이 피해를 입은 학교폭력 사건이 있었다. ㅇㅇㅇ는 현장에 있었고, ㅁㅁㅁ을 폭행하지 않았다.
	논쟁	1. ㅇㅇㅇ는 폭행에 동조하고 있었는가? 아닌가? 2. 만약 동의했더라도, 폭력을 행사하지 않았는데 손해배상을 하여야 하는가?

체크리스트	1. ㅇㅇㅇ는 ㅁㅁㅁ에 대한 폭행에 동의하였다고 본다.	그렇다 아니다
	2. ㅇㅇㅇ는 일부러 신고하지 않았다. (고의성)	그렇다 아니다
	3. ㅇㅇㅇ의 행위도 폭력에 해당한다. (위법성)	그렇다 아니다
	4. ㅁㅁㅁ에게 발생한 손해에 김철수로 인한 부분도 있다. (손해발생)	그렇다 아니다
	5. ㅇㅇㅇ에게는 손해배상 책임이 있다.	그렇다 아니다

기타 의견		

■ 사후활동: 학교폭력 방관자 모의 재판- “때리지도 않았는데 죄가 되나요?”

〈 활동 정리 학습지 〉
나와 모두를 위한 합리적 판단

사건 요약 및 쟁점 파악
• 어떤 사건인가? • 판단해야 할 사건의 핵심 쟁점은 무엇인가?

관련 절차와 법
• 어떤 절차로 진행되었는가? • 관련 법률 내용은 무엇인가?

이번 사건에 관한 우리의 결론 그리고 미래를 위한 생각
• 우리는 어떤 평결을 내렸는가? • 이 수업을 통해 무엇을 배웠는가?

• 학교폭력을 해결하기 위해 앞으로 우리는 어떤 노력을 해야 하는가? – 법률적인 방법 – 비(非)법률적인 방법
학교 생활을 하는 모든 후배들에게 (학교폭력에 대응하는 우리 모두의 자세)
• 수업을 듣고 내가 느낀 것 그래서 후배에게 해주고 싶은 이야기가 무엇인지 진심으로 적어봅시다. 얘들아–

20 . . .

(학교폭력의 법적 해석 과정을 살펴본)

선배가

② 교사지도자료

▣ 체험활동: 학교폭력 관련 법률

♣ 학교폭력예방 및 대책에 관한 법률

제1조(목적)

이 법은 학교폭력의 예방과 대책에 관하여 필요한 사항을 규정함으로써 피해학생의 보호, 가해학생의 선도 · 교육 및 피해학생과 가해학생 간의 분쟁조정을 통하여 학생의 인권을 보호하고 학생을 건전한 사회구성원으로 육성함을 목적으로 한다.

제2조(정의)

이 법에서 사용하는 용어의 정의는 다음 각 호와 같다.

1. "학교폭력"이라 함은 학교 내외에서 학생 간에 발생한 폭행 · 협박 · 따돌림 등에 의하여 신체 · 정신 또는 재산상의 피해를 수반하는 행위로서 대통령령이 정하는 행위를 말한다.

제18조(신고의무)

① 학교폭력 현장을 보거나 그 사실을 알게 된 자는 학교 등 관계기관에 즉시 신고하여야 한다.

♣ 형법

제260조(폭행, 존속폭행)

① 사람의 신체에 대하여 폭행을 가한 자는 2년 이하의 징역, 500만 원 이하의 벌금, 구류 또는 과료에 처한다.

♣ 민법

제750조(불법행위의 내용)

고의 또는 과실로 인한 위법행위로 타인에게 손해를 가한 자는 그 손해를 배상할 책임이 있다.

제751조(재산 이외의 손해의 배상)

① 타인의 신체, 자유 또는 명예를 해하거나 기타 정신상 고통을 가한 자는 재산 이외의 손해에 대하여도 배상할 책임이 있다.

〈 학교폭력 관련 사이트 〉

경찰청 학교폭력 관련 상담신고 사이트(http://www.safe182.go.kr/schoolMain.do)
법무부(http://www.moj.go.kr)
법무부 법교육(http://lawedu.go.kr)
법제처(http://www.moleg.go.kr)
청소년폭력예방재단(http://www.jikim.net)
한국청소년상담복지개발원(http://www.kyci.or.kr)

■ 체험활동: 사건 개요 및 재판의 쟁점

○○○, ◇◇◇, □□□은 모두 바른생활고 2학년 11반에 재학 중인 학생이다.

◇◇◇은 성격이 활달하고, 친구들과 잘 어울리며 적극적인 학생이었다. 싸움도 곧 잘 하고 농담도 잘하는 대장은 친구들 사이에 영향력도 있는 편이었다. 반면 □□□은 말수가 적고, 잘 나서지 않는 학생이었다. 매사에 자신감이 없고, 친구들이 짓궂은 장난을 쳐도 잘 대응하지 못하곤 하였다. 몇몇 학생들이 이런 □□□을 함부로 대하곤 하였다.

2007년 4월 25일은 교내 체육대회 날이었다. 결승전 도중 □□□의 실책으로 학급이 준우승에 머물게 되면서 □□□에 대한 폭력이 더 잦아졌다.

2007년 6월 29일 바른생활고 2학년 학생들이 꽃동네 단체 봉사활동을 떠났다. ㅇㅇㅇ, ◇◇◇ 그리고 ㅁㅁㅁ은 한 조가 되어 외딴곳에서 봉사활동을 하게 되었다. ◇◇◇은 ㅁㅁ의 작은 실수를 빌미삼아 폭언을 하며 싸움을 걸었다. ㅁㅁㅁ은 일방적으로 맞아 전치 4주의 상해를 입었다. 이에 ㅁㅁㅁ은 ◇◇◇에게 손해배상을 청구하였고, 당시 모든 상황을 목격한 ㅇㅇㅇ에게도 손해배상을 청구하였다.

〈재판의 쟁점〉
학교폭력 현장을 목격하고, 특별한 조치를 취하지 않은 ㅇㅇㅇ의 행위를 처벌하여야 하는가?

2) 요람에서 무덤까지 내 인생은 나의 것: 생애주기(Life cycle)에 따른 자기맞춤식 재무설계

(1) 프로그램의 개요

'요람에서 무덤까지 내 인생은 나의 것!' 프로그램은 한국은행과 연계하여 재무설계의 필요성과 재무관리의 중요성에 대해 학생 스스로가 인식할 수 있도록 체험하는 활동으로 구성되었다.

(2) 교육과정 및 영역

이 프로그램의 교육과정은 고등학교 1, 2학년에 해당하며 관련 교과는 사회, 경제, 진로와 직업교육 영역이다.

- **학교급**: 고등학교
- **관련교과**: 사회, 경제, 진로와 직업

(3) 활동 주제

학생들은 재무설계를 통해 돈은 '얼마를 버느냐'뿐만 아니라 '어떻게 관리하느냐'가 중요하다는 사실을 깨달을 수 있으며, 이를 통해 이번 단계에서 할 일과 다음 단계에서 필요한 것들을 예측하고 그에 따라 행동 계획을 수립하고 실천할 수 있게 될 것이다.

- 생애주기(Life cycle)에 따른 자기맞춤식 재무 설계하기

(4) 주제 선정의 이유

일반적으로 생애주기(Life cycle)는 '청년기 – 신혼기 – 자녀 양육기 – 자녀 독립기 – 노년기'로 구성된다. 이러한 생애주기에 대해 이해한 후 미래를 준비할 수 있도록 재무설계를 하는 일은 청소년들에게 매우 중요하다. 학생들에게 돈이 무엇인지를 이해시키고 돈을 버는 방법을 학습하도록 한 다음 생애주기를 고려한 재무설계를 직접 해보도록 함으로써 학생들이 금융교육과 재무설계의 중요성을 체험하고 경제적인 생활을 할 수 있게 한다.

• 화폐/금융교육과 생애주기(Life cycle)에 따른 재무설계가 왜 필요한가? - 인생 재무설계는 왜 필요한가? 일반적으로 Life cycle은 '청년기-신혼기-자녀 양육기-자녀 독립기-노년기'로 구성된다. 이러한 생애주기에 대해 이해한 후 미래를 준비할 수 있도록 재무설계를 하는 일은 청소년들에게 매우 중요하다. 재무설계를 통해 돈은 '얼마를 버느냐'뿐만 아니라 '어떻게 관리하느냐'가 중요하다는 사실을 깨달을 수 있으며, 이를 통해 이번 단계에서 할 일과 다음 단계에서 필요한 것들을 예측하고 그에 따라 행동계획을 수립하고 실천할 수 있게 된다.
• 생애주기(Life cycle)에 따른 자기맞춤식 재무설계의 효과는? 학생들에게 돈이 무엇인지를 이해시키고, 돈을 버는 방법을 학습하도록 한 다음에 생애주기를 고려한 재무설계를 직접 해보도록 함으로써 학생들이 금융교육과 재무설계의 중요성을 체험하고 경제적인 생활을 하게 된다.

(5) 체험활동의 개요

<table>
<tr><td>프로그램명</td><td colspan="4">생애주기(Life cycle)에 따른 자기맞춤식 재무설계 -요람에서 무덤까지 내 인생은 나의 것</td></tr>
<tr><td>내용 영역</td><td colspan="4">☐ 과학기술 ☑ 인문사회 ☐ 예체능 ☐ 융합 ☐ 기타</td></tr>
<tr><td>관련 교과</td><td colspan="2">사회, 경제</td><td>창의적 체험활동 영역</td><td>☐ 자율 ☐ 봉사 ☑ 동아리 ☑ 진로</td></tr>
<tr><td>학교급</td><td colspan="2">고등학교</td><td>총 소요시간</td><td>5차시</td></tr>
<tr><td>활용 자원</td><td colspan="4">지원가능 인적/물적 자원
(1) 인적 자원: 학교 자체 인적 자원, 한국은행 지원강사
(2) 물적 자원: 재외 한민족 관련 영상 및 자료</td></tr>
<tr><td>창의 · 인성 요소</td><td colspan="4">창의성 요소
- 인지적 요소: 주어진 문제의 핵심적인 요소가 무엇인지를 파악하는 과정에서 문제를 발견하고, 그것을 자신의 라이프 사이클에 맞춰 재무를 설계하는 과정에서 논리/분석적 사고와 문제해결력을 기른다.
- 정의적 요소: 자기에게 맞는 맞춤식 재무설계를 통해 자율성을 기른다.
- 동기적 요소: 자신의 라이프사이클을 예측하고 재무를 설계하는 과정에서 학습자의 호기심과 흥미를 유발시킬 수 있다.

인성 요소
- 인간관계 덕목 요소: 돈을 어떻게 벌 것인가에 대해 고민하고 방법을 제시하는 과정에서 올바른 자세에 대한 정직과 약속을, 또 돈을 어떻게 쓸 것인가에 대한 측면에서는 다른 사람에 대한 배려와 사회적 책임의식을 기를 수 있다.
- 인성판단력 요소: 재무설계에 따라 생활 속에서 행동으로 직접 실천하는 자세를 기른다.</td></tr>
<tr><td rowspan="3">프로그램 목표</td><td>학습목표</td><td colspan="3">자신의 생애주기(Life cycle)에 맞춘 재무설계를 할 수 있다.</td></tr>
<tr><td>창의성 목표</td><td colspan="3">자신의 생애주기에 맞춘 금융상품을 선택하여 재무설계를 할 수 있다.</td></tr>
<tr><td>인성목표</td><td colspan="3">합리적 소비 계획을 통해 배려와 공동체적 사고를 키운다.</td></tr>
<tr><td rowspan="3">학교급별 운영 방안</td><td>초등학교</td><td colspan="3">기초적인 금융교육을 학습하고 용돈 기입장을 작성해본다.</td></tr>
<tr><td>중학교</td><td colspan="3">생애주기이론을 그리고, 각 단계별 재무설계를 해보도록 한다.</td></tr>
<tr><td>고등학교</td><td colspan="3">생애주기(Life cycle)에 맞춘 재무설계를 해보고 생활 속에서 합리적인 선택을 해보도록 한다.</td></tr>
</table>

(6) 프로그램 흐름도

<table>
<tr><td colspan="2">사전활동
(총 1차시)
개념학습</td><td>• 흥미 유발
- 우리 주변의 신용불량자와 가계파산의 사례를 제시하여 관심 유도

• 경제 학습
- 경제 플래시 학습
• '한국은행 → 경제교육 → 청소년경제나라 → 경제학습 → 경제기초학습 → 경제플래시 → 13번학습학기' (Life cycle과 금융)
• 경제 개념 학습
• '한국은행 → 화폐/금융교육(http://www.bok.or.kr) → 금융생활정보 → 2010금융생활 길라잡이'에 나와 있는 개념 중심 학습
• 학습지 형태로 만들어 학생들이 학습하며 정리할 수 있도록 한다.</td></tr>
<tr><td rowspan="2">체험활동
(총 3차시)</td><td>금융교육
특강
(1차시)</td><td>• 청소년 경제 강좌 '청소년이 화폐/금융교육과 재무 설계'
(한국은행 경제교육 강사지원)
- 내일을 위한 장기 생활설계는 왜 필요한가?
- 재산을 지키고 늘리기 위한 금융생활의 기본 준비는 어떻게 하는가?
- 장기생활 설계에 필요한 금융상품에는 어떤 것이 있는가?
- 금융과 신용은 왜 중요한가?
※만약 강사지원이 안되면 한국은행 동영상 강의로 대체할 수 있다.
• 특강 내용 정리하기
- 수강한 강의 내용을 학습지에 정리하기</td></tr>
<tr><td>재무설계
하기
(2차시)</td><td>• 개인별로 생애주기에 맞춘 재무설계
청소년기 → 청년기 → 신혼기 → 자녀양육기 → 자녀독립기 → 노년기
또는 20대 → 30대 → 40대 → 50대 → 60대
- 관련 학습지를 바탕으로 생애주기에 대해 이해하기
- 관련 자료를 바탕으로 생애주기에 맞춘 단계별 재무설계
- 재무설계 시 장래 진학이나 진로와 연계하여 작성하기
※ 2시간에 걸쳐 여유를 가지고 접근할 수 있도록 한다.</td></tr>
<tr><td colspan="2">사후활동
발표활동
(총 1시간)</td><td>• 모둠별로 통계 처리한 재무설계 발표 및 전시
- 모둠별로 재무설계를 통계처리 한 것을 발표하고 전시
• 개인별 학습평가지 작성과 의견 발표
- 개인별로 활동한 내용에 대해 평가지를 작성하고 의견 발표</td></tr>
</table>

(7) 창의 · 인성적 요소

본 프로그램을 통해 의도하고 있는 창의 · 인성적 교육 요소는 다음과 같다. 창의성 요소로는 논리/분석적 사고, 문제해결력, 자율성, 호기심, 흥미를 기를 수 있으며, 인성 요소로는 정직, 약속, 배려와 사회적 책임의식, 실천의식이 내재된 프로그램이다.

프로젝트 수행단계		창의 · 인성 요소		
사전활동	흥미 유발	흥미	호기심	몰입
체험활동 (강사특강)	화폐/금융교육	호기심	의사소통 능력	
	재무설계의 중요성	상상력	독창성	수렴적 사고
체험활동 (재무설계)	생애주기 재무설계	논리/분석적 사고	독창성	
	진학 · 진로 설계	상상력	독창성	
사후활동	개인별 재무설계 홍보	협동	문제해결력	행동실천력
	개인별 학습 평가	배려	책임	
수업 중 규칙		공정	약속	정직
자신의 역할		책임	협동	자부심
친구와의 관계		배려	존중	

(8) 관계 정부부처 및 공공기관 소개

본 체험활동은 관계 정부부처 및 공공기관과 학교가 협력하여 교육과정을 운영해나가는 프로그램이다. 원활한 수업진행을 위해 지역별 연계 가능 기관인 '한국은행' 소개를 다음과 같이 제시하였다.

명칭	• 한국은행 경제교육(http://www.bokeducation.or.kr)
주요 활동	• 경제교육은 사람들이 합리적으로 경제생활을 할 수 있는 능력을 키워줌으로써 보다 풍요로운 삶을 영위하게 한다. 한국은행은 전국적인 네트워크와 우수한 경제 전문 인력을 활용하여 다양한 현장 경제교육 프로그램을 운영하고 있다. 한국은행의 주요 활동은 통화정책을 비롯한 여러 가지 정부정책을 추진하고 있다. 그중에서 청소년들을 위한 내용으로는 한국은행 경제교육 홈페이지(http://www.bokeducation.or.kr)를 통해 다음과 같은 경제교육 프로그램을 운영하고 있다. • 청소년 경제 강좌, 청소년 경제캠프, 한국은행 방문 강좌, 외부기관 강의지원, 교사 직무연수, 통화정책 경시대회, 한국은행 금요 강좌, 경제교육 4행시 짓기나 글쓰기 등으로 구성된 경제교육, 이벤트 진행 등이 있다.
연계 가능 활동	• 한국은행은 전국적인 네트워크와 우수한 경제 전문 인력을 활용하여 다양한 현장 경제교육 프로그램을 운영하고 있는데 청소년 경제교육과 관련하여 연계 가능한 활동은 다음과 같다. - 청소년 경제 강좌: 전국 초등학교 5학년부터 고등학교 3학년까지의 학생을 대상으로 신청학교에서 강사가 파견되어 경제교육 실시 - 청소년 경제캠프: 청소년 경제캠프는 동계 및 하계 방학기간 중에 실시되며, 본부에서 주관하면 인천연수원에서 3박 4일의 합숙 연수 - 한국은행 방문 강좌: 20인 이상인 기관 및 단체의 신청을 받아 실시. 선택한 교육 주제에 대한 강의 및 한국은행의 기능 소개 비디오 시청, 화폐금융박물관 견학 등의 프로그램으로 진행 - 경제교육 이벤트 행사 진행: 경제 4행시 짓기나 경제 글쓰기 등의 행사를 월별로 진행 - 한국은행 화폐금융박물관 견학: 화요일-일요일까지 약 1시간 코스로 영상물 시청 및 갤러리 및 박물관 견학 코스
지역별 연계 가능 기관	• 한국은행은 16개 지역에 지역본부를 운영하고 있으며 지역본부에서 개최하는 경제캠프는 해당 지역본부의 강당에서 실시하며, 3박 4일의 합숙이 아닌 등하교 형식으로 경제교육을 실시하고 있다.

(9) 체험활동 구체안

① 사전활동

활동목표	• 개인별로 생애주기에 맞춘 재무설계를 할 수 있다. • 재무설계를 하기 위한 금융에 대해 폭넓게 이해한다.
준비사항	• 4차시 걸쳐 수업이 이뤄진다는 것을 알려준다. • 개인별로 재무설계가 원활하게 이뤄지기 위한 분위기를 조성한다. • 학생들에게 생애주기에 관련된 자료를 준비해 오도록 한다. • 교실에서 이뤄질 경우 한국은행 홈페이지 영상이 나올 수 있도록 준비한다. • 경제 이슈에 맞는 재미있는 경제 이야기를 학습 주제로 준비해 온다.

활동과정 (시간)	체험활동	도움말	창의(✻)·인성(✩) 요소
들어가기 (10분)	• 수업 주제와 학습목표 안내 - 수업 주제: 화폐/금융교육과 생애주기에 따른 재무설계 - 학습목표를 알려준다. • 흥미 유발 - 우리 주변의 신용불량자와 가계 파산의 사례를 제시하여 관심 유도 - 재미있는 경제 이야기의 사례를 들어주고 간단히 설명해준다. → 경제학을 가장 짧게 표현하면? 바로 '세상에 공짜 점심은 없다'이다. • 모둠 구성 - 4차시에 모둠별 통계와 발표를 위해 학생들의 희망에 의해 6명 내외로 모둠을 구성한다.	• 사이트를 띄워놓고 클릭하면서 설명한다. • 학생들이 생각나는 것을 답변하도록 유도한다.	✻ 호기심, 흥미
활동하기 (35분)	• 경제 학습 - 경제 플래시를 통한 학습 • 들어가기: '한국은행 → 경제교육 → 경제플래시' 중 프롤로그 학습 • 관련 사이트 주소: http://contents.bokeducation.or.kr/flash_ani/kid/lesseon_0.html • 영상 시간: 4분 1초 - 경제 개념 학습 • 들어가기: '한국은행(http://www.bok.or.kr) → 화폐/금융교육 → 금융생활정보 → 2010 금융생활 길라잡이'에 나와 있는 개념 중심 학습 • 내용 정리: ① 내일을 위한 장기 생활설계 ② 금융생활의 기본 준비 ③ 장기생활 설계에 필요한 금융상품 ④ 금융과 신용 ⑤ 은퇴설계 • 경제 학습 내용 정리 - 개인별로 나눠준 활동지에 플래시를 통한 학습 내용과 금융 관련 학습 내용을 정리한다.	• 경제플래시에는 20개의 테마별 주제가 정리되어 있다. 수업에 필요한 것을 선택하여 활용하면 효과가 높다. • 학생들이 졸지 않고 영상에 집중하도록 지도한다. • 학생들이 학습지에 정리하며 수업을 이해하도록 지도한다.	✻ 몰입과 문제발견
나오기 (5분)	• 개인별로 정리한 내용 발표 - 경제플래시의 내용 정리한 것을 발표한다. - 경제 개념 학습에 대해 개인별로 정리한 내용을 간략하게 발표한다. - 다음 시간의 경제 특강에 대해 안내해준다.		

② 체험활동 1

활동목표	• 화폐/금융교육의 중요성에 대해 학습한다. • 생애주기에 맞춘 재무설계를 하기 위해 금융에 대해 폭넓게 이해한다.
준비사항	• 학습 주제는 금융생활 길라잡이의 첫 번째 주제 '금융과 생활설계'로 한다. • 한국은행 경제 강좌 지원(강사는 학교 주소를 관할하는 한국은행 본부 또는 지역본부에서 출강)을 활용한다. • 원활한 특강 수업이 이뤄질 수 있도록 학생들에게 기초 학습을 실시한다. • 학습 활동에 대한 내용을 정리할 수 있는 학습지를 미리 만들어 배포해준다.

활동과정 (시간)	체험활동	도움말	창의(✻)· 인성(✰) 요소
들어가기 (3분)	• 수업 주제와 학습목표 안내 - 수업 주제와 학습목표를 알려준다. • 강사 소개 - 초청한 강사(한국은행 경제 강좌 지원)와 강의할 내용에 대해 간략히 소개한다.	 • 학생들에게 수업 주제와 학습목표를 다시 안내해준다.	
활동하기 (42분)	• 한국은행 청소년 경제강좌 안내 1) 교육 대상: 고등학교 학생을 대상으로 함 2) 강좌 신청: 학교장의 승인을 받은 담당교사 3) 강사: 경제교육 강사는 학교 주소를 관할하는 한국은행 본부 또는 지역본부에서 출강 4) 교육 가능일: 월요일부터 금요일까지 5) 강좌 장소: 강의는 신청학교에서 함. 6) 강좌 내용: 강좌신청시 선택한 교육주제를 중심 • 특강 주제: '청소년이 알아야 할 화폐/금융교육과 재무 설계 - 한국은행 경제주제 '바람직한 금융생활' 연계 - 강의 내용: '한국은행(http://www.bok.or.kr) → 화폐/금융교육 → 금융생활정보 → 2010금융생활 길라잡이'에 나와 있는 개념을 중심으로 하되, 학생들이 금융의 이해와 재무설계의 중요성을 깨달을 수 있는 내용으로 해달라고 부탁 ① 내일을 위한 장기 생활설계는 왜 필요한가? ② 재산을 지키고 늘리기 위한 금융생활의 기본 준비는 어떻게 하는가? ③ 장기생활 설계에 필요한 금융상품에는 어떤 것이 있는가? ④ 금융과 신용은 왜 중요한가? ⑤ 은퇴설계는 어떻게 해야 하는가?	• 학생들에게 강좌 내용에 대해 간략하게 알려주고, 학습지를 미리 만들어 배포한다. • 경제강좌 특강이 끝나고 궁금한 것에 대해 강사에게 물어보도록 사전에 알려준다.	✻ 호기심 ✰ 의사소통 능력

나오기 (7분)	• 개인별 강의 내용 정리 - 강의 전에 나눠준 활동지에 강의의 핵심적인 내용을 간략히 정리한다. - 질의 · 응답한 내용을 메모한다.		

③ 체험활동 - 2

활동목표	• 자신의 생애주기에 맞춘 재무설계를 할 수 있다. • 화폐/금융교육의 중요성에 대해 학습한 내용을 바탕으로 금융상품을 선택하여 재무설계를 할 수 있다.
준비사항	• 학생들이 이전 학습활동을 바탕으로 직접 생애주기에 맞춘 재무설계를 작성하도록 한다. • 생애주기에 맞춘 재무설계를 위한 학습자료를 사전에 준비한다. • 학생들이 다양한 금융상품을 이해하고 자신에게 맞는 재무설계를 통해 행복지수를 높이는 방안을 찾도록 한다.

활동과정 (시간)	체험활동	도움말	창의(✻) · 인성(✰) 요소
들어가기 (3분)	• 수업 주제와 학습목표 안내 - 수업 주제와 학습목표를 알려준다. • 생애주기에 맞춘 재무설계표 안내 - 개인별로 생애주기에 맞춘 재무설계표를 작성하는 방법을 안내해준다.	• 학생들에게 수업 주제와 학습목표를 다시 안내해준다.	
활동하기 (40분)	• 생애주기(라이프 사이클)에 따른 재무설계 → 학습지를 나눠주고 작성하게 한다. 1) [탐구1] 생애주기에 따른 재무설계 ① 단계별 연령은 어떻게 예상하는가? → ( )안을 채우시오. ② 각 단계별 재무설계의 특징은 무엇인가? → 금융상품과 연계하여 □ 안에 쓰시오. 2) [탐구2] 연령별 재무설계표 작성해보기 ① 연령대별로 '해야 할 일'과 '금융활용방법'을 적어 보시오. ② 자신이 작성한 재무설계의 특징은 무엇인가? ③ 재무설계와 행복지수의 상관관계를 찾아본다.	• 주어진 학습지를 바탕으로 개인별로 생애주기에 따른 재무설계를 작성하도록 지도한다. • 참고자료를 활용하여 연령대별로 알차게 꾸밀 수 있도록 한다. • 행복지수에 대해 안내해준다. 일반적으로 생각하는 행복지수뿐만 아니라 인간개발지수(HDI) 등을 통해 접근하도록 안내해준다. 그리고 자신이 작성한 재무설계의 특징과 행복지수와 상관관계 등을 통해 색다르게 접근해보도록 한다.	✻ 논리/분석적 사고, 독창성, 상상력 ✰ 의사소통 능력
나오기 (7분)	• 개인별 과제활동 발표 - 개인별로 완성한 재무설계의 특징에 대해 돌아가면서 간략하게 발표한다. - 개인별 진행상황을 체크하고 다음 시간 발표를 준비한다.		

④ 사후활동

활동목표	• 모둠별로 생애주기에 따른 재무설계의 특징을 통계낼 수 있다. • 모둠별 발표활동을 통해 금융교육과 재무설계의 중요성을 깨달을 수 있다. • 생활 속에서 올바른 금융과 신용 거래를 실천할 수 있다.
준비사항	• 학생들이 작성한 생애주기에 맞춘 재무설계를 모둠별로 통계 처리한다. • 모둠별 통계 처리한 것을 전지 한 장에 그려 발표할 수 있도록 준비한다. • 모둠별 발표 활동에 모둠원들이 협력활동이 이뤄질 수 있도록 분위기를 조성한다.

활동과정 (시간)	체험활동	도움말	창의(✻)·인성(✰) 요소
들어가기 (3분)	• 수업 주제와 학습목표 안내 - 수업 주제와 학습목표를 알려준다. • 모둠 과제 준비 및 발표 방법 안내 - 준비한 과제를 모둠별로 통계내고 자료를 만들어 3~4분 안에 발표하도록 안내 한다.	• 학생들에게 수업 주제와 학습목표를 다시 안내해준다.	
활동하기 (35분)	• 모둠별 과제 준비와 발표 - 개인별 생애주기 재무설계를 모둠별로 나눠준 전지 한 장에 통계 처리하고, 모둠별 특징 3가지를 적는다. - 단계별 내용을 글뿐만 아니라 그림이나 사진 등 다양한 상징을 통해 표현하도록 한다. - 모둠원들이 모두 나와 발표한다. - 발표가 끝나면 모둠별 작품을 한 곳에 전시하여 학생들이 돌아가며 볼 수 있도록 한다.	• 시간 안배를 적절하게 하여 1시간 동안에 마무리할 수 있도록 한다. • 다른 모둠 발표 내용의 특징을 개인별 학습지에 메모한다. • 한곳에 전시하고 학생들이 돌아가며 보도록 한다.	✻ 문제해결력, 호기심, 흥미 ✰ 배려
나오기 (12분)	• 모둠별로 나눠준 활동평가지 정리 - 수업이 끝난 후 개인별로 나눠준 평가지를 작성하며 이제까지의 수업을 정리한다. - 학생들이 제출한 평가지를 바탕으로 평가점수를 부여할 수 있다. (사전 예고) • 교사의 의견 및 채점평 - 수업 주제와 학습목표에 따라 수업이 진행되었는지를 확인하고, 학생들의 활동에 대해 격려하고 모둠통계와 개인 평가지를 바탕으로 평가점수를 부여한다.	• 공공기관인 KDI에서 제공하는 경제 커뮤니티 공간을 적극 활용하도록 한다.	✰ 책임, 실천

(10) 부록

① 학생활동자료

■ 개념 학습에 대한 학생 활동지

<table>
<tr><th colspan="3">범부처 · 공공기관 「한국은행」 활용수업자료(1차시) - 개인별 활동지</th><th></th></tr>
<tr><td colspan="3">화폐/금융교육과 생애주기에 따른 재무설계</td><td>학습 참여자</td></tr>
<tr><td rowspan="3">학습
목표</td><td>학습목표</td><td>자신의 생애주기에 맞춘 재무설계를 할 수 있다.</td><td rowspan="3">(   )학년 (   )반
이름(   )</td></tr>
<tr><td>창의성 목표</td><td>자신의 생애주기에 맞춘 금융상품을 선택하여 재무설계를 할 수 있다.</td></tr>
<tr><td>인성목표</td><td>합리적 소비계획을 통해 배려와 공동체적 사고를 키운다.</td></tr>
<tr><td colspan="4">[탐구1] 경제 플래시를 통한 학습
(1) 자료: 한국은행 → 경제교육 → 청소년경제나라 → 경제학습 → 경제기초학습 → 경제플래시 → 13번학습학기(생애주기와 금융)

(2) 영상을 통해 느낀 점 적어 말하기

[탐구2] 경제 개념 학습
(1) 자료: '한국은행(http://www.bok.or.kr) → 화폐/금융교육 → 금융생활정보 → 2010금융생활 길라잡이'에 나와 있는 개념 학습

(2) 다음 내용을 정리해보자
① 내일을 위한 장기 생활설계는 왜 필요한가?

② 재산을 지키고 늘리기 위한 금융생활의 기본 준비는 어떻게 하는가?

③ 장기생활 설계에 필요한 금융상품에는 어떤 것이 있는가?

④ 금융과 신용은 왜 중요한가?

⑤ 은퇴설계는 어떻게 해야 하는가?</td></tr>
</table>

▣ 특강 내용 정리

[특강 내용 정리]

(　)학년 (　)반 (　)번 이름(　　　　　)

▶ 특강 주제: 청소년이 알아야 할 화폐/금융교육과 재무설계

▶ 공공기관 연계: 한국은행 경제주제 '바람직한 금융생활' 연계

▶ 강의 내용: '한국은행(http://www.bok.or.kr) → 화폐/금융교육 → 금융생활정보 → 2010금융생활 길라잡이' 에 나와 있는 개념을 중심으로 하되, 학생들이 금융의 이해와 재무설계의 중요성을 깨달을 수 있는 내용으로 해달라고 부탁한다.

---

1. 누가 어떤 주제로 무엇을 전달하기 위해 강연하였는가?

---

2. 강연의 핵심적인 내용 3가지를 요약해서 정리하시오..

1)

2)

3)

---

3. 강연을 통해 재무설계와 관련하여 자신이 느낀 점을 정리하시오.

■ 재무설계에 대한 학생 활동지

범부처 · 공공기관 「한국은행」 활용수업자료(3차시) - 개인별 활동지			
화폐/금융교육과 생애주기에 따른 재무설계			학습 참여자
학습 목표	학습목표	자신의 생애주기에 맞춘 재무설계를 할 수 있다.	( )학년 ( )반 이름( )
	창의성 목표	자신의 생애주기에 맞춘 금융상품을 선택하여 재무설계를 할 수 있다.	
	인성목표	합리적 소비계획을 통해 배려와 공동체적 사고를 키운다.	

[탐구1] 생애주기(life cycle)에 따른 재무설계

1) 단계별 연령은 어떻게 예상하는가? → ( )안을 채우시오.

2) 각 단계별 재무설계의 특징은 무엇인가? → 금융상품과 연계하여 ㅁ 안에 쓰시오

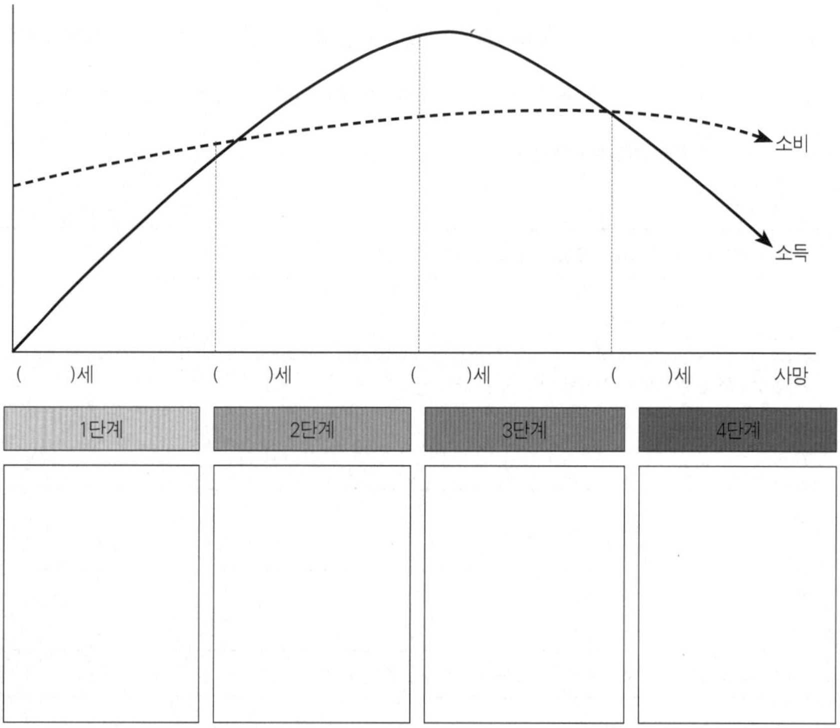

② 교사준비자료

▣ 한국은행 경제사이트

- 한국은행 화폐/경제교육 사이트(http://www.bok.or.kr) 들어가기: 한국은행 → 화폐/경제교육 → 금융생활정보 → 금융생활 길라잡이

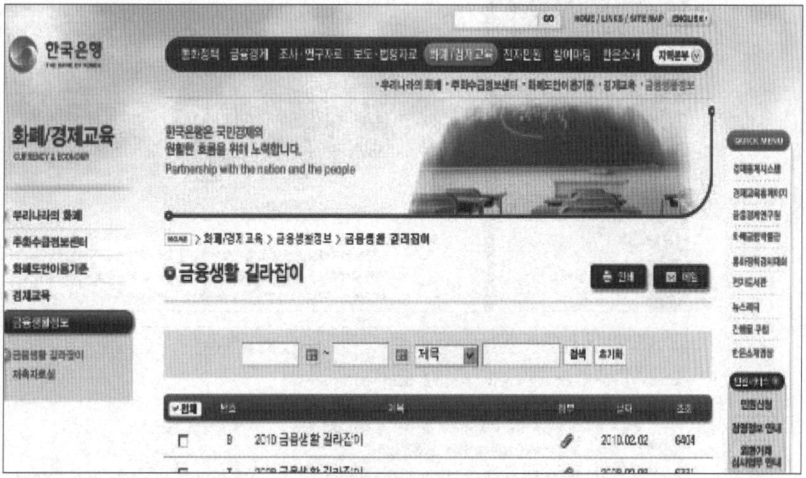

- 한국은행 경제교육홈페이지 사이트(http://youth.bokeducation.or.kr) 들어가기: 한국은행 → 경제교육홈페이지 → 청소년경제나라 → 경제기초학습 → 경제플래시

■ 2010 금융 길라잡이

• 자료 찾기: '한국은행 → 화폐/금융교육(http://www.bok.or.kr) → 금융생활정보 → 2010금융생활 길라잡이'에 나와 있는 내용 중 'Ⅰ.금융과 생활설계' 내용

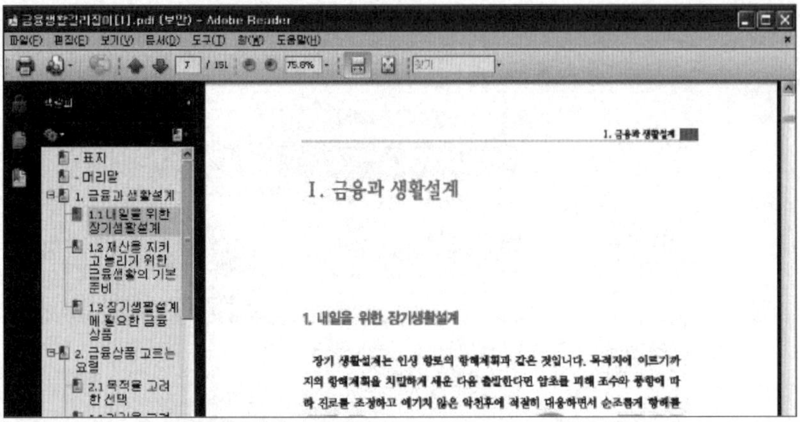

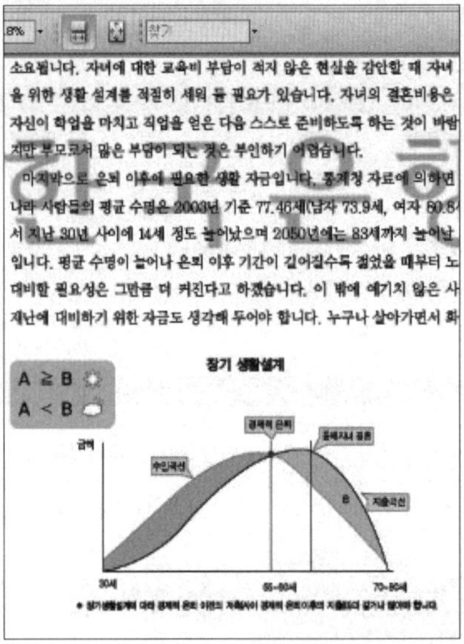

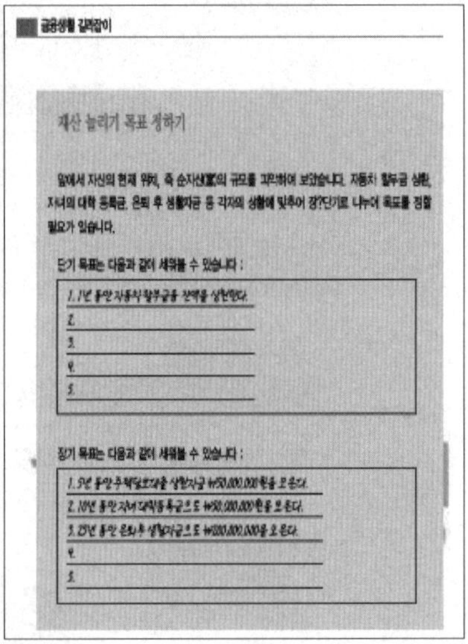

4부

창의적 체험활동 캠프 프로그램 개발

박수정(인하대학교), 정소민(인천신현북초등학교), 김미경(가천대학교),
신규리(인하대학교), 이미정(인하대학교), 이수진(인천청라고등학교),
이한나(인천효성중학교)

1
캠프 분야 창의적 체험활동 프로그램 개발의 방향

창의적 체험활동의 캠프 프로그램은 학교급별로 현장학습을 실행할 수 있는 주제로 구성하였으며 본 프로그램을 참고하여 학교와 지역사회에서 활용할 수 있는 자원 및 환경을 고려하여 다양하게 변형하여 운영할 수 있도록 안내하였다. 캠프 프로그램은 프로그램 개요, 캠프 세부 흐름도, 관계 정부부처 및 공공기관, 활동 내용, 예산 운영과 이를 잘 이해할 수 있도록 길라잡이 역할을 하는 세부 운영계획서로 제시하였다.

첫 번째 프로그램은 '별 · Dream 체험' 캠프이다. '별 · Dream 체험' 프로그램은 별을 인문학적 주제로 삼아 인성을 되돌아볼 수 있게 하며, 인문 · 사회 · 예술 분야 간의 경계를 넘나드는 감각적이며 융합적인 체험활동으로 잠재능력을 창의적으로 계발하고 표현할 수 있는 체험활동으로 구성되었다. 이 프로그램은 자신의 미래상을 만들어보는 것과 원만한 인간관계를 형성하고자 하는 것으로, 궁극적으로 자신의 꿈을 찾아가는 인문학적 탐구여행이 될 것이다. 이 프로그램의 창의적 체험활동 영역은 자율과 동아리 영역이고, 대상 학교급은 중등이다. 체험 장소는 강원도 영월 별마로 천문대 또는 각 지역 천문대에서 진행이 가능하며, 소요시간은 6시간으로 1박 2일 캠프 프로그램이다. 프로그램이 가지는 창의성 요소로는 별을 다양한 관점으로 관찰함으로써 확산적인 사고를 가능하게 하는 인지적 요소와 별자리에 대한 흥미와 호기심을 가져 탐구하고 자신의 미래상을 독창적으로 만들어보는 성향적 요소를 가지고 있다. 프로그램이 가지는 인성 요소로는 모둠활동을 통해 배려하고 원만한 인간관계를 형성하는 인간관계 덕목요소와 별자리와 관련된 활동을 통해 의사결정 능력을 함양하는 인성판단 능력 요소가 있다.

두 번째 프로그램은 '생애주기 체험' 캠프이다. '생애주기 체험' 프로그램은 탄생에서 죽음까지 유한한 인간의 삶을 전체적인 맥락에서 체험하여 자신의 현재 위치와 인생목표를 생각하는 계기를 마련하는 체험활동으로 구성되었다. 학생 자신의 현재에서 출발해서 생명의 고귀함, 학교를 졸업하고 사회에서 자신을 이루어가는 치열한 삶, 젊은 날의 사랑과 정열과 투쟁이 결과적으로 만들어내는 노년 그리고 유한한 삶의 끝으로서의 죽음을 체험하고 자신의 현재로 돌아오는 삶의 여행이다. 이를 통해 자아존중감과 시간관리 능력과 자기 인생을 설계하는 능력을 함양함을 기획의도로 하였다. 이 프로그램의 창의적 체험활동 영역은 자율과 진로 영역이고, 대상 학교급은 중등이며, 소요시간은 9시간으로 1일 캠프 프로그램이다. 이를 위한 활동 자원은 국립민속박물관, 각 지역 민속생활사 박물관, 각 학교 내 강당, 각 지역 폐교 등이 있다. 프로그램이 가지는 창의성 요소로는 생애를 단계별로 체험함으로써 수렴적 사고로 자신의 현재를 직시하고 문제해결력을 키우는 인지적 요소와 삶과 죽음에 대해 호기심을 가지고 몰입하여 체험하게 하는 성향적 요소를 가지고 있다. 인성 요소로는 삶의 전체적인 맥락에서 체험하며 자신에 대해 반성하고 성찰하는 도덕 판단력 요소와 생애주기를 체험활동을 통해 배려심과 협동력을 함양하는 인간관계 덕목 요소가 있다.

마지막 프로그램은 'Sports Creative Camp'이다. 'Sports Creative Camp' 프로그램은 뉴스포츠의 현장 체험 후, 모둠별로 변형된 형태의 뉴스포츠를 개발하여 발표하도록 함으로써 스포츠 활동에 대한 관심과 지식을 증진시키고, 타인과의 창의적 사고

교류를 통해 새로운 나만의 스포츠를 개발해보는 체험활동으로 구성되었다. 이 프로그램의 창의적 체험활동 영역은 동아리와 자율영역이고, 대상 학교급은 초중등이며, 체험 장소는 서울 청소년수련관(마루체육관), 어린이눈높이운동장, 각 학교 운동장 또는 체육관으로 소요시간은 4시간으로 1일 캠프 프로그램이다. 프로그램이 가지는 창의성 요소로는 협동의 원리를 체험하도록 하고 이를 통해 확산적 사고 및 문제해결력을 기르는 인지적 요소와 모둠활동을 통해 여러 아이디어와 친구들의 생각을 수용하는 다양성을 함양하게 하는 성향적 요소를 가지고 있다. 인성 요소로는 모둠활동을 통해 급우들 간에 협동과 배려를 기르는 인간관계 덕목 요소와 자신의 맡은 바 역할에 최선을 다하여 모둠활동에 기여할 수 있는 책임감을 가지는 인성판단 요소가 있다.

2
캠프 분야 창의적 체험활동 프로그램

1. 별 · Dream 체험: 별과 함께 나의 꿈을 찾아서

1) 기획의도

'별 · Dream 체험' 프로그램은 별을 인문학적 주제로 삼아 인성을 되돌아볼 수 있게 하며, 인문 · 사회 · 예술 분야 간의 경계를 넘나드는 감각적이며 융합적인 체험활동으로 잠재능력을 창의적으로 계발하고 표현할 수 있는 체험활동으로 구성되었다. 이 프로그램은 자신의 미래상을 만들어보는 것과 원만한 인간관계를 형성하고자 하는 것으로, 궁극적으로 자신의 꿈을 찾아가는 인문학적 탐구여행이 될 것이다.

2) 프로그램 소개

사전활동으로 각자 자신의 별자리, 마이스토리, 미래의 꿈과 직업 등을 기록하고 주요 활동으로 별자리 소개, 별자리와 관련된 신화와 전설과 역사적 인물 소개, 별을 형상화한 예술작품을 감상하고, 천체 관측을 하고 난 뒤에 자신의 꿈과 별을 주제로 티셔츠에 형상화한다. 마지막으로 발표와 의견을 나누면서 체험활동을 마무리한다.

3) 활용방안

이 프로그램은 수학여행과도 연계하여 운영할 수 있다. 특히 강원도 영월의 별마로 천문대 주변에는 단종유적지, 동강 등*을 연계하여 체험할 수 있는 자원들이 많다. 또 인문 · 사회 · 예술 통합적인 활동이 이루어지므로 문학 · 미술 · 음악 교사 등이 함께 체험활동을 계획하거나 전문 강사를 초빙하여 운영할 수도 있다.

4) 프로그램 개요

이와 같은 주제 선정을 통해 개발한 체험활동의 개요를 살펴보면 다음과 같다. 본 프로그램 운영을 위한 '활용 자원, 창의 · 인성 요소, 프로그램 목표, 체험활동 TIP'이 제시되어 있다. 각 학교마다 교육적 요구와 여건에 맞는 수업을 융통성 있게 편성할 수 있다.

* 참고 : 영월군청(http://www.yw.go.kr)

<table>
<tr><td colspan="2">프로그램 명</td><td colspan="4">별 · Dream 체험 캠프: 별과 함께 나의 꿈을 찾아서</td></tr>
<tr><td colspan="2">창의적 체험활동 영역</td><td>자율</td><td>봉사</td><td>동아리</td><td>진로</td></tr>
<tr><td rowspan="2">학교급</td><td rowspan="2">초 · 중</td><td>체험장소</td><td colspan="3">강원도 영월 별마로 천문대(각 지역 천문대)</td></tr>
<tr><td>소요시간</td><td colspan="3">1박 2일</td></tr>
<tr><td colspan="2">활동 자원</td><td colspan="4">강원도 영월 별마로 천문대(각 지역 천문대)</td></tr>
<tr><td colspan="2">창의 · 인성 요소</td><td colspan="4">창의성 요소
- 인지적 요소 : 별을 다양한 관점으로 바라봄으로써 확산적인 사고를 하며 자신의 생각을 창의적으로 표현한다.
- 성향적 요소 : 별자리에 대해 흥미와 호기심을 가지고 탐구하고 자신의 미래상을 독창적으로 만들어본다.
인성 요소
- 인간관계 덕목 요소 : 급우 간 모둠활동을 통해 서로 배려하는 원만한 인간관계를 형성한다.
- 인성판단 능력 요소 : 별자리와 관련된 활동을 통해 의사 결정 능력을 함양한다.</td></tr>
<tr><td colspan="2">프로그램 목표</td><td colspan="4">1. 자신의 별자리 위치와 유래, 이와 관련된 인물들을 탐구하며 그들을 삶의 모델로 삼아 자신의 미래상을 만들어본다.
2. 동행하는 친구들과 열린 마음으로 대화하고 협력하여 활동함으로써 원만한 인간관계를 형성한다.
3. 별을 인문 · 사회 · 예술적으로 접근하고 해석함으로써 분야의 경계를 넘어서는 복합적이고 융합적인 체험을 한다.</td></tr>
<tr><td colspan="2">체험활동 TIP</td><td colspan="4">- 이 프로그램은 학년 수준에 따라 주제와 내용을 재구성 할 수 있다.
- 활동시간에 자유로운 분위기를 조성하여 학생들이 창의적으로 사고할 수 있도록 한다.
- 교사나 천문대 별자리 전문가 이외에 인문학, 철학, 역사학, 신화, 전설 등의 지식과 소통 능력을 갖춘 강사를 초빙하여 운영하면 더욱 전문적인 수업이 이루어질 수 있다.
- 프로그램 진행 전에 체험활동을 함께 할 강사들 간에 자료를 공유하여 '감각적이고 융합적인 체험활동 구성'이라는 기획의도에 맞게 진행될 수 있도록 한다.</td></tr>
</table>

5) 캠프 세부 흐름도

이와 같은 프로그램이 실제 수업에서 어떻게 적용될 수 있는지, 1박 2일 '시간별' 프로그램 활동 흐름도를 제시하면 다음과 같다.

시간	주요 활동	비고
오후	주요 활동 1: '나의 별이야기' 작성 - 인솔교사가 노트 활용 방법 및 목적을 설명한다. - 자신의 생년월일, 별자리, 마이스토리(지나온 날들), 미래의 꿈과 직업 등을 기록하여 자신을 돌아보고 미래를 생각해보는 계기가 된다.	20분
	주요 활동 2: 강연, 발표 및 토론 주제: "이곳 별마루에서 인문 · 사회 · 예술이 하나가 되다" - 강연 1: 자신의 별자리와 별자리 위치 찾기 천문대 측 교육 담당 강사는 별자리 위치, 별자리 관측 방법 등을 설명한다. 강연 시에 필요하다면 천문 관측 망원경을 활용한다. - 강연 2: 별자리와 관련된 신화 · 전설과 역사적 인물 소개 인문학 강사는 별자리와 관련된 그리스 로마 신화, 동양의 신화, 전설들을 소개하고 특히 별자리와 관련된 역사적 사건과 인물들을 소개한다. - 강연 3: 별을 형상화한 예술작품 감상 예술 분야 강사는 별을 소재로 형상화된 예술작품을 소개하고 함께 감상한다. 작품은 초등학교 고학년부터 중등학교 학생들이 이해할 수 있는 자료로 필요에 따라 강사가 보다 쉽게 풀이하여 흥미롭게 보충설명이 가능하다. - 질의응답 및 토론	150분
	주요 활동 3: 육안으로 천체관측 - 별자리를 관측할 때 개인별로 하기 보다는 짝을 짓거나 여럿이 함께 모여 별자리를 찾는다. '누가 먼저 별을 찾는가?' 등의 놀이 활동으로 진행해도 좋다. - 천문대 직원들과 인솔교사가 돌아다니면서 함께 별자리를 찾는다.	120분
오전	주요 활동 4: 기록 남기기, 발표 및 토론 주제: "나의 별은 어떻게 형상화될 수 있을까?" - 학생들 각자는 자신의 별이 무엇이고 어떻게 유래하며 그 별에 탄생한 역사적 인물들은 누구인가를 생각해보고, 자신의 별자리와 관련지어 미래의 꿈을 생각해본다. 자신의 꿈과 미래의 직업은 무엇인가를 생각해보고 어떻게 이룰 수 있을까를 표현한다. - 천문대 전시실의 자유로운 분위기에서 준비해 온 흰 티셔츠에 자신의 꿈, 자신과 같은 별자리를 갖는 인물 등을 패브릭팬과 패브릭크레용으로 그려본다. - 가능하면 모든 학생이 자신의 별자리와 꿈에 대해 발표하고 의견을 나눈다.	90분

6) 별마로 천문대 소개

본 프로그램은 지역별 천문대를 이용하여 진행할 수 있는 체험활동이다. 본 프로그램에서는 강원도 영월군에서 운영하고 있는 '별마로 천문대'를 활용하였다.

<table>
<tr><td>별마로
천문대 소개</td><td>

별마로 천문대(www.yao.or.kr)
강원도 영월군 영월읍 천문대길 397
Tel: 033~374~7460~2
Fax: 033~374~7463
천문과학교육관 (033) 374~7460
* 별마로 천문대가 아니더라도 교통이 편리한 가까운 지역의 천문대를 이용할 수도 있다. (부록 ② 참조)</td></tr>
<tr><td>별마로
천문대
제공 자원</td><td>1. 공간 제공
2. 기자재 제공: 천문 관측 기구, 컴퓨터 · 스크린 · 빔 프로젝터, 음향장치 등
3. 강사와 진행요원 등 인적 자원 제공</td></tr>
<tr><td>별마로
천문대 체험
프로그램</td><td>별.Dream 체험활동 프로그램 이외에도 별마로 천문대는 천문 관측만을 전문으로 활용할 수 있다. 현재 진행되고 있는 1박 2일 교육 프로그램은 다음과 같다.
<table>
<tr><th>일시</th><th>프로그램</th><th>장소</th></tr>
<tr><td colspan="3">1일차</td></tr>
<tr><td>19:00~19:40</td><td>천문학 강의</td><td>2층 영상강의실</td></tr>
<tr><td>19:50~20:50</td><td>천문실습(망원경 조립) or 공작활동</td><td>3층 전시실</td></tr>
<tr><td>21:00~22:00</td><td>천문대 천체 관람</td><td>천문대 본관</td></tr>
<tr><td>22:00~</td><td>정리 및 취침</td><td>각 숙소</td></tr>
<tr><td colspan="3">2일차</td></tr>
<tr><td>07:00~08:50</td><td>기상 및 세면, 조식</td><td>각 숙소 및 1층 취미교실</td></tr>
<tr><td>09:00~10:00</td><td>태양관측 및 자유시간
(관측불가 시 영상물 시청)</td><td>천문대 본관
(2층 영상강의실)</td></tr>
<tr><td>10:00~</td><td>퇴실</td><td></td></tr>
</table></td></tr>
<tr><td>체험활동
TIP</td><td>- 기존의 천문 관측 프로그램이 별에 대해 과학적인 시각으로 접근하고 이해함을 주된 목적과 기능으로 삼았다면 이 프로그램은 별을 인문 · 사회 · 예술적으로 접근하고 해석한다는 데 차별성이 있다. 이를 위해서 천문대에서 인문학적 분위기를 조성하는 데 힘써야 한다.
- 만일 천문대를 이용하기 어려운 상황이라면 캠핑장이나 학교 주변의 야산 혹은 학교 운동장에서 캠핑하며 별을 관측할 수 있는데, 이때 음향장비와 스크린을 갖출 수 있도록 한다.</td></tr>
</table>

7) 체험활동 구체안

다음은 본 프로그램에서 다루고자 하는 체험활동 구체안이다. 이 프로그램의 창의적 체험활동 영역은 자율과 동아리, 진로 영역이고, 대상 학교급은 초 · 중등이다. 체험장소는 강원도 영월 별마로 천문대 또는 각 지역 천문대로 여건에 맞게 선택하여 진행할 수 있다. 소요시간 1박 2일인 캠프 프로그램이다.

이 프로그램을 통해 요구되는 창의성 요소는 별을 다양한 관점으로 관찰함으로써 확산적인 사고를 가능하게 하는 인지적 요소와 별자리에 대한 흥미와 호기심을 갖고 탐구하고 자신의 미래상을 독창적으로 만들어보는 성향적 요소이다. 또한 모둠활동을 통해 배려심을 함양하고 원만한 인간관계를 형성하는 인간관계 덕목 요소와 별자리와 관련된 활동을 통해 의사결정 능력을 함양하는 인성판단 능력의 인성 요소를 포함하고 있다.

활동장소	별마로 천문대	소요시간	1박 2일
준 비 물	• 교사 준비물 : '나의 별이야기' 노트, 사진기, 인증장. 학생명단, 구급약품, 호루라기, 망원경 등 • 학생 준비물 : 가벼운 옷차림과 편한 신발, 세면도구, 필기도구, 흰티셔츠(면), 패브릭팬이나 패브릭크레용, 주제와 관련된 사전학습 준비자료, 선택사항(망원경, 연주 가능한 악기) 등		
활동목표	1. 자신의 별자리 위치, 유래, 관련된 인물들을 탐구하며 그들을 삶의 모델로 삼아 자신의 미래상을 만들어본다. 2. 동행하는 친구들과 열린 마음으로 대화하고 협력하여 활동함으로써 원만한 인간관계를 형성할 수 있는 계기를 마련한다. 3. 천문대에서 별을 인문 · 사회 · 예술적으로 접근하고 해석함으로써 별을 과학의 경계를 넘어 인문학과 융합된 활동으로 체험할 수 있다.		
창의 · 인성 요소	– 창의성 요소: 확산적 사고, 독창성 – 인성 요소: 배려, 협동, 의사결정 능력		

구분	시간	창의 체험학습안내	Tip
활동 내용 및 절차	15:00~16:00 (60분)	**학교 집결 및 사전 지도활동** **탐색 주제: '나의 별을 찾아서'** – 이동 차량 내에서 인원을 확인하고 유의사항을 전달한다. – 체험학습의 목적과 내용, 진행과정 등을 설명한다. – 노트 '나의 별이야기'를 배부한다.	–'나의 별이야기'는 체험활동 이전에 미리 만들어 두어야 하는 얇은 노트로 양식은 뒤에 별첨으로 첨부되어 있다.

활동 내용 및 절차		- 노트 활용 방법 및 목적을 설명한다. 1. 자신의 생년월일, 별자리, 마이스토리(지나온 날들), 미래의 꿈과 직업 등을 기록하여 자신을 돌아보고 미래를 생각해보는 계기가 된다. 2. 체험캠프의 일정에 따른 활동사항과 활동 중에 떠오르는 생각을 그때그때 기록한다.	
	16:00~17:00 (60분)	**목적지로 이동** 예) 강원도 영월군 별마로 천문대를 향해 이동	
	17:00~17:20 (20분)	**도착, 숙소 배정 및 짐정리**	
	17:20~18:30 (50분)	**저녁식사**	
	18:30~21:00 (150분)	**강연, 발표 및 토론** **탐색 주제: "별마로에서 인문 · 사회 · 예술이 하나가 되다"** ■ 강연 1: 별자리 위치와 자신의 별자리 찾기 천문대 측 교육 담당 강사는 별자리 위치, 별자리 관측 방법 등을 설명한다. 강연 때 필요하다면 천문 관측 망원경을 활용할 수 있다.	-12별자리 : 물병/물고기/양/황소/쌍둥이/게/사자/처녀/천칭/전갈/사수/염소
	21:00~23:00 (120분)	■ 강연 2: 별자리와 관련된 신화와 역사적 인물 소개 인문학 강사는 별자리와 관련된 그리스 로마 신화, 동양의 신화, 전설을 소개하고 특히 별자리와 관련된 역사적 사건과 역사적 인물들을 소개한다. - 탐색 주제 "내 별자리에 태어난 위인들은 누구인가? " "그들은 어떠한 삶을 살았는가?"	-별자리 전설은 천문우주 지식정보 누리집 참고 (http://astro.kasi.re.kr/Main/ContentViewForm.aspx?MenuID=1223)
	23:00~24:00 (60분)	■ 강연 3: 별을 형상화한 예술작품 감상 예술 분야 강사는 별을 소재로 형상화된 예술작품을 소개하고 함께 감상한다. - 탐색 주제 "별은 어떻게 예술적으로 형상화되었는가?" • 작품예시: 고흐 〈별이 빛나는 밤〉, 알퐁스도데 〈별〉, 윤동주 〈별 헤는 밤〉, 〈서시〉, 모차르트 〈작은별 주제에 의한 12변주곡〉 예시된 작품은 초등학교 고학년부터 중등학교 학생들이 이해할 수 있는 자료이지만 필요에 따라 강사가 보다 쉽게 풀이해서 흥미롭게 보충 설명한다.	-별자리 위인은 daum 블로그 참고 (http://blog.daum.net/_blog/BlogTypeView.do?blogid=0SAXI&articleno=512&categoryId=19&regdt=20130420165513','19');)

<table>
<tr><td>활동
내용
및 절차</td><td></td><td>육안으로 천체 관측
- 별자리 관측을 할 때 개인적으로 혼자서 하기보다는 짝을 짓거나 여럿이 함께 모여 함께 별자리를 찾는다. '누가 먼저 찾는가?' 등의 놀이 활동으로 진행해도 좋다.

취침 준비 및 취침</td><td></td></tr>
<tr><td colspan="4">2일차</td></tr>
<tr><td rowspan="4">활동
내용
및 절차</td><td>8:00~9:00
(60분)</td><td>기상 및 아침식사</td><td rowspan="3">- 학생들이 주도적으로 관측하되, 필요 시 천문대의 교육 직원들과 인솔교사가 적절한 도움을 준다.

-활동 전에 기록한 나의 별 이야기 노트를 다시 나눠준다.</td></tr>
<tr><td>9:00~9:30
(30분)</td><td>휴식 및 짐 정리</td></tr>
<tr><td>9:30~11:00
(90분)</td><td>기록 남기기 및 발표와 토론:
탐색 주제 : "나의 별은 어떻게 형상화될 수 있을까?"
- 학생들은 각자 자신의 별자리와 관련지어 미래의 꿈을 생각해본다.
- 자신의 꿈과 미래의 직업은 무엇인가를 생각해보고 어떻게 도달할 수 있을까를 노트 '나의 별이야기'에 밑그림으로 그린다. 주제는 별과 꿈(별 · Dream)으로, 미래상을 추상적 혹은 구체적으로 그려도 되고 마인드맵으로 형상화해도 되며, 역사적 인물과의 만남으로 형상화해볼 수도 있다. 상상력을 발휘하여 다양하게 표현한다.
- '나의 별이야기'에 작성한 도안을 준비한 티셔츠에 패브릭 팬이나 패브릭크레용으로 그린다.
- 티셔츠가 완성되면 입고 휴대폰이나 디지털 카메라로 인증샷을 찍고 활동한다.
- 가능하면 모든 학생이 자신의 형상화된 작품에 대해 발표하고 의견을 나눈다.</td></tr>
<tr><td>11:00~13:00
(120분)</td><td>활동 정리 및 짐 정리
학교 도착 및 해산
학교와 집으로 출발한다.</td><td></td></tr>
<tr><td>지도 시
유의사항</td><td colspan="3">- 학생 인원을 확인한 후 교사 인솔 하에 차량으로 이동한다.
- 버스 및 천문대에서 지켜야 할 안전수칙과 에티켓에 대해 사전교육을 실시한다.
- 스마트폰을 활용하여 활동에 도움을 받을 수 있도록 허용하되, 개인적인 용도로 사용하는 것은 제한한다.
- 강사는 학생 자신의 별자리와 삶의 모델, 꿈, 장래희망에 대해 자발적으로 이야기하도록 독려한다.
- 기상 여건으로 별을 육안으로 관찰할 수 없다면 천문대에 마련된 천문학 기초 강의를 수강하거나 천체망원경을 이용하여 별자리를 공부할 수 있도록 사전에 준비한다.</td></tr>
</table>

8) 예산 운영안

① 총 소요 예산 : 2,160,000원

② 세부 예산 내역

항목	금액	예산내역	비고
체험 프로그램 운영비	900,000원	차량 운행비 450,000원×2일 (900,000원 ÷ 30인 = 30,000원)	
	1,260,000원	학생 식사비: 360,000원 12,000원×30인 (1식 6,000원) 천문대 이용료(숙박 포함) :900,000원 30,000원×30인	
합계	2,160,000원	1인당 72,000원	

9) 부록

부록에서는 실제 수업에서 활용할 수 있도록 체험활동 학습지 예시를 안내하며 지역별 천문대를 소개한다.

(1) 체험활동 학습지

워크북 사전 학습지	〈나의 별 이야기〉

나	나의 자화상		이름	
			이름의 뜻	
			생년월일	
별자리	나의 별자리			

별자리	나와 같은 별자리를 가진 사람과 그들의 삶	
나에 대하여…	내 지난날의 이야기	
	지금 나의 이야기	
	내가 사랑하는 사람들	
나의 꿈	나의 꿈은… (나의 별은 어디에)	
	나의 별 이야기 (나의 별을 어떻게 찾을 수 있을까?)	
'자, 이제 나의 별을 향해 날아보자'		

(2) 지역별 천문대

지역	천문대	주소	전화번호
경기	연세대학교 천문대	서울 서대문구 신촌동 134	02~2123~3439
	과학동아 천문대	서울 용산구 한강로 3가	02~3148~0784
	코스모피아 천문대	가평군 하면 상판리 86	031~585~0482
	일산 어린이천문대	고양시 일산동 성석동 933~1	031~975~3245
	누리천문대	군포시 대야미동 산 1~7	031~390~8674
	안성맞춤 천문과학관	안성시 보개면 복평리 298	031~675~6975
	안성 천문대	안성시 미양면 강덕리 79~14	031~677~2245
	송암스페이스센터	양주시 장흥면 석현리 410~5	031~894~6000
	중미산 천문대	양평군 옥천면 신복리 117~1	031~771~0306

경기	세종 천문대	여주시 강천면 부평리 472~2	031~886~2200
	경희 천문대	용인시 기흥구 서천동 1	031~201~2470
강원	국토정중앙 천문대	양구군 남면 도촌리 96~5	033~480~2586
	별마로 천문대	영월군 영월읍 천문대길 397	033~374~7460
	천문인마을	횡성군 강림면 월현리 352~2	033~342~9023
	우리별 천문대	횡성군 공근면 상창봉리 264~4	033~345~8471
충청	대덕전파 천문대	대전 유성구 대덕대로 838	042~865~3332
	대전시민 천문대	대전 유성구 선싱동 7~13	042~863~8763
	소백산 천문대	단양군 단양읍 천동리 산 9~5	043~422~1108
	서산 류방택천문기상과학관	서산시 인지면 애정리 151~8	041~669~8496
	고구려 천문과학관	충주시 가금면 하구암리 산 108	043~842~3247
	칠갑산 천문대 스타파크	청양군 정산면 마치리 526~3	041~940~2790
전라	고흥 우주천문과학관	고흥군 도양읍 용정리 497~3	061~830~6691
	곡성 섬진강 천문대	구례군 구례읍 논곡리 829~2	061~363~8528
	무주 반디별 천문과학관	무주군 설천면 청량리 1100	063~320~5680
	장흥 정남진 천문과학관	장흥군 장흥읍 평화리 산 7	061~860~0651
	하늘별마을만 행산 천문체험관	남원시 산동면 대상리 597~3	063~626~9009
경상	김해 천문대	김해시 어방동 산 2~80	055~337~3785
	보현산 천문과학관	영천시 화북면 정각리 689	054~330~6447
	보현산 천문대	영천시 화북면 정각리 산 6~3	054~330~1000
	예천 천문우주센터	예천군 감천면 덕율리 91	054~654~1710
제주	서귀포 천문과학문화관	서귀포시 하원동 산 70	064~739~9701
	제주 별빛누리공원	제주시 오등동 산 34	064~728~8900

2. 생애 체험 캠프

1) 기획의도

'생애주기 체험' 프로그램은 탄생에서 죽음까지 유한한 인간의 삶을 전체적인 맥락에서 체험하여 자신의 현재 위치와 인생목표를 생각하는 계기를 마련하는 체험 활동으로 구성되었다. 학생 자신의 현재에서 출발해서 생명의 고귀함, 학교를 졸업하고 사회에서 자신을 이루어가는 치열한 삶, 젊은 날의 사랑과 정열과 투쟁이 결과적으로 만들어내는 노년 그리고 유한한 삶의 끝으로서의 죽음을 체험하고 자신의 현재로 돌아오는 삶의 여행이다. 이를 통해 자아존중감과 시간관리 능력과 자기 인생을 설계하는 능력을 함양하고자 한다.

2) 프로그램 소개

이 프로그램은 생애주기에 대한 강의를 들은 후, 자기성찰 활동을 통해 '생애주기 이야기'를 작성해보는 프로그램이다. 생애주기 체험활동으로 '탄생의 방, 청장년기의 방, 노년기의 방, 죽음의 방'을 경험해보고 나서 체험활동에 대한 발표와 토론을 진행한다.

3) 활용방안

이 프로그램은 임종체험기관 '아름다운 삶'* 을 통해 체험할 수 있다. 이 체험기관

* http://www.happydying.com

이 위치한 곳 일부가 사찰인 까닭에 불교적 체험기관이라고 오해할 수도 있으나 이 체험활동은 종교와는 무관하며 이를 사전에 학생들에게 충분히 설명해주어야 한다. 생애주기 체험활동을 학교 내에서 교사가 직접 계획하고 운영할 경우에는 인터넷, 빔 프로젝터, 스크린과 음향장비를 갖춘 공간에서 일진과학[*]의 협조를 받아 자체적으로 유익한 체험활동을 운영할 수 있다. 생애주기는 탄생의 방, 청장년기의 방, 노년기의 방, 죽음의 방 이외에 별첨으로 제시된 유년의 방, 사춘기의 방 등을 옵션으로 넣어 활용할 수 있다.

4) 프로그램 개요

이와 같은 주제 선정을 통해 개발한 체험활동의 개요를 살펴보면 다음과 같다. 본 프로그램 운영을 위한 '활용 자원, 창의 · 인성 요소, 프로그램 목표, 체험활동 TIP'이 제시되어 있다. 각 학교는 해당 학교의 교육적 요구와 여건에 맞는 수업을 융통성 있게 편성할 수 있다.

프로그램 명		생애 체험캠프			
창의적 체험활동 영역		자율	봉사	동아리	진로
학교급	중 · 고등	총 소요시간	4시간		
활동자원		- 교내 : 각 학교 강당 혹은 교실 - 교외 : 임종체험기관 '아름다운 삶'			
창의 · 인성 요소		창의성 요소 - 인지적 요소 : 생애주기를 단계별로 체험함으로써 수렴적으로 자신의 현재를 직시하고 문제해결력을 키운다. - 정의적 요소 : 삶과 죽음에 대해 호기심을 가지고 몰입하며 체험한다.			

* http://www.simulator.co.kr

창의 · 인성 요소	인성 요소 - 도덕판단력 요소: 생애주기 전체를 체험하며 자신의 삶에 대해 반성하고 성찰한다. - 인간관계 덕목 요소: 급우를 배려하고 협동하며 체험한다.
프로그램 목표	1. 탄생에서 죽음까지 유한한 인간의 삶을 전체적인 맥락에서 체험함으로써 자신의 현재 위치와 인생의 목표를 생각한다. 2. 자아존중감과 시간관리 능력, 자기인생을 경영하는 능력 그리고 공동체 구성원으로서의 민주시민 역량을 함양한다.
체험활동 TIP	- 이 체험 프로그램의 목적은 탄생과 삶과 죽음을 두려움과 공포의 대상으로서 체험하고 이를 통해 계몽하고 각성하고자 하는 것이 아니다. 흥미로 프로그램에 접근하고 체험하면서 자신의 삶을 돌아보게 하며 새로운 삶의 자세와 꿈을 갖는 유익함으로 마무리 할 수 있도록 한다. - 하루 4차시 집중 수업으로 운영되며 캠프 흐름이 지루하지 않도록 상황에 따라 프로그램을 단순 간략화할 수 있다. 학생들의 수준을 고려하여 내용을 재구성할 수도 있다.

5) 캠프 세부 흐름도

이와 같은 프로그램이 실제 수업에서 어떻게 적용될 수 있는지, 1일 '시간별' 프로그램 활동 흐름도를 제시하면 다음과 같다.

시간	주요 활동	비고
오후	<u>주요 활동 1: 생애주기 강의</u> 개인의 삶을 생애주기에 따라 조망한다. - 탄생과 죽음을 '이루어나가는 과정'과 '그것의 결과'로 설명한다. 에릭슨의 생애주기 8단계를 설명하고 이 체험활동에서는 간략화한 탄생 → 청장년기 → 노년기 → 죽음의 4단계로 체험하게 됨을 설명한다.	30분
	<u>주요 활동 2: 자기성찰</u> 개인의 삶을 되돌아본다. - '나의 인생 그래프' 그리기 활동을 하면서 자신의 삶을 되돌아보며 미래의 삶에 대해서도 생각해 보는 시간을 가진다.	30분
	<u>주요 활동 3: 생애주기 체험</u> - 생애주기 체험활동의 출발점과 끝점은 학생 자신의 현실이다. 학생 자신의 현재에서 출발해서 탄생의 방, 청장년기의 방, 노년기의 방, 죽음의 방을 경험하고 다시 학생 자신의 현재로 돌아온다. 자신에게 돌아오기 위한 여행이다.	120분

오후	1. 탄생의 방: 고귀하고 "유일무이한 존재", 한 생명의 탄생 - 스크린으로 생명의 신비, 출산, 탄생과 관련한 동영상을 본다. - 자궁모형, 인체모형 의료실습장비를 이용할 경우, 감각적으로 어머니의 자궁과 탄생의 장면을 체험할 수 있다. 2. 청장년기의 방: "피 끓는 젊은 날의 모습은?", "정열을 불태울 희망직업은?", "내 가족의 모습은 어떨까? 나의 배우자와 아이들은 어떤 모습일까?" - 바쁘게 직장에서 일하는 모습, 한 가정에서 어머니/아버지가 된 모습을 스크린을 통해 볼 수 있다. 자신의 자아실현과 가족공동체에 대해 생각해본다. 3. 노년기의 방: 지나온 삶에 대한 성찰?, 현재의 노년을 어떻게 살아갈 것인가? 웰다잉(well-dying)을 준비하다? - 인체모형 의료실습장비를 통해 노년을 체험할 수 있다. - 놀이터나 공원을 연상시키는 배경화면을 스크린으로 띄우고 그 앞에 공원의자를 둔다. 할머니나 할아버지의 옷을 걸치고 지팡이를 짚고 공원의자에 앉아 잠시 지나온 날들과 노년의 현재와 죽음에 대해 생각한다. 4. 죽음의 방: "삶과 죽음은 하나다?" - 유서를 쓰고, 자신의 장례를 상징하는 임권택 영화 〈축제〉의 영결 장면 일부가 스크린을 통해 상영되는 동안 명상하며 죽음을 준비한다. 음향을 통해 만가를 들을 수 있도록 한다. 관에 들어가 누워 죽음을 체험한다.	120분
	<u>주요 활동 4: 체험활동 정리</u> - '나의 생애주기' 노트를 정리하며 체험활동을 개인적으로 정리하고 발표와 토론의 시간을 통해 의견을 교환한다.	50분

6) 임종체험기관 소개

본 프로그램은 임종체험기관을 이용하여 진행할 수 있는 체험활동이다. 본 프로그램에서는 임종체험기관인 '아름다운 삶'을 활용하였다.

아름다운 삶 기관 소개	1. 임종체험기관 '아름다운 삶'(http://www.happydying.com)
아름다운 삶 제공 자원	1. 공간 제공 2. 기자재 및 체험 관련 물품 제공 3. 강사, 진행요원 등 인적 자원 제공

<table>
<tr>
<td>아름다운 삶
제공 자원</td>
<td>
〈수련목적〉
죽음을 알면 삶이 더 아름답게 보입니다.

<u>죽음이 전하는 메세지는 삶의 시간이 제한되어 있으므로 삶의 소중함과
현재 이 순간의 감사함을 알고 주어진 시간을 보다 의미있게 살라는 것입니다.</u>

임종체험 수련(pre-death experience)프로그램은 웰다잉을 위한 프로그램입니다.

첫째, 죽음을 수용함으로써 현재의 삶을 값지고 보람되게 살 수 있도록 합니다.
둘째, 지금까지의 삶을 한 차원 뛰어넘어 새로운 존재로 거듭나는 기회를 제공합니다.
셋째, 죽음에 대한 인식을 키워서 우리의 삶 속에서 평화를 일구어 평화와 사랑을 실현하도록 합니다.

우리 삶에서 진정으로 가치 있는 것이 무엇이며 무엇이 우리 삶을 의미 있게 만드는가? 깊이 명상합니다.
그 결과에 따라 우리에게 중요한 것들을 순서대로 정해야 합니다. 우리 삶의 목적은 긍정적이어야 합니다.
우리는 문제를 일으키고 다른 사람을 해치기 위해 세상에 태어난 것이 아닙니다.
우리의 삶을 가치있게 만들기 위해 우리의 내면속에 있는 선한 성격을 더욱 키워야 합니다.
그것은 따뜻하고 친절한 마음, 그리고 사랑과 자비심 같은 것입니다.
이런 마음을 가질 때 우리의 삶은 더욱 의미 있고 평화롭고 마침내 더 행복해질 수가 있습니다.
</td>
</tr>
<tr>
<td>아름다운 삶
체험 프로그램</td>
<td>
‘아름다운 삶’에서는 성인과 학생을 대상으로 1일 4시간의 프로그램을 진행하고 있으며 3개월 과정의 고급 수련과정도 운영하고 있다.
<table>
<tr><th>시간</th><th>수련 내용</th></tr>
<tr><td>14:30</td><td>수련복 수령 / 수련 준비 및 안내</td></tr>
<tr><td>15:00</td><td>나의 인생 관찰</td></tr>
<tr><td>17:00</td><td>죽음 명상</td></tr>
<tr><td>19:00</td><td>입관 체험</td></tr>
<tr><td>20:00</td><td>뉘우침과 거듭남 / 소감 나누기 및 정리</td></tr>
</table>
</td>
</tr>
<tr>
<td>임종체험기관
소개</td>
<td>
<table>
<tr><th>기관명</th><th>주소</th><th>전화번호</th></tr>
<tr><td>아름다운 삶</td><td>서울시 강남구 개포동 1055</td><td>070~4139~0337</td></tr>
<tr><td>효원힐링센터</td><td>서울시 영등표구 영중로 159</td><td>1644~3350</td></tr>
<tr><td>하늘나라</td><td>대구시 달서구 용산로 24길 17</td><td>053~555~4448</td></tr>
<tr><td>카핀아카데미
(출장교육 가능)</td><td>http://www.coffin-ac.com/</td><td>042~624~2300</td></tr>
</table>
</td>
</tr>
</table>

7) 체험활동 구체안

다음은 본 프로그램에서 다루고자 하는 체험활동 구체안이다. 이 프로그램의 창의적 체험활동 영역은 자율과 진로 영역이고, 대상 학교급은 중 · 고등이며, 소요시간은 9시간으로 1일 캠프 프로그램이다.

이 프로그램을 통해 함양할 수 있는 창의 · 인성적 교육 요소는 다음과 같다. 창의성 요소로는 생애를 단계별로 체험함으로써 수렴적 사고로 자신의 현재를 직시하고 문제해결력을 키우는 인지적 요소와 삶과 죽음에 대해 호기심을 가지고 몰입하여 체험하게 하는 성향적 요소를 가지고 있다. 인성 요소로는 삶의 전체적인 맥락에서 체험하여 자신에 대해 반성하고 성찰하는 도덕판단력 요소와 생애주기를 체험활동을 통해 급우를 배려하고 협동하는 인간관계 덕목 요소가 있다.

활동장소	학교 강당 혹은 교실 임종체험기관	소요시간	9시간
준비물	• 교사 준비물 : 학습지, 안내장, 인증장, 카메라, 구급약품 등 • 학생 준비물 : 편안한 옷차림과 신발, 필기도구 등		
활동목표	1. 유한한 인간의 삶을 전체적인 맥락에서 체험함으로써 자신의 현재 위치와 인생목표를 생각하는 계기가 된다. 2. 자아존중감과 시간관리 능력과 자기 인생을 경영하는 능력과 공동체 구성원으로서의 민주시민 역량을 함양한다.		
창의 · 인성 요소	- 창의성 요소 : 수렴적 사고, 호기심 - 인성 요소 : 반성, 성찰, 배려, 협동		

구분	시간	창의 체험학습 안내	Tip
활동 내용 및 절차	12:30~13:00 (30분)	**집결** 인솔자는 생애주기 체험활동 프로그램의 목적과 진행과정을 설명한다.	- 학교 내 체험은 한 학급, 30명을 기준으로 체험활동을 할 것을 권장한다.
	13:00~13:30 (30분)	**생애주기 강의: 개인의 삶을 생애주기에 따라 조망** • 에릭슨의 생애주기를 참고로 인간의 생애주기를 설명한다(부록 ② 참고). 체험활동에서는 시간적인 제약으로 에릭	

	13:00~13:30 (30분)	스의 생애주기 8단계를 간략화하여 탄생 – 청장년기 – 노년기 – 죽음 단계로 체험할 것임을 설명한다. 생애주기를 그래프처럼 탄생과 죽음을 끝점(영점)으로 하여 이루어 나가는 과정과 그것의 결과로 설명한다. 삶을 분기별로 나눌 때 이것은 인간의 생물학적, 신체적인 변화뿐만 아니라 동시에 사회에서 개인의 역할변화를 내포하고 있음을 설명한다.	
	13:30~14:00 (30분)	**자기성찰해보기: '내 인생의 그래프'를 작성한다.** A4 한 장으로 된 '내 인생의 그래프'는 학생들이 스스로 자신의 삶을 되돌아보며 작성한다. 그래프를 그린 뒤에는 인생의 중요한 포인트를 설명하며 현재 자신의 모습과 앞으로의 삶에 대해 생각해볼 수 있다.	
활동 내용 및 절차	14:00~16:00 (120분)	**생애체험:** 탄생의 방, 청장년기방, 노년기방, 죽음의 방을 통해 생애를 체험을 한다. 가장 효율적인 것은 각 체험 방을 독립된 공간으로 활용하는 것이지만 그럴 수 없다면 커튼이나 칸막이 등을 이용하거나 준비과정을 공개하며 진행할 수 있다. 1) **탄생의 방: 고귀하고 "유일무이한 존재", 한 생명의 탄생** 탄생의 방에서는 한 생명의 탄생과정을 체험할 수 있다. 탄생은 어머니의 자궁에서 280일 동안 어머니와 함께했던 시간을 끝내고 어머니와 분리되어 세상에 모습을 드러내는 세상과의 첫 접촉을 의미한다. • 스크린으로 생명의 신비, 출산, 탄생과 관련한 동영상을 볼 수 있다. ※ 참고 동영상 사이트 출산과 관련한 동영상(http://blog.naver.com/gpdqhrdl?Redirect=Log&logNo=119007419&jumpingVid=DC8EC344D2F07B71A93729717E6F14F6A6FA) 생명의 탄생 지식채널-e 동영상(http://kico2925.blog.me/10099930180) 아기 탄생 직후 동영상(http://cafe.naver.com/imsanbu.cafe?iframe_url=/ArticleRead.nhn%3Farticleid=14116886) • 탄생의 방에서는 동영상을 통해 탄생에 대해 인지적으로 이해하고 준비된 자궁모형과 인체모형 등 의료실습 장비를 통해 감각적으로 체험할 수 있다.	– 체험활동공간에는 컴퓨터, 스크린, 음향장치, 빔 프로젝터가 연결되어 있어야 한다. – 방은 4개로 구분되어 있지만 유년기의 방과 사춘기의 방을 포함하여 체험할 수도 있다.(부록 ① 참고)

활동 내용 및 절차	14:00~16:00 (120분)	**2) 청장년기의 방: "내 피 끓는 젊은 날의 모습은?", "정열을 불태울 희망직업은?", "내 가족의 모습은 어떨까? 나의 배우자와 아이들은 어떤 모습일까?"** • 바쁘게 직장에서 일하는 모습, 한 가정에서 어머니/아버지가 된 모습을 스크린을 통해 볼 수 있다. 자신의 자아실현과 가족공동체에 대해 생각해본다. **3) 노년기의 방: 지나온 삶에 대한 성찰하다. 현재의 노년을 어떻게 살아갈 것인가? 웰다잉(well-dying)을 준비하다.** • 인체모형 의료실습장비를 통해 노년을 체험할 수 있다. 노년은 생리적인 기능이 감퇴되고, 개성이 주관화되어 불만 · 불안 · 저항 따위의 경향이 현저해지는 시기이다. 스스로 인체장비를 착용하여 노인의 인체를 체험해볼 수 있다. • 놀이터나 공원을 연상시키는 배경화면을 스크린으로 띄우고 그 앞에 (공원)의자를 둔다. 인체모형 의료실습장비를 착용하고 지팡이를 짚고 공원의자에 앉아 '불편한 상태로' 잠시 지나온 날과 노년의 현재와 죽음에 대해 생각한다. 젊은 날의 삶에 대한 사랑, 정열, 투쟁이 결과적으로 노년의 모습을 만들어내는 것은 아닌가 생각해본다. **4) 죽음의 방: "삶과 죽음은 하나다?"** • 죽음을 맞이하듯 유서를 작성하여 삶을 정리한다. 장례식을 스크린을 통해 본다. 임권택 영화 〈축제〉의 영결 장면 일부가 스크린으로 상영되도록 하거나 아래의 동영상을 통해 만가를 들을 수 있도록 한다. 관을 통한 임사체험을 할 수 없다면 죽음을 상징하는 크고 긴 검은 천을 온 몸에 휘감은 상태로 죽음을 체험할 수 있다. 이것은 최소한의 경비로 최대의 효과를 내기 위한 방편이다. ※ 참고 동영상 사이트 전통장례 1(http://media.daum.net/society/others/view.html?cateid=1067&newsid=20110208083030359&p=imbc) 전통장례 2(http://media.daum.net/society/others/view.html?cateid=1067&newsid=20090712162105769&p=yonhap) 전통장례 3(http://media.daum.net/society/affair/view.html?cateid=1010&newsid=20110412105311984&p=YTN)	- 출산, 인체 모형, 노년장비는 패키지로 대여 및 구입 가능하다. (일진과학)

활동 내용 및 절차	14:00~16:00 (120분)	전통장례 4(http://tvpot.daum.net/clip/ClipView.do?clipid=28451843&q=%BB%F3%BF%A9) 장례 절차 및 모습(http://tvpot.daum.net/clip/ClipView.do?clipid=32691995)	
	6:00~17:00 (60′)	**소감 발표** 노트 '생애 체험'을 정리하고 발표를 통해 함께 생각을 나누는 시간을 갖는다. ■ "나는 내가 원하는 삶을 살았는가?" ■ "내가 죽은 후, 나는 어떤 모습으로 기억될까?" ■ "다시 현재로 돌아온다면 어떻게 살아가야 할까?" * 학생은 노트 '생애 체험'을 정리한 다음에 인솔교사에게 제출한다. 인솔교사는 검토 후에 학생에게 돌려준다.	- 조명을 낮추고 엄숙한 분위기를 조성하며 필요시 촛불을 사용할 수 있다.
지도 시 유의사항	- 스크린과 음향과 조명장비의 작동상황을 사전에 확인한다. 학교 내 상황에 따라 프로그램을 응용할 수 있다. - 탄생 이전과 죽음 이후의 세계는 학생들의 생각과 가치관과 종교에 따라 확연히 다를 수 있음으로 편중되지 않도록 지도한다. - 학생이 고아일 경우, 임종체험 단계별 활동에서 당황스럽거나 상처가 되는 일이 발생할 수도 있으므로 예외적인 경우에 대해 학생 개인이 상처를 받지 않도록 배려한다. - 학생들이 생애주기 체험을 너무 무겁지도, 또 너무 가볍지도 않게 차분하게 체험할 수 있도록 분위기를 조성한다. 특히 방과 방 사이, 즉 체험공간과 체험공간의 이동 시에 흐름이 자연스러울 수 있도록 한다.		

8) 예산 운영

① 총 소요 예산 : 50,000원 정도(1인당)

② 세부 예산 내역

(단위 : 원)

항목	금액	비고
교통비	450,000원(버스 임차료) (450,000원 ÷ 30인 = 15,000원)	- 거리에 따라 교통비가 달라질 수 있음 - 프로그램 선택에 따라 활동비가 달라질 수 있음
식사비	5,000원	- 도시락 주문

체험프로그램 운영비	총 900,000원 (1인당 체험비용 30,000원)	- 임종체험기관 강사비, 진행비 등
장비 대여비	탄생의 방, 노년의 방 장비 일체 100,000원	- 일진과학 대여 및 배송비 - 학교 창의적 체험활동 예산으로 사용 가능
합 계	1인당 50,000원	

9) 부록

부록에서는 실제 수업에서 활용할 수 있도록 선택활동과 수업에 필요한 자료, 체험활동 학습지와 계획서를 소개한다.

(1) 체험활동 선택활동

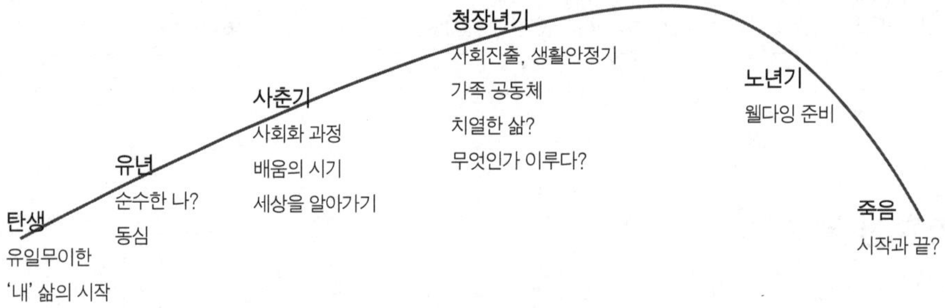

생애주기의 구분은 학자마다 다르지만
여기서는 체험 주체로서의 학생의 입장을 고려해서 단순화시키고 가장 중요한 시기만으로 재구성하였다.

생애주기 체험에 관한 부연 및 옵션

생애주기는 학자에 따라 조금씩 다르게 구분되지만 여기서는 탄생의 방, 유년기의 방, 사춘기의 방, 청장년기의 방, 노년기의 방, 죽음의 방으로 나누었다.

<u>선택 1. 유년기의 방: 동심의 세계로</u>

유년기 체험의 목적은 놀이방 혹은 놀이터 분위기에서 어린 시절의 동심을 감각적으로 즐겨보는 것이다. 사춘기에

접어든 '질풍노도'의 중 · 고등학교 학생들이 자신의 과거인 걱정 근심 없는 즐거움의 세계, 동심의 세계를 다시 느껴본다.

1) 작은 공이 가득한 공간으로 뛰어들어가 마치 수영을 하듯 공속에서 파묻혀 논다.
2) 풍선이 가득한 방에서 풍선을 높이 날려버리기도 하고 발로 뻥 차기도 하며 논다.
3) 물 비눗방울 도구를 준비하여 비눗방울로 세상을 온통 채워보기도 한다.

선택 2. 사춘기의 방: 지금 나의 모습은? 나는 행복한가?

사춘기의 방은 체험활동을 하는 학생들의 현재 위치를 성찰할 수 있는 공간으로 중요한 의미가 부여될 수 있다.

1) 거울 바라보기
거울을 앞에 두고 자신과 대화하며 다음과 같은 질문에 대답한다.

지금 나의 표정은 어떤가? 지금 나의 얼굴표정은 왜…? 무엇이 나를 슬프게 하는가?
무엇이 나를 기쁘게 하는가? 내가 가장 좋아하는 친구는 누구일까? 나의 꿈은 무엇인가?
나의 목표는 무엇인가? 나는 나를 사랑하는가? 나는 지금 무엇을 향해 달려가고 있는가?

2) 거울 속의 나의 표정과 스크린의 얼굴표정 비교하기
거울 속의 나의 표정과 빔 프로젝터로 스크린에 올린 여러 가지 얼굴표정을 비교해본다. 거울 속에 비친 현재 나의 모습을 보고 나의 현재 상태를 파악해본다. 스크린 사진에는 웃는 얼굴, 찡그린 얼굴, 외로운 얼굴 등이 담겨져 있다. 스크린 앞에 의자, 책상, 거울을 놓고 체험자 자신이 거울을 통해 자신의 얼굴을 본 뒤 스크린의 속의 사진 속에서 같은 얼굴표정을 찾는다. 만일 자신의 얼굴표정을 찡그린 사진 속에서 찾는다거나 웃는 얼굴이 어색하게 느껴진다면 현재 자신의 모습에 대한 불만족을 나타내는 것이다. 그렇다면 그 이유를 생각해보며 자신의 삶을 되돌아보고 앞으로의 생활을 생각해볼 수 있다.

(2) 에릭슨의 생애주기 8단계

에릭슨은 생애주기 발달과정을 8단계로 나누고 있다. 각 단계에서 나타나는 특징은 아래 표와 같다.

시기(나이)	사회심리갈등	덕목	악덕목	영향주는 관계
유아기(1)	기본적 신뢰: 불신	희망	탐식	어머니
전기아동기(2~3)	자율성: 수치와 의심	의지	분노	부모

놀이기(4~5)	주도성: 죄책감	목표	탐욕	가족
학령기(6~11)	근면: 열등감	능력	시기	학교
청소년기(12~20)	정체성: 정체성혼란	충실	자만심	동료룹
초기성인기(21~34)	친밀감: 소외	사랑	정욕	배우자, 친구들
성인기(35~60)	생산성: 침체	돌봄	무관심	자녀,젊은이
노인기(60~)	통합: 절망과 혐오감	지혜	우울	살아있는 전통

(3) 체험활동 학습지

워크북 사전 학습지	'나의 인생 그래프'

탄생 ~ 현재 (0~19세)	
청장년 (20~60세)	
노년 (60세~)	

앞으로의 나의 인생은?	

(4) 체험활동 계획서 : 결재용

<table>
<tr><th colspan="5">창의적 체험활동 계획서</th></tr>
<tr><td>목적</td><td colspan="4">1. 유한한 인간의 삶을 전체적인 맥락에서 체험함으로써 자신의 현재 위치와 인생목표를 생각하는 계기가 된다.
2. 자아존중감과 시간관리 능력과 자기인생을 경영하는 능력과 공동체 구성원으로서의 민주시민 역량을 함양한다.</td></tr>
<tr><td>일시</td><td colspan="4">2014년 00월 00일 0요일 00시-00시</td></tr>
<tr><td>장소</td><td colspan="4">임종체험기관 ‘아름다운 삶’</td></tr>
<tr><td>준비물</td><td>교사</td><td>학습지, 안내장, 인증장,
카메라, 구급약품</td><td>학생</td><td>필기도구, 간식</td></tr>
<tr><td>사전
지도 사항</td><td colspan="4">▷ 참가 학생의 정확한 인원 파악 및 건강상태 파악
▷ 체험학습 활동 내용 탐구하기
▷ 안전교육: 체험장 내에서 교육 시 규칙과 질서 지키기
▷ 체험장에서 개인행동은 금지하도록 지도
▷ 시설물 이용 시 함부로 손대지 않기(공공 시설물 바로 사용하기)
▷ 인솔자와 안내자의 설명을 잘 듣기
▷ 쓰레기 함부로 버리지 않기 및 주변의 자연환경 보호하기</td></tr>
<tr><td>출발 및 도착</td><td>출 발</td><td>00시 00분</td><td>도착예정시각</td><td>00시 00분</td></tr>
<tr><td>학습 활동
및
행사계획</td><td colspan="4">1. 집결
2. 생애주기 강의
3. 박물관 견학(체험활동 자원이 박물관일 경우)
4. ‘나의 인생 그래프’ 작성
5. 생애주기 체험
6. 명상 및 ‘생애체험’ 노트 정리
7. 발표 및 토론
8. 해산</td></tr>
</table>

사후 지도 사항 및 반성	▷ 창의 체험활동 프로그램에 대한 평가회 실시 - 체험활동 시 규칙과 질서를 잘 지켰는가? - 학생들이 생애주기의 의미를 이해하고 자신의 현재와 미래에 대한 계획을 하게 되었는가? - 시설물 및 자연 환경을 보호하려는 태도가 바람직한가?

3. 스포츠 크리에이티브 캠프(Sports Creative Camp : SCC)

1) 기획의도

'Sports Creative Camp' 프로그램은 뉴스포츠의 현장 체험 후, 모둠별로 변형된 형태의 뉴스포츠를 개발하고 발표하도록 함으로써 스포츠 활동에 대한 관심과 지식을 증진시키고 타인과의 창의적 사고 교류를 통해 나만의 새로운 스포츠를 개발하는 체험활동으로 구성되었다.

2) 프로그램 소개

모둠별로 뉴스포츠를 1~2가지 체험한 후, 뉴스포츠의 기본 룰을 변형시킨 새로운 스포츠를 개발하도록 한다. 이후 모둠별로 개발된 뉴스포츠를 시연하여 'Best New Sports'를 선정하고 최종 선정된 변형스포츠를 모든 구성원이 함께 즐긴다. 수업의 말미에는 본 수업에 대한 평가 후 행복 여가코칭 인증장을 수여하며 마무리한다.

3) 활용방안

체육과 교육 내용은 건강, 도전, 경쟁, 표현, 여가로 세분화되어 진행되며 초등체육의 경우, 전반적인 여가활동은 학습하는 데 초점을 두고 있다. 따라서 체육과 교육과정 중 여가활동 학습과 연계하여 이 프로그램을 실시할 수 있다.

4) 프로그램 개요

이와 같은 주제 선정을 통해 개발한 체험활동의 개요를 살펴보면 다음과 같다. 본 프로그램 운영을 위한 '활용 자원, 창의 · 인성 요소, 프로그램 목표, 체험활동 TIP'이 제시되어 있다. 각 학교는 해당 학교의 교육적 요구와 여건에 맞는 수업을 융통성 있게 편성할 수 있다.

<table>
<tr><td colspan="2">프로그램 명</td><td colspan="4">스포츠 크리에이티브 캠프(Sports Creative Camp: SCC)</td></tr>
<tr><td colspan="2">창의적 체험활동 영역</td><td>동아리</td><td>봉사</td><td>자율</td><td>진로</td></tr>
<tr><td rowspan="2">학교급</td><td rowspan="2">초등(고)
중등</td><td>체험 장소</td><td colspan="3">운동장 및 체육관</td></tr>
<tr><td>총 소요시간</td><td colspan="3">4시간</td></tr>
<tr><td colspan="2">활동 자원</td><td colspan="4">서울 청소년수련관(마루체육관) / 어린이눈높이운동장 /
각 학교 운동장 or 체육관</td></tr>
<tr><td colspan="2">창의 · 인성 요소</td><td colspan="4">창의성 요소
-인지적 요소 : 혼자 생각하는 것보다 함께 생각할 때 훨씬 많은 아이디어가 나온다는 '협동'의 원리를 체험하게 하고, 이를 통하여 확산적 사고 및 문제해결력을 기른다.
-성향적 요소 : 모둠활동을 통한 다양한 아이디어와 친구들의 생각을 수용하는 다양성을 기르고, 나만의 방법으로 주어진 문제를 판단할 수 있는 독창성을 배양한다.
인성 요소
-인간관계 덕목 요소 : 모둠활동을 통해 급우들 간에 협동과 배려심을 습득한다.
-인성판단력 요소 : 자신의 맡은 바 역할에 최선을 다하여 모둠활동에 기여할 수 있는 책임감을 배양한다.</td></tr>
</table>

프로그램 목표	1. 다양한 체험활동을 계획하여 각 모둠별로 적극적인 참여와 서로 간의 협의체계를 독려시킴으로써 배려심과 협동심 그리고 유대감을 함양할 수 있다. 2. 뉴스포츠에 대한 관심을 높이고 지식을 증진시킬 수 있다. 3. 뉴스포츠의 현황과 특성을 알아보고 타인과의 창의적 사고 교류 과정을 통해 새로운 나만의 스포츠를 개발할 수 있다.
체험활동 TIP	1. 본 자료는 수업 환경, 학년수 준에 따라 내용을 재구성하여 사용할 수 있다. 2. 필요 시 '뉴스포츠' 프로그램이 실시되는 기관에서 지원과 협조를 받을 수 있도록 사전에 신청하도록 한다. 3. 모둠 개발활동이 주된 내용이므로 가능하다면 지도교사를 도와 함께할 자원봉사자나 전담교사를 활용한다.

5) 캠프 세부 흐름도

이와 같은 프로그램이 실제 수업에서 어떻게 적용될 수 있는지, 1일 '시간별' 프로그램 활동 흐름도를 제시하면 다음과 같다.

시간	주요 활동	비고
오전	<u>주요 활동 1: 뉴스포츠 체험 및 모둠 구성</u> - 2종목의 뉴스포츠를 소개 후, 두 팀으로 나누어 동시간대에 체험하도록 한다. 강사는 2종목에서 일부 변형하여 실행 가능한 놀이 tip을 간략히 소개하여 학생들의 뉴스포츠 변형에 동기를 부여한다. 이후 한 모둠당 6~7명 정도로 뉴스포츠 개발 모둠을 구성한다.	40분
	<u>주요 활동 2: 모둠별 뉴스포츠 개발</u> - 선행된 뉴스포츠 체험을 토대로 학생들이 창의력을 발휘하여 다양한 형태의 뉴스포츠를 개발한다.	40분
	<u>주요 활동 3: 뉴스포츠 시연 발표 와 'Best New Sports' 선정</u> - 개발한 뉴스포츠를 모둠원 전원이 시연하고 개발 내용을 종합적으로 설명한다. - 모둠별 평가를 실시하여 가장 창의적이고 재미있는 아이디어를 가진 'Best 뉴스포츠'를 선정한다.	40분
	<u>주요 활동 4: 뉴스포츠 개발 및 평가</u> - 선정된 'Best 뉴스포츠'를 전체 대상자가 실제 참여하여 즐겨본 후, 추가적인 문제점 및 보완점을 파악하고 뉴스포츠 프로그램을 완성한다.	40분

6) 관계정부 부처 및 공공기관 소개

본 프로그램은 관계 정부부처 및 공공기관과 학교가 협력하여 교육과정을 운영해나가는 프로그램이다. 원활한 수업진행을 위해 지역별 연계 가능 기관을 다음과 같이 소개하였다.

<table>
<tr><td>관계
정부부처 및
공공기관의
설립목적 및
소개</td><td>1. 한국 뉴스포츠협회(http://www.newsports.or.kr)
뉴스포츠를 통하여 건강한 국민육성과 사회조성에 기여하며 학교 체육의 보급, 진흥과 생활체육의 보급, 진흥을 위하여 유아에서부터 고령자에 이르는 전국민을 대상으로한 새로운 형태의 뉴스포츠를 개발, 보급하여 뉴스포츠의 진흥활동을 통하여 국민의 체위 향상과 국제 친선에 기여함을 그 목적으로 설립되었다.
* 서울시 양천구 목동 914 목동 주경기장 157~3호
(전화: 02~2648~2078, 팩스: 02~2642~4385)

2. 어린이눈높이운동장
어린이 맞춤 운동프로그램을 개발하고 보급하여 어린이의 건강 체력 향상 및 비만을 조기 예방관리하기 위하여 성동구에서 지난 2009년 3월 개장하여 운영 중에 있는 곳이다. 어린이의 눈높이에 맞추어 디자인된 농구장과 배드민턴장, 피트니스 트레일로 구성되어 있다.
* 서울시 성동구 금호1가동(대현산배수지공원: 호당공원)내에 위치

3. 서울청소년 수련관(http://www.youthc.or.kr)
청소년 수련관은 청소년들의 올바른 인격 형성과 균형 있는 성장을 돕기 위한 다양한 수련활동을 수행하여 우리의 청소년들이 국가와 사회가 필요로 하는 건전한 민주시민으로 성장할 수 있도록 기여함을 목표로 전국에서 운영하고 있다.
* 서울시 중구 수표동 27~2 서울청소년 수련관
(전화: 02~2267~2914, 팩스: 02~2266~3211)</td></tr>
<tr><td>관계
정부부처 및
공공기관의
하는 일</td><td>1. 한국 뉴스포츠협회
1) 지도자양성사업: 뉴스포츠 지도자, 유소년스포츠 지도자, 실버 뉴스포츠 지도자 양성 및 초중등 교원연수를 담당하고 있다.
2) 이벤트 활성화: 지역 및 전국 뉴스포츠 대회를 개최하고, 뉴스포츠 관련 학술대회를 개최한다.
3) 사회활동: 유아 뉴스포츠, 청소년, 노인, 장애인의 뉴스포츠를 지도한다.
4) 홍보 및 출판사업: 뉴스포츠 지도서 발행, 뉴스레터 발간 및 초중등 교원용 지도서, 연령별 뉴스포츠 지도서를 발행 중에 있다.</td></tr>
</table>

관계 정부부처 및 공공기관의 하는 일	2. 어린이눈높이운동장 1) 어린이들의 건강체력 향상을 도모한다. 2) 학생들의 비만을 조기에 예방하고 관리하는 역할을 한다. 3) 스포츠에 대한 재미와 관여도 및 지속적인 참여동기를 부여한다. 3. 청소년 수련관 1) 청소년들의 동아리, 봉사, 레포츠 및 체험활동, 학교 및 지역사회 연계, 청소년 교류 프로그램, 다문화 청소년 프로그램 등 다양한 대상별, 콘텐츠별 프로그램을 제공한다. 2) 이상의 청소년 및 평생교육 프로그램의 제공을 통하여 청소년들이 꾸준히 자신의 꿈을 키워, 건전하고 건강한 사회구성원으로 성장할 수 있도록 준비시켜주는 역할을 담당한다.
관계 정부부처 및 공공기관을 통해 연계 가능한 교육	1. 한국 뉴스포츠협회 한국 뉴스포츠협회에서는 이미 일반 뉴스포츠 지도자 양성 및 초중등 교원연수를 담당하고 있으므로, 추후 학교 정규 체육 교과과정과도 연계 가능한 다양한 놀이화된 신체활동 프로그램의 개발, 적용, 보급이 가능하다. 2. 어린이눈높이운동장 본 체험교육의 목표는 타인과의 창의적 사고 교류과정을 통해 새로운 뉴스포츠를 개발하는 것이다. 추후, 어린이 맞춤 운동 프로그램 개발 및 보급을 담당하고, 학생을 위한 눈높이 운동장을 보유하고 있는 해당 기관의 특성을 살려 학생 및 청소년의 스포츠 교육 및 비만교육이 가능하다. 3. 청소년수련관 전국 100여 개의 지구회로 구성된 각 지역 청소년 수련관의 시설과 교육 프로그램을 활용함으로써 방과 후 다양한 창의 체험활동이 가능하다.
체험활동 TIP	- 학생들의 자발적이고 적극적인 참여 하에 수업이 이루어질 수 있도록 강사의 개입 정도를 적절히 조절한다. - 모둠 안에서 각자의 역할을 인지하여 책임감 있게 활동에 임하도록 지도한다. - 어린이눈높이운동장 및 청소년수련원 사용의 경우 반드시 사전 이용신청이 필요하다. - 장소 섭외가 어려울 시, 해당 학교의 교내 운동장 혹은 실내 체육관에서 본 캠프를 운영할 수 있다.

7) 체험활동 구체안

다음은 본 프로그램에서 다루고자 하는 체험활동 구체안이다. 이 프로그램의 창의적 체험활동 영역은 동아리와 자율 영역이고, 대상 학교급은 초중등이며 체험 장소는 서울 청소년수련관(마루체육관), 어린이눈높이운동장, 각 학교 운동장 또는 체육관으로 소요시간은 4시간인 1일 캠프 프로그램이다.

이 프로그램을 통해 요구되는 창의 · 인성적 교육 요소는 다음과 같다. 창의성 요소로는 협동의 원리를 체험하도록 하고 이를 통해 확산적 사고 및 문제해결력을 기르는 인지적 요소와 모둠활동을 통한 여러 아이디어와 친구들의 생각을 수용하는 다양성을 함양하게 하는 성향적 요소를 가지고 있다. 인성 요소로는 모둠활동을 통해 급우들 간에 협동과 배려를 기르는 인간관계 덕목 요소와 자신의 맡은 바 역할에 최선을 다하여 모둠활동에 기여할 수 있는 책임감을 가지는 인성판단 요소가 있다.

활동장소	운동장	소요시간	4시간
준비물	• 교사 준비물: 초시계, 사진기, 인증장, 캠코더, 각 종목별 도구, 호루라기, 체크리스트, 볼펜 등 • 학생 준비물: 운동복, 운동화, 간단한 필기도구, 종이 등		
활동목표	• 각 모둠별로 적극적인 참여와 서로 간의 협의체계를 독려시킴으로써 배려심과 협동심, 그리고 유대감을 함양할 수 있다. • 뉴스포츠에 대한 관심과 지식을 증진시킬 수 있다. • 뉴스포츠의 현황과 특성을 알아보고, 타인과의 창의적 사고 교류과정을 통해 새로운 나만의 스포츠를 개발할 수 있다.		
창의 · 인성 요소	- 창의성 요소: 확산적 사고, 문제해결력, 협동, 다양성, 독창성 - 인성 요소: 협동, 배려심, 책임감		

구분	시간	창의체험 학습안내	체험활동 Tip
활동 내용 및 절차	9:00~9:40 (40분)	흥미 유발 : 뉴스포츠 체험 1) 뉴스포츠 2가지를 소개한 후, 한 종목을 선택하여 체험한다. 2) 실행 가능한 놀이 tip을 간략하게 소개해 줌으로써 이후 학생들의 뉴스포츠 변형 개발에 동기를 부여한다. 3) 앞으로 해야 할 활동을 설명해준다. 뉴스포츠 선정 → 모둠 간 토의를 통한 '뉴스포츠' 개발 → 각 팀별로 시연 + 설명 → 모둠 평가(Best 뉴스포츠 선정) → 모든 캠프 참가자들은 선정된 Best 뉴스포츠에 대한 보완점 및 문제점 파악 → 최종 뉴스포츠 완성(정리) 4) 기존 뉴스포츠의 특성을 최대한 살려내면서도 새롭게 변형된 형태의 창의적인 스포츠 프로그램을 만들 수 있도록 팀별로 독려한다.	- 스트레칭 위주로 준비운동을 한다. - 사전에 모둠(6~7명)을 구성한다.

활동 내용 및 절차	9:50~10:30 (40분)	모둠별 '뉴스포츠' 개발 1) 창의력을 발휘하여 다양한 형태의 '뉴스포츠'가 나올 수 있도록 형식에 제한을 두지 않는다. 2) 모둠에서 개발한 뉴스포츠를 모둠원들이 시연해보면서 보완하는 시간을 갖는다. 3) (조별) 뉴스포츠 개발 활동지에 주요 개발 내용을 기록하게 한다.	- 학생들의 적극적인 참여를 유도한다. - 필요 시 보조를 활용하여 동영상을 촬영한다.
	10:40~11:20 (40분)	'Best New Sports' 뽑기 1) 모둠원 모두가 참여하여 개발한 뉴스포츠를 시연하고 모둠 대표는 개발한 내용을 종합적으로 설명한다. 2) 모든 조의 발표 후에는 모둠별 평가를 실시하여 가장 창의적이고 재미있는 아이디어를 가진 'Best 뉴스포츠'를 개발한 1개 모둠을 선정한다. 3) 선정된 모둠에게는 상장 혹은 소정의 상품을 주어 보상한다.	
	11:30~12:10 (40분)	Best 뉴스포츠 완성 1) 선정된 'Best 뉴스포츠'에 학생 모두가 참여한 후, 추가적인 문제점 및 보완점을 파악하여 뉴스포츠 프로그램을 다함께 완성한다. 2) 일련의 모든 개발과정을 마친 후 활동에 대한 소감을 발표한다. 3) 교사는 개발 체험활동 전체에 대한 총평을 하고, 활동 중에 좋았던 점과 개선해야 할 점에 대해 설명한다.	
지도 시 유의사항	- 각자의 역할을 인지하여 책임감 있게 활동에 임하도록 지도한다. - 뉴스포츠를 개발할 때는 직접 시연해 보면서 보완, 수정할 점을 찾아낼 수 있도록 한다. - 학생들의 적극적인 참여를 유도할 수 있도록 교사는 개입은 최소화한다.		

8) 예산 운영

① 총 소요 예산 : 200,000원

② 세부 예산 내역

항목	금액	예산 내역	비고
체험 프로그램 운영비	200,000원	- 진행 도우미 : 2인 (100,000원÷1일×2인 =200,000원)	* 뉴스포츠 도구는 학교 용품을 활용하고 없을 경우는 대여 및 구매 * 진행 도우미 필요 시, 한국뉴스포츠협의회에 등록된 자격가능자 중 사전 협조를 구하여 초빙함
합 계	200,000원		

9) 부록

부록에서는 실제 수업에서 활용할 수 있도록 교사용 수업자료, 체험활동 학습지를 안내하였다.

(1) 교사용 수업자료

수업자료 교사용	**교사용 자료 - 뉴스포츠 〈패드민턴〉 소개하기**

■ 패드민턴 소개하기

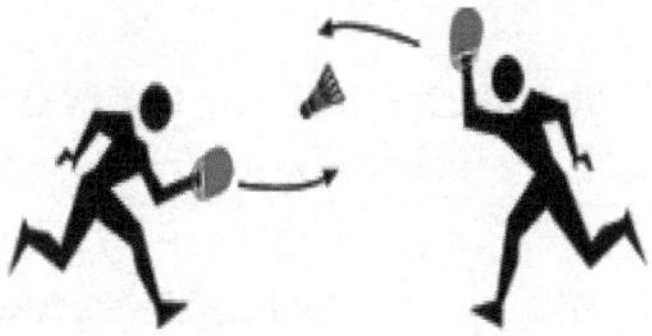

패드민턴(핸들러) 경기는 탁구(ping-pong)와 배드민턴(badminton)을 접목시켜 개발된 뉴스포츠로서 '핸들러'라고도 한다. 기존의 배드민턴 종목에서 배드민턴 라켓이 길기 때문에 여학생이나 초등학생이 셔틀콕을 맞추기가 어렵고, 또한 게임을 즐기기 위해서는 많은 연습이 필요하다는 단점이 있었다.
패드민턴은 탁구라켓과 비슷하게 만들어진라켓을 들고 셔틀콕을 이용하는 경기로서 좁은 공간에서 쉽게 운동할 수 있으며, 짧은 시간에 운동효과를 극대화할 수 있다는 장점이 있으며, 복식, 혼합 게임 등 여러 가지 프로그램으로 경기를 즐길 수 있다. 이러한 패드민턴 경기의 구체적인 특성은 다음과 같다.

가. 탁구와 배드민턴을 접목시켜 개발된 새로운 개념의 스포츠이다.
나. 탁구라켓과 흡사한 라켓을 들고, 셔틀콕을 이용한다.
다. 좁은 공간에서 쉽게 운동할 수 있다.
라. 짧은 시간에 많은 운동효과를 거둘 수 있다.

〈그림 및 자료 출처〉 사단법인 한국뉴스포츠협회 누리집 자료실(http://www.newsports.or.kr)

■ 패드민턴 즐기기

〈활동 1〉 1인 1셔틀콕 위로 치기 개인 연습하기

핸들러와 셔틀콕을 한 사람이 한 개씩 가지고 각자 셔틀콕 위로 치기 연습을 한다.
- 1m 이상 위로 올라가게 친다.
- 핸들러 양쪽 면을 모두 사용한다.
- 셔틀콕을 바닥에 떨어뜨리지 않고 연속해서 10번 이상 쳐본다.
- 호루라기 2번을 불면 활동을 멈추고 원위치로 돌아온다.

〈활동 2〉 4인 또는 6인 1조 모둠 게임하기

4명 또는 6명이 한 모둠이 되어 한 개의 셔틀콕을 바닥에 떨어뜨리지 않고 오래 치기 게임을 한다.

- 셔틀콕 은 모둠에 1개만 있으면 된다.
- 상대편이 잘 받을 수 있도록 셔틀콕을 친다.
- 상대편이 못 받게 주거나 잘 받을 수 있게 주었는데 못 받은 사람은 모둠 사람들 안으로 들어가 앉는다.
- 끝까지 남은 사람은 1점을 받는다.

〈활동 3〉 모둠 셔틀콕 치기 릴레이 게임하기

남학생 8명과 여학생 9명이 한 팀이 되어 셔틀콕을 앞으로 치면서 반환점까지 갔다가 돌아오는 릴레이 게임을 한다.

- 셔틀콕은 팀에 한 개만 있으면 된다.
- 반환점까지 갈 때는 핸들러를 이용하여 셔틀콕을 앞으로 치면서 간다.
- 반환점에 도달했으면 셔틀콕을 손에 들고 달려온다.
- 다음 주자의 손에 셔틀콕을 전달한다.
- 게임을 한 사람은 맨 뒤로 가서 앉는다.
- 이긴 팀은 2점을 받는다.

〈활동 4〉 2인 1조 셔틀콕 주고받기 연습하기

2인 1조로 셔틀콕을 주고받아보자.

- 상대편이 잘 받을 수 있도록 셔틀콕을 친다.
- 오랫동안 주고받을 수 있도록 한다.
- 간격을 조금 좁혀서 해도 좋다.

■ 패드민턴 변형해서 즐기기(변형게임 예시)

〈활동 5〉 2인 1조 셔틀콕 오래 주고받기 게임하기

4명 또는 6명이 한 모둠이 되어서 2인 1조씩 셔틀콕 오래 주고받기 게임을 한다.

- 2인 1조는 3회 연속 셔틀콕 오래 주고받기 게임을 한다.
- 나머지 2명은 주고받은 횟수를 기억한다.
- 3회 중 가장 많이 주고받은 횟수를 기억한다.
- 한 조가 3회를 다 했으면 역할을 바꾸어서 한다.
- 이긴 조는 3점을 받는다.
- 게임이 끝난 모둠은 자리에 앉는다.

〈활동 6〉 블랙홀 패드민턴 게임

6학년 네트형 게임 중에 '블랙홀 게임'의 변형이다.

- 셔틀콕으로 하는 운동의 특성상 바람이 조금만 불어도 게임이 어려운 상황을 감안하여 실내에서도 수업이 가능하다.

- 가운데 콘(2~3m)은 블랙홀로 그 안에 셔틀콕이 들어가면 들어가게 한 팀이 상대에게 1점을 빼앗기게 된다.
- 서브는 상대의 허리 아래로 놓지못한다. 3개 게임장에 콘을 설치해놓고 모둠별로 시합한다.

〈자료 출처〉 초등체육 참사랑(http://cafe.daum.net/epcham4)
송화초등학교 2008년 패드민턴 시범수업 강의안 참고자료

(2) 체험활동 학습지: 개인활동

수업자료 모둠용	**(모둠별) 뉴스포츠 개발 활동지**

뉴스포츠 개발 활동지

날짜 : 2014년 월 일
모둠원 :

1. 우리 조에서 새롭게 개발한 뉴스포츠에 대해 간단하게 소개해 보아요!

■ 새롭게 개발된 뉴스포츠는 어떻게 진행하나요?

■ 새롭게 적용된 규칙이 있나요?

■ 뉴스포츠 경기 시에 활용되는 도구가 있나요?

	뉴스포츠 명칭	경기 규칙	활용 도구
기존 뉴스포츠			
개발된 뉴스포츠			

2. 우리 모둠에서 새롭게 개발한 뉴스포츠의 특징을 설명하세요.

(3) 체험활동 학습지

수업자료 학생용	스포츠 크리에이티브 캠프 최종 평가지

스포츠 크리에이티브 캠프 최종 평가지

날짜 : 2014년 월 일
모둠원 :

1. 뉴스포츠 활동을 통해 새롭게 알게 된 것은 무엇입니까?

2. 친구들과 함께하였던 뉴스포츠 변형 개발을 통해 느낀 점을 적어보세요!

3. 뉴스포츠 개발활동에 대한 자기평가를 해봅시다.

평가 내용	자기평가				
	매우 그렇지 않다	그렇지 않다	보통	그렇다	매우 그렇다
① 내가 맡은 역할에 최선을 다하였다.					
② 문제해결에 적극적으로 참여하였다.					
③ 모둠 친구들과 협동하여 과제를 해결하였다.					

4. 모둠별, 모둠 상호별 평가를 해봅시다.

평가 내용	모둠별 상호 평가(서술형)
① 우리 모둠은 어떤 점이 좋았는가?	
② 가장 잘했다고 생각하는 모둠은 어디인가?	
③ 우리 모둠에서 열심히 노력한 친구는 누구인가?	
④ 오늘 활동에서 아쉬웠던 점이 있다면?	

부록

"창의적 체험활동 교육과정" 원문

(교육과학기술부 고시 제 2011-361호[별책 26])

1
성격

창의적 체험활동은 교과 이외의 활동으로서 교과와 상호보완적 관계에 있으며, 앎을 적극적으로 실천하고 나눔과 배려를 할 줄 아는 창의성과 인성을 겸비한 미래 지향적 인재 양성을 목적으로 한다. 창의적 체험활동은 기본적으로 자율성에 바탕을 둔 집단 활동의 성격을 지니고 있으며, 집단에 소속된 개인의 개성과 창의성도 아울러 고양하려는 교육적 노력을 포함한다.

창의적 체험활동 교육과정은 자율활동, 동아리활동, 봉사활동, 진로활동의 4개 영역으로 구성된다. 각 영역별 구체적인 활동 내용은 학생, 학급, 학년, 학교 및 지역 사회의 특성에 맞게 학교에서 선택하여 융통성 있게 운영할 수 있다. 여기에 제시되는 영역과 활동 내용은 권고적인 성격을 띠고 있으며, 학교에서는 이보다 더 창의적이고 풍성한 교육과정을 선택과 집중하여 운영할 수 있다.

초등학교의 창의적 체험활동에서는 학생의 기초생활습관의 형성, 공동체 의식의 함양, 개성과 소질의 발현에 중점을 둔다. 중학교의 창의적 체험활동에서는 남과 더불어 살아가는 태도의 확립, 자신의 진로에 대한 탐구, 자아의 발견과 확립에 중점을 둔다. 고등학교의 창의적 체험활동에서는 학습자의 다양한 욕구를 건전한 방향으로 유도하고, 원만한 인간관계를 형성하며 진로를 선택하여 자아실현에 힘쓰도록 하는데 중점을 둔다.

창의적 체험활동에서는 학생의 자주적인 실천 활동을 중시하여 학생과 교사가 공동으로 협의하거나 학생들의 힘으로 활동 계획을 수립하고 역할을 분담하여 실천하게 한다. 아울러, 지역과 학교의 독특한 문화 풍토를 고려하여 특색 있고, 인적 물적 자원과 시간을 폭넓게 활용하여 융통성 있게 운영하는 것이 중요하다.

2 목표

학생들은 창의적 체험활동에 자발적으로 참여하여 개개인의 소질과 잠재력을 계발 · 신장하고, 자율적인 생활 자세를 기르며, 타인에 대한 이해를 바탕으로 나눔과 배려를 실천함으로써 공동체 의식과 세계 시민으로서 갖추어야 할 다양하고 수준 높은 자질 함양을 지향한다.

① 각종 행사, 창의적 특색 활동에 자발적으로 참여하여, 변화하는 환경에 적극적으로 대처하는 능력을 기르고, 공동체 구성원으로서의 역할을 수행한다.

② 동아리활동에 자율적이고 지속적으로 참여하여 각자의 취미와 특기를 창의적으로 계발하고, 협동적 학습능력과 창의적 태도를 기른다.

③ 이웃과 지역사회를 위한 나눔과 배려의 활동을 실천하고, 자연환경을 보존하는 생활습관을 형성하여 더불어 사는 삶의 가치를 깨닫는다.

④ 흥미와 소질, 적성을 파악하여 자기 정체성을 확립하고, 학업과 직업에 대한 다양한 정보를 탐색하여 자신의 진로를 설계하고 준비한다.

3
내용 및 교수 · 학습 방법

1. 내용 체계

영역	성격	활동
자율활동	학교는 학생 중심의 자율적 활동을 추진하고, 학생은 다양한 교육 활동에 능동적으로 참여한다.	- 적응 활동 - 자치 활동 - 행사 활동 - 창의적 특색 활동 등
동아리 활동	학생은 자발적으로 집단 활동에 참여하여 협동하는 태도를 기르고 각자의 취미와 특기를 신장한다.	- 학술 활동 - 문화 예술 활동 - 스포츠 활동 - 실습 노작 활동 - 청소년 단체 활동 등
봉사활동	학생은 이웃과 지역사회를 위한 나눔과 배려의 활동을 실천하고, 자연환경을 보존한다.	- 교내 봉사활동 - 지역사회 봉사활동 - 자연환경 보호 활동 - 캠페인 활동 등
진로활동	학생은 자신의 흥미, 특기, 적성에 적합한 자기 계발 활동을 통하여 진로를 탐색하고 설계한다.	- 자기 이해 활동 - 진로 정보 탐색 활동 - 진로 계획 활동 - 진로 체험 활동 등

2. 영역별 내용 및 교수 · 학습 방법

이 교육과정에서 제시한 각 영역별 활동 내용은 예시적 기준이므로, 학생의 발달 단계, 학교 실정 및 지역 특성 등을 고려하여 목표 달성에 적합한 내용을 선정, 운영할 수 있다.

1) 자율활동

(1) 목 표

① 전입학과 진급 등에 따른 생활변화에 적응하고 이를 주도하는 능력을 길러 원만하고 즐거운 학교생활을 한다.
② 다양한 협의 및 실천 경험을 통해 문제를 합리적으로 해결할 수 있으며, 민주적인 의사 결정의 기본 원리를 익힌다.
③ 학급과 학교에서 일어나는 제 문제에 대해 적극적으로 참여하여 협의하고 실천함으로써 협동심과 유대감을 기른다.
④ 교내외에서 실시되는 여러 행사의 의의와 중요성을 이해하고, 행사에 자발적으로 참여하여 학교와 지역 사회의 발전을 위해 노력하는 태도를 가진다.
⑤ 학급, 학년, 학교의 특성 및 학습자의 발달 단계에 맞는 다양한 특색 활동을 계획하고, 이에 참여함으로써 자신감과 창의성을 기른다.
⑥ 학교의 전통을 계승하고 이를 창의적으로 발전시키려는 노력을 통해 소속감과 애교심을 기른다.

(2) 활동별 내용

① 적응 활동

- 입학, 진급, 전학 등에 따른 적응 활동 등
- 예절, 질서 등의 기본생활습관형성 활동, 축하, 친목, 사제동행 등
- 학습, 건강, 성격, 교우 등의 상담 활동 등

② 자치 활동

- 1인 1역, 학급회 및 학급 부서 활동 등
- 학생회 협의활동, 운영위원 활동, 모의 의회, 토론회 등

③ 행사 활동

- 시업식, 입학식, 졸업식, 종업식, 기념식, 경축일 등
- 전시회, 발표회, 학예회, 경연대회, 실기대회 등
- 학생건강체력평가, 체격 및 체질 검사, 체육대회, 친선경기대회, 안전생활 훈련 등
- 수련활동, 현장학습, 수학여행, 학술조사, 문화재 답사, 국토순례, 해외문화체험 등

④ 창의적 특색 활동

- 학생 특색 활동, 학급 특색 활동, 학년 특색 활동, 학교 특색 활동, 지역 특색 활동 등
- 학교 전통 수립 활동, 학교 전통 계승 활동 등

(3) 교수 · 학습 방법

① 학생들의 자발적이고 자율적인 활동이 되도록 해야 하며, 그 활동이 바람직하고 창의적인 방향으로 이루어지도록 지도한다.

② 모든 구성원들이 골고루 참여할 수 있는 기회를 제공하고, 다양한 의견을

존중하여 참여 의식을 높이며 소속감을 가지게 한다.

③ 학생 전원이 학급 생활에 필요한 한 가지 이상의 일을 분담하여 자율적으로 실천하게 하되, 필요할 경우 역할을 교체하여 다양한 경험을 가지도록 한다.

④ 행사 활동의 계획 수립, 준비, 시행, 반성 등에 있어서 학생들이 적극적으로 참여하도록 지도하고, 적절한 역할 분담을 통하여 자치적인 운영이 되도록 한다.

⑤ 행사 계획을 수립할 때에는 행사명, 목적, 시기, 장소, 대상, 행사 과정, 역할 분담, 유의점, 배치도, 상황 변동시의 대책 등을 충분히 고려하고, 필요에 따라 사전 답사 및 사전 교육을 실시한다.

⑥ 학교 행사의 실시에서 필요한 경우 지역 사회와의 연계성을 고려하되, 지역 사회의 요청에 의한 학교 행사는 그 교육적 가치를 충분히 검토하여 선택적으로 운영할 수 있다.

⑦ 학생들이 교실과 교내를 벗어나 다양한 실생활과 자연을 접하여 호연지기를 기를 수 있는 기회를 적극 마련한다.

2) 동아리활동

(1) 목표

① 흥미, 취미, 소질, 적성, 특기가 비슷한 학생들로 구성된 활동 부서에 자발적으로 참여하여, 창의성과 협동심을 기르고, 원만한 인간관계를 형성한다.

② 다양한 활동에 참여하여 자신의 잠재 능력을 창의적으로 계발 · 신장하고, 자아실현의 기초를 닦는다.

③ 여가를 선용하는 생활 습관을 형성한다.

④ 지역내 학교간 각종 동아리 경연대회를 통해 우의를 다지는 협력과 공정한

경쟁을 익히도록 한다.

(2) 활동별 내용

① 학술 활동
- 외국어 회화, 과학 탐구, 사회 조사, 탐사, 다문화 탐구 등
- 컴퓨터, 인터넷, 신문 활용, 발명 등

② 문화 예술 활동
- 문예, 창작, 회화, 조각, 서예, 전통예술, 현대예술 등
- 성악, 기악, 뮤지컬, 오페라 등
- 연극, 영화, 방송, 사진 등

③ 스포츠 활동
- 구기운동, 육상, 수영, 체조, 배드민턴, 인라인스케이트, 하이킹, 야영 등
- 민속놀이, 씨름, 태권도, 택견, 무술 등

④ 실습 노작 활동
- 요리, 수예, 재봉, 꽃꽂이 등
- 사육, 재배, 조경 등
- 설계, 목공, 로봇제작 등

⑤ 청소년 단체 활동
- 스카우트연맹, 걸스카우트연맹, 청소년연맹, 청소년적십자, 우주소년단, 해양소년단 등

(3) 교수 · 학습 방법

① 학생의 취미, 흥미, 적성, 요구, 학교 실정 및 지역 특성 등에 알맞은 활동 부서를 조직하고, 모든 학생에게 자세히 안내한다.

② 학교는 학생의 희망을 존중하여 활동 부서를 조직한다.

③ 교사가 주도적인 역할을 하지 않도록 유의하여 학생 중심의 흥미롭고 창의적인 운영을 도모한다.

④ 학생의 개성과 소질을 최대한 신장시키기 위하여 방과후 및 휴업일, 방학 중에도 활동을 지속적 · 집중적으로 운영할 수 있다.

⑤ 동아리활동의 각종 프로그램을 활성화시키기 위하여 교내외의 인적 자원, 물적 자원을 적극 활용한다. 특히 지역사회 인사와 학부모의 자발적 봉사 협력을 통해 동아리활동이 이루어질 수 있도록 이를 장려한다.

⑥ 동아리활동을 활성화시키기 위해 교내 및 학교간 경연대회, 전시회, 발표회, 봉사활동과 연계 등을 적극 추진한다.

3) 봉사활동

(1) 목표

① 타인을 배려하는 너그러운 마음과 더불어 사는 공동체 의식을 가진다.

② 나눔과 배려의 봉사활동 실천으로 이웃과 서로 협력하는 마음을 기르고, 호혜 정신을 기른다.

③ 지역사회의 일들에 관심을 가지고 참여함으로써 사회적 역할과 책임을 분담하고, 지역사회 발전에 이바지하는 태도를 가진다.

(2) 활동별 내용

① 교내 봉사활동

- 학습부진 친구, 장애인, 병약자, 다문화가정 학생 돕기 등

② 지역사회 봉사활동

- 복지시설, 공공시설, 병원, 농 · 어촌 등에서의 일손 돕기 등
- 불우이웃돕기, 고아원, 양로원, 병원, 군부대에서의 위문 활동 등
- 재해 구호, 국제 협력과 난민 구호 등

③ 자연환경 보호 활동

- 깨끗한 환경 만들기, 자연 보호, 식목 활동, 저탄소 생활 습관화 등
    - 공공시설물, 문화재 보호 등

④ 캠페인 활동

- 공공질서, 교통안전, 학교 주변 정화, 환경 보전, 헌혈, 각종 편견극복 등에 대한 캠페인 활동 등

(3) 교수 · 학습 방법

① 봉사활동의 참된 의미와 가치를 인식시키고 미래 생활과도 연계되도록 지도한다. 효율적이며 진정한 봉사활동이 될 수 있도록 사전 교육을 실시하며, 관련 정보를 충분히 수집하고 면밀한 계획을 세워 추진한다.

② 봉사활동의 내용은 학교나 지역 사회의 여건을 고려, 학교 재량으로 선정하여 융통성 있게 운영할 수 있다.

③ 학생들의 처지와 능력 수준에서도 봉사가 가능하며, 보람을 느낄 수 있도록 하기 위해서, 서로 협력하는 기회를 만들고, 특히 동아리활동의 성과를 봉사활동에 적극 활용한다.

④ 활동의 전 과정이 교육적 의미를 가질 수 있도록 활동의 계획과 과정 및 결과에 대한 사후 평가를 실시하고, 이를 향후의 활동 계획 수립에 반영한다.

⑤ 지역 사회 유관 기관 및 봉사 단체와 협조 체제를 유지하여 효율적인 봉사활동이 이루어지도록 한다.

4) 진로활동

(1) 목표

① 자신의 특성, 소질과 적성, 능력 등을 이해하고, 이를 바탕으로 자신의 정체성을 확립하고 자신만의 독특한 진로를 탐색한다.

② 각종 검사, 상담을 통해 진로 정보를 탐색하고 자신의 진로를 계획한다.

③ 진로와 직업 선택의 중요성을 인식하고, 자신의 적성과 소질에 맞는 진로를 탐색 · 설계한다.

④ 학업과 직업 세계를 이해하는 직업체험활동 기회를 통해 진로를 결정하고 준비한다.

(2) 활동별 내용

① 자기 이해 활동

- 자기 이해 및 심성 계발, 자기 정체성 탐구, 가치관 확립 활동, 각종 진로 검사 등

② 진로 정보 탐색 활동

- 학업 정보 탐색, 입시정보 탐색, 학교 정보 탐색, 학교 방문 등
- 직업 정보 탐색, 자격 및 면허 제도 탐색, 직장 방문, 직업 훈련, 취업 등

③ 진로 계획 활동

- 학업 및 직업에 대한 진로 설계, 진로 지도 및 상담 활동 등

④ 진로 체험 활동

- 학업 및 직업 세계의 이해, 직업 체험 활동 등

(3) 교수 · 학습 방법

① 학생이 자신에 대한 충분한 이해를 바탕으로 자신의 진로를 개척하려는 태도를 갖게 한다.

② 학생의 인성, 적성, 진로 성숙도 등 다양한 측면을 파악할 수 있는 각종 검사를 실시하고 그 결과에 대해 필요한 상담을 실시한다.

③ 진로 관련 상담 활동은 담임교사가 하는 것을 원칙으로 하되, 특히 중등학교에서는 학생의 진로와 가장 밀접한 교과교사를 진로지도교사로 하여 학생 개인별 혹은 집단별 진로 상담에 도움을 주도록 한다. 진로활동 내용에 따라서는 상담 교사나 전문적 소양을 가진 학부모 또는 지역 사회 인사의 협조를 받는다.

④ 학생의 학업 진로, 직업 진로에 대한 진로 계획서를 작성하고 꾸준히 수정하는 활동을 실시한다.

⑤ 진로 선택에 중요한 시기를 맞고 있는 중등학생의 경우 '직업과 진로' 과목과 연계하여 지도한다. 특히 중학교 3학년에서 고교 진학과 고교 1학년에서 진로에 따른 교과목 이수 및 고교 3학년에서 학업 혹은 직업 선택을 지도하는데 중점을 둔다.

⑥ 학교 및 지역 사회 인사, 지역 사회 시설 등을 활용하여 장래에 학생들이 선택하게 될 학업과 직업에 대해 탐구하고, 직접 체험할 수 있는 기회를 제공한다.

4
운영 및 지원

① 창의적 체험활동에 배당된 시간(단위) 수는 영역별로 학생의 요구, 학교 및 지역의 특성을 고려하여 학교의 재량으로 배정하되, 학생의 발달 단계를 고려하여 학교 급별, 학년별로 활동 영역 및 내용을 선택하여 집중적으로 운영할 수 있다.

② 창의적 체험활동의 운영의 효율성을 높이기 위해 관련 교과 및 창의적 체험활동의 하위 영역간에 통합하여 편성 · 운영할 수 있다.

③ 창의적 체험활동 운영 계획은 학생들의 흥미와 소질, 학교와 지역 사회의 실정을 고려하여 작성하되, 계획을 수립하고 운영하는 과정에서 학생들의 의사를 적극적으로 표현되어 반영되도록 한다.

④ 창의적 체험활동은 학교의 필요에 따라 기준 시간(단위)보다 더 많은 시간을 확보하여 운영할 수 있으며, 시간 운영은 통합, 집중 등 다양한 방식으로 융통성 있게 할 수 있다.

⑤ 활동의 내용, 조직 단위, 장소, 시설 등 규모와 여건을 고려하여 정일제, 격주제, 전일제, 집중제 등과 같이 융통성있게 운영할 수 있다.

⑥ 자율활동의 국토 순례 활동, 봉사활동, 진로 체험 활동 등은 활동의 특성에 따라

방학 기간을 이용하여 집중 운영할 수 있다.

⑦ 입학초기 적응활동은 창의적 체험활동의 자율활동 중 '적응활동'의 일부로 편성하여 지도한다. 특히 초등학교 1학년과 사춘기 학생들의 적응활동을 위한 적절한 교육 프로그램을 개발하여 적용한다.

⑧ 학교와 교사, 학생의 요구와 필요에 따른 범교과 학습과 자기주도적 학습을 창의적 체험활동의 영역과 연계하여 운영할 수 있다.

⑨ 지역 사회의 인적, 물적 자원을 최대한 활용하기 위하여 창의적 체험활동 영역별로 활용 가능한 인사, 시설, 기관, 자료 등의 자원 실태를 파악하고, 다양한 활동 프로그램을 개발하여 창의적으로 운영한다.

⑩ 시 · 도 교육청 및 지역 교육청은 창의적 체험활동을 운영하는 데 필요한 지도자, 보조자 등의 인적 자원과 제반 시설, 설비, 자료 등의 물적 자원 및 프로그램을 지원한다.

⑪ 시 · 도 교육청 및 지역 교육청은 창의적 체험활동 지도 자료 및 프로그램의 개발 및 보급, 연수 과정의 개설, 연구학교의 운영 등을 통하여 각급 학교의 창의적 체험활동 운영과 개선을 지원한다.

5
평가

① 학교와 지역 사회의 실정 및 교육 목표에 비추어 적합하게 이루어지도록 평가한다.

② 교육 목표의 설정, 평가 장면의 선정, 평가 도구의 제작, 평가의 실시 및 결과 처리, 평가 결과의 해석 및 활용의 절차를 고려하여 평가한다.

③ 각 영역별로 평가 관점을 마련하고 참여도, 협력도, 열성도 및 그 이외의 활동 실적 등이 골고루 반영되도록 평정 척도를 작성, 활용한다.

④ 학생의 자기 평가, 상호 평가, 활동 및 관찰 기록, 질문지, 작품 분석, 포트폴리오 등 다양한 방법으로 평가한다.

⑤ 평가 결과는 평소의 활동 상황을 누가 기록한 자료를 토대로 학생의 활동 실적, 진보의 정도, 행동의 변화, 특기 사항 등을 담임 또는 담당 교사가 수시로 평가한다.

⑥ 학생이 창의적 체험활동에 참여한 정도와 성과를 지속적으로 기록하고, 학교가 제공한 창의적 체험활동 프로그램의 특성을 상세히 기록하여 상급학교 진학 자료로 활용되도록 한다.

⑦ 학생 개개인의 성장, 발달, 변화를 평가하여 그 결과를 학생의 계속적 진보와 계발을 돕는 자료로 활용함은 물론, 학급 또는 학교 차원에서 전체 집단의 성장, 발달,

변화 등을 평가하여 지도 방법 개선 자료로 활용한다.

⑧ 프로그램 평가에는 운영 계획, 운영 과정, 운영 결과 등이 포함되도록 하며, 평가 결과는 차후 창의적 체험활동 계획 수립 및 운영의 개선 자료로 활용한다.

참고문헌

경인교육대학교부설초등학교.『2010경인교육대학교부설초등학교 창의적 체험활동 운영 사례집 [인천교육-2010-0068]』. 경인교육대학교부설초등학교 · 인천교육청, 2010.

교육과학기술부.『교과영역의 통합 및 연계를 위한 "창의적 체험활동" 실천 사례집 [미래교육공동체포럼 현장 보고서]』. 미래교육공동체 · 교육과학기술부, 2011.

교육부.『제7차교육과정-중학교교육과정』. 교육부, 1998.

김경애.「창의성 교육 활성화를 위한 지역자원 연계 실천방안」.『창의성 교육 활성화를 위한 지역자원 연계 실천방안』, 2010년 제5차 미래교육공동체포럼 자료집, 2010.

김윤정.「창의적 체험활동의 의의와 운영에 관한 전반적 고찰」.『2009 개정교육과정의 적용에 따른 창의적 체험활동 활성화 방안』, 2010 교육정책네트워크 교육현장 순회토론회(대전광역시교육청) 자료집, 2010.

김재일.「창의적 재량활동과 청소년수련관의 연계 방안에 관한 연구: 인천광역시 사례를 중심으로」. 성산효도대학원대학교 석사학위논문, 2004.

김종서 · 주성민.『지역사회학교의 이론과 실제』. 교육과학사, 1990.

박은종.『창의적 체험활동 교육과정의 실행: 이론과 실제』. 한국학술정보, 2011.

반영선 · 김억.「생활권 청소년 수련시설 활성화 방안에 관한 연구」.『인포디자인이슈』 24, 2010, pp. 76-87.

양병찬.「농촌 학교와 지역의 협력을 통한 지역교육공동체 형성 - 충남 홍동 지역 "풀무교육공동체" 사례를 중심으로 -」.『평생교육학연구』 14(3), 2008, pp. 129-151.

이광호 · 이태제 · 윤철경.『학교 특별활동과 지역사회 수련활동의 연계방안에 관한 연구』. 한국청소년개발원, 1999.

이동연.「문화교육 활성화를 위한 개념 정립과 정책방향 - 공교육 연계를 중심으로 -」.『청소년 문화포럼』 9, 2004, pp. 15-48.

이민희 외.『청소년정책과 학교교육정책의 연계 협력 방안 연구 - 청소년활동의 연계 협력을 중심으로 -』. 한국청소년개발원, 2005.

장지성.「지역자원활용(CRM)을 통한 창의체험활동 운영」.『창의성 교육 활성화를 위한 지역자원 연계 실천방안』, 2010년 제5차 미래교육공동체포럼 자료집, 2010.

전희일.「청소년수련관 수련활동과 학교 특별활동의 연계 필요성에 관한 연구」, 성산효도대학원대학교 석사학위논문, 2003.

조남억.「창의적 체험활동과 청소년단체 활동의 연계에 관한 연구」.『청소년학연구』 17(9), 2010, pp. 83-104.

조영승.「청소년육성과 학교교육 연계의 방향」.『청소년학회 학술세미나 자료집』, 한국청소년학회, 1999.

최상덕.「변화된 학교교육환경과 청소년단체 활동 추진방향」. 제42회 청소년정책 연구세미나 자료집, 한국청소년단체협의회, 2006.

최창욱 외.『지역사회 아동.청소년 인프라 활용방안 연구 - 학교와의 연계를 중심으로 -』. 한국청소년정책연구원, 2009.

Olsen, Nancy J.. "Family Structure and Independence Training in a Taiwanese Village." *Journal of Marriage and the Family* 35, 1973, pp. 512-519.

홈페이지

대구광역시 서부교육지원청 홈페이지(http://www.dgsbe.go.kr).

부산광역시 부산교육기부센터 홈페이지(http://edunanum.pen.go.kr).